Die unternehmerische Entscheidungsfreiheit bei „betriebsbedingten Kündigungen“ im europäischen Rechtsvergleich

Schriften zum Arbeitsrecht und Wirtschaftsrecht

Herausgegeben von Abbo Junker

Band 36

PETER LANG
Frankfurt am Main · Berlin · Bern · Bruxelles · New York · Oxford · Wien

Julia Amlang

Die unternehmerische Entscheidungsfreiheit bei „betriebsbedingten Kündigungen“ im europäischen Rechtsvergleich

Kündigung aus wirtschaftlichen Gründen in Deutschland, Frankreich, Spanien, Großbritannien und Schweden

PETER LANG
Europäischer Verlag der Wissenschaften

Bibliografische Information Der Deutschen Bibliothek
Die Deutsche Bibliothek verzeichnet diese Publikation in der Deutschen Nationalbibliografie; detaillierte bibliografische Daten sind im Internet über <http://dnb.ddb.de> abrufbar.

Zugl.: Berlin, Humboldt-Univ., Diss., 2005

11
ISSN 1433-4666
ISBN 3-631-54523-1

www.peterlang.de

Für Gunnar und Clara Pauline

Vorwort

Die vorliegende Arbeit wurde im Wintersemester 2004/2005 von der Juristischen Fakultät der Humboldt-Universität zu Berlin als Dissertation angenommen. Sie hat den Stand von Anfang des Jahres 2005.

Mein besonderer Dank gilt meinem Doktorvater Prof. Dr. Robert Rebhahn. Seine Anregung zu diesem Thema und seine kritische Begleitung der Bearbeitung machten diese Arbeit letztlich erst möglich.

Herzlich danke ich auch Prof. Dr. Reinhard Singer für die zügige Erstellung des Zweitgutachtens.

Prof. Dr. Abbo Junker danke ich herzlich dafür, dass er meine Arbeit in seine Schriftenreihe aufgenommen hat.

Weiterhin danke ich Dr. Paul Skidmore, LLM, und Idoia Bengoa Geisler, LLM, für zahlreiche anregende und kritische rechtsvergleichende Diskussionen und Gunnar Kallfaß für die nicht nachlassende Unterstützung. Nicht zuletzt möchte ich meinen Eltern danken, die mir durch ihre Unterstützung das Jurastudium ermöglichten.

Hamburg, im August 2005

Inhaltsverzeichnis

Abkürzungsverzeichnis 15

Einleitung 17

Ausgangsfälle 19

A. Die Rechtfertigung einer betriebsbedingten Kündigung in Deutschland 21

I. Kündigungsgrund und Unternehmerfreiheit 21
 1. Unternehmerfreiheit und Kündigungsfreiheit 21
 2. Vorliegen eines betriebsbedingten Kündigungsgrundes 22
  a. Unternehmerentscheidung 23
  b. Inner- oder außerbetriebliche Ursachen 24
  c. Wegfall eines Beschäftigungsbedürfnisses 25
  d. Zusammenfassung 26
 3. Darlegungs- und Beweislast 26
 4. Gerichtliche Kontrolle 27
 5. Besondere Fallgruppen 29
  a. Unternehmens-/Betriebsstilllegung 29
  b. Leistungsverdichtung 31
 6. Fazit 33

II. Verhältnismäßigkeitsprinzip 33
 1. Ultima-ratio-Prinzip 34
 2. Kündigungsvermeidende Maßnahmen 35
  a. Weiterbeschäftigung auf einem anderen Arbeitsplatz 36
   aa. Anderer vergleichbarer Arbeitsplatz 36
   bb. Freier Arbeitsplatz 36
   cc. Weiterbeschäftigung im Unternehmen 37
  b. Weiterbeschäftigung nach Umschulungs- oder Fortbildungsmaßnahmen 38
  c. Weiterbeschäftigung unter geänderten Arbeitsbedingungen 38
  d. Sonstige mildere Mittel 39
 3. Darlegungs- und Beweislast 40
 4. Gerichtliche Kontrolle 40
 5. Besondere Fallgruppen 41
  a. Umstrukturierungsmaßnahmen 41
  b. Kündigungen zur Steigerung des Unternehmensgewinns 42
 6. Fazit 43

III. Sozialauswahl 43
1. Einzubeziehende Arbeitnehmer 44
2. Soziale Gesichtspunkte und Kündigungsreihenfolge 46
3. Das berechtigte betriebliche Interesse 49
4. Namenslisten beim Interessenausgleich 52
5. Darlegungs- und Beweislast 52
6. Rechtsfolge bei nicht ordnungsgemäß durchgeführter Sozialauswahl 53
7. Verhältnis zwischen Weiterbeschäftigungspflicht und Sozialauswahl 53
8. Fazit 53

IV. Zusammenfassende Betrachtung 54

B. Rechtsvergleichende Betrachtung mit Frankreich, Spanien, Großbritannien und Schweden 55

I. Allgemeines 55
1. Sinn und Zweck der Arbeitsrechtsvergleichung 55
2. Arbeitsrecht in den Mitgliedstaaten 57
a. Die Rechtskreise 57
b. Arbeitsgerichtsbarkeit 59

II. (Kurzer) Überblick über die Rechtsfolgen einer (un)gerechtfertigten Kündigung, Abfindungszahlungen 61

III. Kündigungsgrund und gerichtliche Kontrolle 63
1. Frankreich 63
a. Kündigungsgrund bei Kündigungen aus wirtschaftlichen Gründen 64
aa. Abgrenzung zur personenbedingten Kündigung 66
bb. Wirtschaftlicher Grund 67
(1) Wirtschaftliche Schwierigkeiten 68
(2) Technologische Veränderungen 69
(3) Umstrukturierungen 70
(4) Geschäftsaufgabe 71
cc. Auswirkungen auf den Arbeitsplatz oder den Arbeitsvertrag 72
(1) Abbau eines Arbeitsplatzes 73
(2) Umwandlung eines Arbeitsplatzes 74
(3) Wesentliche Vertragsänderung 75
dd. Kausalzusammenhang 77
b. Darlegungs- und Beweislast 78
c. Das Erfordernis einer behördlichen Genehmigung 79
d. Gerichtliche Kontrolle 79
aa. Grundsatz: Keine Kontrolle der Unternehmerentscheidung 79

bb. Ausnahme: Umorganisierungs- und Umstrukturierungsmaßnahmen ... 80
2. Spanien ... 82
a. Kündigungsgrund bei Kündigungen aus wirtschaftlichen Gründen ... 83
aa. Abgrenzung zur Kollektivkündigung ... 84
bb. Wirtschaftlicher Grund ... 84
(1) Causas económicas ... 85
(2) Causas técnicas, organizativas o de producción ... 86
(a) Technische Gründe ... 87
(b) Organisatorische Gründe ... 87
(c) Produktionsbedingte Gründe ... 88
(3) Zusätzliche Anforderungen an den Kündigungsgrund ... 89
(a) Causas económicas ... 89
(b) Causas técnicas, organizativas o de producción ... 89
(c) Unterschiede zur Massenentlassung ... 90
(4) Geschäftsaufgabe ... 91
cc. Auswirkungen auf den Arbeitsplatz ... 92
dd. Nichtanpassung des Arbeitnehmers an technologische Veränderungen ... 92
b. Darlegungs- und Beweislast ... 93
aa. Causas económicas ... 94
bb. Causas técnicas, organizativas und de producción ... 95
cc. Geschäftsaufgabe ... 95
c. Das Erfordernis einer behördlichen Genehmigung ... 95
d. Gerichtliche Kontrolle ... 96
3. Großbritannien ... 97
a. Potentiell faire Kündigungsgründe ... 97
aa. Abgrenzung zwischen redundancy und SOSR ... 99
bb. Redundancy ... 99
(1) Geschäftsstilllegung ... 100
(2) Abbau des Arbeitsplatzes, auf dem der Arbeitnehmer beschäftigt wurde („place where the employee was so employed") ... 101
(3) Rückgang oder Wegfall eines bestimmten Beschäftigungsbedürfnisses ... 102
(a) Rückgang des Bedarfs an Arbeitskräften ... 103
(b) Möglichkeit einer funktionellen Versetzung ... 104
(c) „bumped redundancies" ... 107
(d) Änderungen der Arbeitsbedingungen ... 107
(e) Kein redundancy trotz Wegfall eines Beschäftigungsbedürfnisses ... 108
cc. SOSR ... 108
b. Automatisch unfaire Gründe ... 109

c. Darlegungs- und Beweislast 110
d. Gerichtliche Kontrolle 111
4. Schweden 112
a. Kündigungsgrund bei Kündigungen aus wirtschaftlichen Gründen 113
b. Darlegungs- und Beweislast 115
c. Gerichtliche Kontrolle 116
5. Rechtsvergleich – Fazit und Bewertung 117
a. Das Erfordernis eines Rechtfertigungsgrundes 117
b. Die Kündigung aus wirtschaftlichen Gründen 118
c. Wirtschaftlicher Grund und Anzahl der Arbeitnehmer 118
d. Ausgestaltung der Rechtfertigungsgründe 119
e. Vom Rechtfertigungsgrund erfasste wirtschaftliche Situationen 120
f. Einschränkungen der Kündigungsmöglichkeiten 121
g. Anknüpfungspunkt des Rechtfertigungsgrundes 122
h. Behördliche Genehmigung 123
i. Umfang der gerichtlichen Kontrolle 123
j. Fazit 124

IV. Verhältnismäßigkeit 124
1. Frankreich 124
a. Ultima-ratio-Prinzip 124
b. Kündigungsvermeidende Maßnahmen 125
aa. Weiterbeschäftigung nach Umsetzung 126
bb. Weiterbeschäftigung nach Weiterbildung oder Schulung 129
cc. Andere mildere Mittel 131
c. Darlegungs- und Beweislast 132
d. Gerichtliche Kontrolle 132
2. Spanien 133
a. Ultima-ratio-Prinzip 133
b. Kündigungsvermeidende Maßnahmen 133
aa. Weiterbeschäftigung auf einem anderen Arbeitsplatz 133
bb. Weiterbeschäftigung nach Umschulungs- und Fortbildungsmaßnahmen/unter geänderten Arbeitsbedingungen 134
cc. Sonstige mildere Mittel 134
c. Darlegungs- und Beweislast 135
d. Gerichtliche Kontrolle 135
3. Großbritannien 135
a. Ultima-ratio-Prinzip 135
b. Kündigungsvermeidende Maßnahmen 138
aa. Weiterbeschäftigung auf einem anderen Arbeitsplatz 138
bb. Weiterbeschäftigung nach Umschulungs- und Fortbildungsmaßnahmen/unter geänderten Arbeitsbedingungen 139

cc. Sonstige mildere Mittel 139
c. Darlegungs- und Beweislast 139
d. Gerichtliche Kontrolle 140
4. Schweden 142
a. Ultima-ratio-Prinzip 142
b. Kündigungsvermeidende Maßnahmen 143
aa. Weiterbeschäftigung nach Umsetzung 143
bb. Weiterbeschäftigung nach Umschulung oder Fortbildung/zu geänderten Arbeitsbedingungen 144
cc. Sonstige mildere Mittel 145
c. Darlegungs- und Beweislast 146
d. Gerichtliche Kontrolle 146
5. Rechtsvergleich – Fazit und Bewertung 147
a. Die Kündigung als ultima ratio 147
b. Weiterbeschäftigung 147
c. Weiterbildung und Schulung 148
d. Kurzarbeit und Vertragsaussetzung 148
e. Beweislast 148
f. Fazit 149

V. Sozialauswahl 149
1. Frankreich 149
a. Einzubeziehende Arbeitnehmer 150
b. Auswahlkriterien 151
c. Rechtsfolge bei nicht ordnungsgemäß durchgeführter Kündigungsreihenfolge 152
d. Verhältnis zwischen Umsetzungspflicht und Kündigungsauswahl 153
2. Spanien 154
3. Großbritannien 154
a. Einzubeziehende Arbeitnehmer 155
b. Auswahlkriterien 155
c. Gerichtliche Kontrolle und Rechtsfolge bei nicht ordnungsgemäß durchgeführter Kündigungsauswahl 157
d. Verhältnis zwischen Weiterbeschäftigungspflicht und Kündigungsauswahl 158
4. Schweden 159
a. Einzubeziehende Arbeitnehmer 160
b. Auswahlkriterien 161
c. Rechtsfolge bei nicht ordnungsgemäß durchgeführter Kündigungsauswahl 163
d. Verhältnis zwischen Umsetzungspflicht und Kündigungsauswahl 163
5. Rechtsvergleich – Fazit und Bewertung 164

a. Die Kündigungsauswahl ... 164
b. Einzubeziehende Arbeitnehmer ... 164
c. Kündigungsauswahl als Sozialauswahl? ... 165
d. Berücksichtigung von Leistungsträgern ... 165
e. Rechtsfolgen einer fehlerhaften Auswahl ... 167
f. Auswahl und Weiterbeschäftigung ... 167
g. Fazit ... 167

C. Gesamtbetrachtung und –bewertung ... 169

I. Ausgangsfälle mit Lösungen ... 169

II. Grundsätzliche Gemeinsamkeiten und Unterschiede der Regelungsmodelle ... 175

III. Die Intensität der unternehmerischen Entscheidungsfreiheit ... 176

IV. Überlegungen zu einer gemeinsamen Regelung ... 178

V. Fazit ... 180

VI. Rechtsvergleichende Tabelle ... 183

Literaturverzeichnis ... 199

Abkürzungsverzeichnis

AD	Arbetsdomstolen
AP	Arbeitsrechtliche Praxis
ArbGG	Arbeitsgerichtsgesetz
ArbuR	Arbeit und Recht
BAG	Bundesarbeitsgericht
BB	Der Betriebs-Berater
BetrVG	Betriebsverfassungsgesetz
Bull. Cass.	Bulletin des Arrêts de la Cour de Cassation
CA	Court of Appeal
Cass. soc.	Cour de Cassation, Chambre Sociale
Cdt	Code du Travail
DB	Der Betrieb
DS	Droit Social
EAT	Employment Appeal Tribunal
ERA	Employment Rights Act
ERDRA	Employment Rights (Disputes Resolution) Act
ET	Estatuto de los Trabajadores
EzA	Entscheidungssammlung zum Arbeitsrecht
HL	House of Lords
ICR	Industrial Cases Reports
IRLR	Industrial Relations Law Reports
ITR	Industrial Tribunal Reports
JS	Juzgado de lo social
JZ	Juristenzeitung
KR	Gemeinschaftskommentar zum Kündigungsschutzgesetz
KSchG	Kündigungsschutzgesetz
LAS	Lag om anställningsskydd
LIFO	Last in first out
LPL	Ley de procedimiento laboral
NIRC	National Industrial Relations Court
NJW	Neue Juristische Wochenschrift
NZA	Neue Zeitschrift für Arbeitsrecht
NZA-RR	Neue Zeitschrift für Arbeitsrecht, Rechtsprechungs-Report
QBD	Queen´s Bench Division
RdA	Recht der Arbeit
RJS	Revue de jurisprudence sociale
SAE	Sammlung arbeitsrechtlicher Entscheidungen
SOSR	some other substantial reason
TS	Tribunal Supremo
TSJ	Tribunal Superior de Justicia

ZEuP	Zeitschrift für Europäisches Privatrecht
ZfA	Zeitschrift für Arbeitsrecht
ZIAS	Zeitschrift für ausländisches und internationales Arbeits- und Sozialrecht
ZIP	Zeitschrift für Wirtschaftsrecht

Einleitung

Die vorliegende Arbeit untersucht den Kündigungsschutz bei betriebsbedingten Kündigungen in verschiedenen Rechtsordnungen der EU: Deutschland, Frankreich, Spanien, Großbritannien und Schweden.

Mit einer betriebsbedingten Kündigung verfolgt der Arbeitgeber in der Regel das Ziel, seine Belegschaft zu reduzieren und so an einen geringeren Personalbedarf anzupassen. Die Besonderheit bei der betriebsbedingten Kündigung etwa gegenüber einer verhaltens- oder personenbedingten Kündigung liegt darin, dass die Gründe für die Kündigung allein aus der Sphäre des Arbeitgebers und seines Unternehmens stammen. Sie sind in keiner Weise in der Person des Arbeitnehmers begründet oder von ihm zu verantworten. Ein gewisser Kündigungsschutz ist daher sinnvoll und geboten, um den Arbeitnehmer vor einem grundlosen Verlust seines Arbeitsplatzes, der in der Regel seine Existenzgrundlage darstellt, durch eine willkürliche Kündigung zu schützen. Auf der anderen Seite hat der Arbeitgeber ein Interesse daran, seinen Betrieb flexibel zu gestalten und zum Beispiel auf wirtschaftliche Änderungen mit Entlassungen zu reagieren. Jeder Kündigungsschutz zugunsten der Arbeitnehmer ist ein staatlicher Eingriff in die Privatautonomie und schränkt den Arbeitgeber in seiner Kündigungsentscheidungsfreiheit ein. Der Kündigungsschutz muss einen gerechten Ausgleich zwischen diesen gegenläufigen Interessen finden.

Es bieten sich verschiedene Möglichkeiten an, um im Interesse der Arbeitnehmer die Unternehmerfreiheit im Bereich von Kündigungen zu beschränken. Zunächst kann gefordert werden, dass Kündigungen generell auf bestimmte Kündigungsgründe zu stützen sind. Bei betriebsbedingten Kündigungen können diese Gründe wiederum auf nur bestimmte wirtschaftliche Situationen wie etwa wirtschaftliche Schwierigkeiten beschränkt werden. Wenn ein wirtschaftlicher Kündigungsgrund vorliegt, kann hinterfragt werden, ob die Kündigung wirklich notwendig war oder ob sie nicht hätte vermieden werden können. Mit anderen Worten: War die Kündigung verhältnismäßig? Schließlich stellt sich die Frage, ob der gekündigte Arbeitnehmer nicht übermäßig hart von der Kündigung getroffen wurde. Gab es möglicherweise andere Arbeitnehmer, die eine Kündigung besser hätten verkraften können? Andererseits ist dann zu fragen, in welchem Maße die Beschränkungen zum Schutz der Arbeitnehmer wirklich notwendig und erforderlich sind. Welche Rolle spielt die Unternehmerfreiheit überhaupt noch bei betriebsbedingten Kündigungen?

Die vorliegende Untersuchung fragt danach, worin sich die verschiedenen Rechtsmodelle unterscheiden und inwieweit sie jeweils die unternehmerische Entscheidungsfreiheit begrenzen. Führen unterschiedliche Modelle auch zu unterschiedlichen Ergebnissen? Oder ist trotz differierender Regelungen die Unternehmerfreiheit letztlich doch überall mit vergleichbarer Intensität gewährleistet?

Zur Untersuchung dieser Fragen sollen nicht lehrbuchartig alle Voraussetzungen und Folgen einer rechtmäßigen betriebsbedingten Kündigung aufgezählt werden. So werden z.B. Formvorschriften, Kündigungsfristen, Anhörung von Gremien der Arbeitnehmervertretung, kündigungsbegleitende Maßnahmen etc. nicht bzw. nur am Rande berücksichtigt. Besonderheiten bei Massenentlassungen werden insoweit weitgehend außer acht gelassen, als sie sich nur als zusätzliche Verfahrenshindernisse darstellen. Auch die Rechtsfolgen einer nicht gerechtfertigten Kündigung, insbesondere die Frage, ob der zu Unrecht gekündigte Arbeitnehmer einen Anspruch auf Fortsetzung oder Entschädigung hat, sowie generell die Frage nach Abfindungen werden nur kurz angesprochen und nicht näher untersucht[1].

Die vorliegende Arbeit setzt sich aus drei Abschnitten zusammen. Im ersten Abschnitt wird die betriebsbedingte Kündigung in Deutschland dargestellt. Es schließt sich der zweite – rechtsvergleichende – Abschnitt an. Dort werden zunächst kurz Sinn und Zweck der Arbeitsrechtsvergleichung überhaupt hinterfragt und es werden grob die Rechtskreise der ausgewählten Rechtsordnungen dargestellt. Es folgt eine kurze Darstellung der Arbeitsgerichtsbarkeit. Es schließt sich die Darstellung der möglichen Kündigungsgründe, Einschränkungen der Kündigungsfreiheit durch das Ultima-ratio-Prinzip, die Problematik der Sozialauswahl in den verschiedenen Mitgliedstaaten sowie ein kurzer Überblick über die Rechtsfolgen einer Kündigung an. Die Arbeit orientiert sich zunächst an den deutschen Begriffen, spricht also etwa von betriebsbedingter Kündigung und Sozialauswahl, geht dann aber näher auf die landesspezifischen Begriffe und auf etwaige Unterschiede zur deutschen Wortwahl ein. Die gesamte Untersuchung wird von mehreren Beispielsfällen begleitet, die Gemeinsamkeiten und Unterschiede der verschiedenen Rechtsordnungen veranschaulichen sollen. Schließlich wird rechtsvergleichend dargestellt, ob bzw. in welchem Umfang die Rechtsordnungen die unternehmerische Entscheidungsfreiheit einschränken. Im dritten Abschnitt schließlich werden die gewonnenen Erkenntnisse noch einmal zusammenfassend dargestellt und es findet eine abschließende rechtsvergleichende Bewertung statt.

---

1 vgl. dazu die ausführliche Untersuchung von Rebhahn, RdA 2002, 272ff., ders. ZfA 2003, 165ff., 175f., 214ff.

Ausgangsfälle

Wie sind die folgenden sechs Fälle zu lösen?

Fall 1:

Unternehmer U betreibt eine Töpferei. Wegen sinkender Nachfrage muss U die Produktion reduzieren, was zur Folge hat, dass weniger Arbeitnehmer benötigt werden. Deshalb spricht U gegenüber einigen Arbeitnehmern betriebsbedingte Kündigungen aus.

Liegt ein wirksamer Kündigungsgrund vor?

Fall 2:

Unternehmer U betreibt eine Tanzschule. Die Schüler bleiben jedoch aus und U hat mit anhaltend hohen Verlusten zu kämpfen. Schließlich sieht U sich gezwungen, seine Tanzschule zu schließen. Gegenüber allen bei ihm beschäftigten Arbeitnehmern spricht er daher betriebsbedingte Kündigungen aus.

Liegt ein wirksamer Kündigungsgrund vor?

Fall 3:

Unternehmer U betreibt eine florierende Kantine. Um Lohnkosten zu sparen und den Unternehmensgewinn noch weiter zu steigern, entlässt U einige Arbeitnehmer, nachdem er die anfallende Arbeit auf weniger Arbeitnehmer umverteilt hat.

Liegt ein wirksamer Kündigungsgrund vor?

Fall 4:

Unternehmer U betreibt ein Kino. Als in unmittelbarer Nähe ein Multiplex-Cinema eröffnet, entscheidet sich U, in seinem Kino Umstrukturierungsmaßnahmen durchzuführen, insbesondere um mit seinen Konkurrenten mithalten zu können. Infolge der Umstrukturierungen spricht U Kündigungen aus betrieblichen Gründen aus. Tatsächlich tragen aber die durchgeführten Maßnahmen gar nicht zur Verbesserung der Wettbewerbsfähigkeit bei.

Wird das Arbeitsgericht einen wirksamen Kündigungsgrund anerkennen?

Fall 5:

Arbeitnehmer A wurde wegen Auftragsrückgangs und anhaltender Verluste gekündigt. In einem anderen Betrieb des Unternehmens wäre ein anderer Arbeits-

platz frei gewesen, auf dem der A mit seiner beruflichen Qualifikation hätte arbeiten können.

Hätte A auf dem anderen freien Arbeitsplatz weiterbeschäftigt werden müssen?

Abwandlung

Wie wäre es, wenn A auf dem anderen Arbeitsplatz erst nach einer Umschulung/Fortbildung hätte arbeiten können?

Fall 6:

In einem kleinen Betrieb mit sieben Arbeitnehmern ist aufgrund von Umorganisierungsmaßnahmen ein Arbeitsplatz weggefallen. Dem 42 jährigen Arbeitnehmer A, der dem Betrieb seit 18 Jahren angehört und zwei schulpflichtige Kinder hat, wurde aus betrieblichen Gründen gekündigt. A will sich gegen seine Kündigung wehren. Er behauptet, nicht er, sondern der 33 jährige Arbeitnehmer B, kinderlos, hätte an seiner Stelle gekündigt werden müssen. Schließlich sei B viel jünger als er, gehöre dem Betrieb noch nicht so lange an und habe zudem keine Familie zu versorgen. Unternehmer U möchte aber auf den B nicht verzichten, da er ihn für talentierter hält als den A.

Hat A Recht?

A. Die Rechtfertigung einer betriebsbedingten Kündigung in Deutschland

I. Kündigungsgrund und Unternehmerfreiheit

Arbeitnehmer, die einem Betrieb mit mindestens sechs Arbeitnehmern angehören und deren Arbeitsverhältnis länger als sechs Monate bestanden hat, genießen Schutz vor ungerechtfertigten Kündigungen nach den Regeln des allgemeinen Kündigungsschutzes, §§ 1 Abs. 1, 23 Abs. 1 S. 2 KSchG[2]. Jede ordentliche Kündigung durch den Arbeitgeber bedarf dann zu ihrer Wirksamkeit grundsätzlich der sozialen Rechtfertigung, § 1 Abs. 1 KSchG.

§ 1 Abs. 1 KSchG: *Die Kündigung des Arbeitsverhältnisses gegenüber einem Arbeitnehmer, dessen Arbeitsverhältnis in demselben Berieb oder Unternehmen ohne Unterbrechung länger als sechs Monate bestanden hat, ist rechtsunwirksam, wenn sie sozial ungerechtfertigt ist.*

Das Erfordernis der sozialen Rechtfertigung schränkt den Arbeitgeber ein: Er darf nicht nach Belieben Arbeitnehmer entlassen. Damit wird in die sogenannte Unternehmerfreiheit eingegriffen. Es stellt sich zunächst die Frage, welche Bedeutung der Unternehmerfreiheit im Bereich des Kündigungsrechts überhaupt zukommt.

1. Unternehmerfreiheit und Kündigungsfreiheit

Den Begriff „Unternehmerfreiheit" sowie deren Umfang und Grenzen bei betriebsbedingten Kündigungen definiert das Kündigungsschutzgesetz selbst nicht[3]. Das Bundesverfassungsgericht hat 1979 zwar hervorgehoben, die Unternehmerfreiheit im Sinne des Art. 12 Abs. 1 GG erstrecke sich auf die „Gründung und Führung von Unternehmen"[4]. Mit der Frage, inwieweit der Unternehmer auch frei sein muss, seinen Betrieb umzuorganisieren, einzuschränken oder zu schließen, hatte sich das Bundesverfassungsgericht bisher noch nicht zu beschäftigen[5]. Allerdings wird anerkannt, dass der Arbeitgeber durch Art. 12 Abs. 1 GG darin geschützt ist, Arbeitnehmer nach seinen Vorstellungen auszusuchen und zu bestimmen, wie viele Arbeitnehmer er beschäftigen möchte und die Größe der Belegschaft entsprechend zu beschränken. Die Unternehmerfreiheit um-

[2] Allerdings sind Arbeitnehmer, deren Arbeitsverhältnis nach dem 31.12.2003 begonnen hat bei der Feststellung der Zahl der beschäftigten Arbeitnehmer bis zur Beschäftigung von in der Regel zehn Arbeitnehmern nicht zu berücksichtigen, vgl. § 23 Abs. 1 S. 3 KSchG.

[3] Feudner, NZA 2000, S. 1137f.

[4] BVerfG, Urt. v. 01.03.1979, NJW 1979, 699 (708).

[5] Feudner, NZA 2000, S. 1137.

fasst damit auch die Freiheit zu kündigen. Die Kündigungsfreiheit wird durch Art. 12 Abs. 1 GG gewährleistet[6].

Das BAG hat seinerseits in zahlreichen Entscheidungen die Unternehmerfreiheit betont, etwa wenn es um Fragen der Betriebsorganisation[7] und der Unternehmenspolitik[8] ging. Jedoch ist die von Art. 12 GG geschützte Unternehmerfreiheit nicht grenzenlos. Ihr steht die ebenfalls von Art. 12 GG gewährleistete Betätigungsfreiheit des Arbeitnehmers gegenüber. Diese beiden kollidierenden Grundrechtspositionen müssen miteinander in Einklang gebracht werden. Ziel des Kündigungsschutzgesetzes ist daher, eine Konkordanz zwischen den kollidierenden Grundrechtspositionen zu erreichen[9]. Worin aber genau der unantastbare Kern der Unternehmerfreiheit oder der Arbeitsplatzgarantie liegt, lässt sich nicht exakt definieren[10].

Das Kündigungsschutzgesetz hat die kollidierenden Grundrechtspositionen in einen verfassungsgemäßen Ausgleich gebracht[11]. Die grundsätzlich umfassend gewährte Unternehmerfreiheit wird bei Entlassungen durch das Kündigungsschutzgesetz in zulässiger Weise eingeschränkt. Die Kündigungsentscheidung ist nicht frei, sie unterliegt den Grenzen des § 1 KSchG. Sie kann nicht frei sein, da andernfalls der Bestandsschutz nach dem Kündigungsschutzgesetz leer liefe[12].

Unter welchen Voraussetzungen eine betriebsbedingte Kündigung nach dem Kündigungsschutzgesetz sozial gerechtfertigt ist, ist in § 1 Abs. 2 KSchG geregelt.

2. Vorliegen eines betriebsbedingten Kündigungsgrundes

Eine betriebsbedingte Kündigung ist gem. § 1 Abs. 2 S. 1 Alt. 2 KSchG sozial gerechtfertigt, wenn sie durch dringende betriebliche Erfordernisse, die einer Weiterbeschäftigung im Betrieb entgegenstehen, bedingt ist.

---

[6] Hergenröder, ZfA 2002, 359; BVerfG, Beschluß v. 27.01.1998, AP Nr. 17 zu § 23 KSchG 1969; s. auch Papier, RdA 2000, 4.

[7] BAG, Urt. v. 24.10.1979, EzA § 1 KSchG Betriebsbedingte Kündigung Nr. 13.

[8] BAG, Urt. v. 20.02.1986, AP Nr. 11 zu § 1 KSchG 1969 Betriebsbedingte Kündigung.

[9] KSchR-Kittner, Einleitung Rn. 10.

[10] Hergenröder, ZfA 2002, 382.

[11] Preis, NZA 1995, 242 unter Hinweis auf BVerfG 24.04.1991, EzA Art. 13 Einigungsvertrag Nr. 1; Stahlhacke/Preis/Vossen-Preis, Rn. 930.

[12] Bitter/Kiel, RdA 1994, 347; BAG, Urt. v. 20.02.1986, AP Nr. 11 zu § 1 KSchG 1969 Betriebsbedingte Kündigung; BAG, Urt. v. 24.04.1997, AP Nr. 42 zu § 2 KSchG 1969; BAG, Urt. v. 17.06.1999, NZA 1999, 1098.

§ 1 Abs. 2 S. 1 KSchG: *Sozial ungerechtfertigt ist die Kündigung, wenn sie nicht durch Gründe, die in der Person oder in dem Verhalten des Arbeitnehmers liegen, oder durch dringende betriebliche Erfordernisse, die einer Weiterbeschäftigung des Arbeitnehmers in diesem Betrieb entgegenstehen, bedingt ist.*

Eine Kündigung ist betriebsbedingt, wenn sie nicht personen- oder verhaltensbedingt ist. Anders als bei der personen- oder verhaltensbedingten Kündigung geht bei der betriebsbedingten Kündigung die Ursache für die Beendigung des Arbeitsverhältnisses allein vom Arbeitgeber aus[13].

Im übrigen hilft allerdings der recht knappe Gesetzeswortlaut nicht bei der Beurteilung, ob eine Kündigung gerechtfertigt ist oder nicht. Die Rechtsprechung hat daher verschiedene Kriterien entwickelt, die bei jeder Kündigung zu beachten sind.

a. Unternehmerentscheidung

Zunächst müssen betriebliche Erfordernisse den Arbeitgeber zu einer unternehmerischen Entscheidung veranlasst haben. Jeder betriebsbedingten Kündigung liegt eine Unternehmerentscheidung zugrunde[14]. Diese darf nicht mit der Kündigungsentscheidung vermengt werden. Es handelt sich bei der Unternehmerentscheidung nicht um den Entschluss des Arbeitgebers, einem Arbeitnehmer zu kündigen, sondern um die Entscheidung, wie der Arbeitgeber auf einen veränderten Bedarf an Arbeitskräften reagiert[15]. Werden weniger Arbeitskräfte benötigt als bisher, so kann die Unternehmerentscheidung etwa darin liegen, einen Betriebsteil zu schließen. Die unternehmerische Entscheidung wiederum stützt sich auf bestimmte Ursachen. Die Rechtsprechung des BAG unterscheidet zwischen inner- und außerbetrieblichen Ursachen[16].

---

[13] ErfK-Ascheid, § 1 KSchG, Rn. 371.

[14] Ascheid, DB 1987, 1148; v. Hoyningen-Huene/Linck, § 1 KSchG, Rn. 366; Franzen, NZA 2001, 810; KSchR-Kittner, § 1 KSchG, Rn. 254.

[15] BAG, Urt. v. 20.02.1986, AP Nr. 11 zu § 1 KSchG 1969 Betriebsbedingte Kündigung; BAG, Urt. v. 17.06.1999, AP Nr. 101, 102 zu § 1 KSchG 1969 Betriebsbedingte Kündigung; v. Hoyningen-Huene/Linck, § 1 KSchG, Rn. 370; KSchR-Kittner, § 1 KSchG, Rn. 265.

[16] BAG, Urt. v. 07.12.1978, AP Nr. 6 zu § 1 KSchG 1969 Betriebsbedingte Kündigung; BAG, Urt. v. 17.10.1980, 30.05.1985, 30.04.1987, 29.03.1990, AP Nr. 10, 24, 42, 50 zu § 1 KSchG 1969 Betriebsbedingte Kündigung; BAG, Urt. v. 17.06.1999, AP Nr. 101, 102, 103 zu § 1 KSchG 1969 Betriebsbedingte Kündigung.

b. Inner- oder außerbetriebliche Ursachen

Innerbetriebliche Ursachen sind solche, die sich aus den Verhältnissen im Betrieb selbst ergeben[17]. Sie liegen vor, wenn sich der Arbeitgeber zu einer betrieblichen Maßnahme technischer, organisatorischer oder wirtschaftlicher Art entschließt[18]. Innerbetriebliche Ursachen fallen in der Regel mit der gestaltenden Unternehmerentscheidung zusammen, auf die der Arbeitgeber seine Kündigung stützt[19]. Mit seiner gestaltenden Unternehmerentscheidung nimmt der Arbeitgeber Einfluss auf die Produktion. Er kann sich etwa dazu entschließen, Rationalisierungsmaßnahmen durchzuführen, neue Arbeitsmethoden und Fertigungsverfahren einzuführen, die Betriebsorganisation zu ändern oder auch seinen Betrieb komplett oder teilweise zu schließen[20].

Außerbetriebliche Gründe sind hingegen solche, die von außen auf den Betrieb einwirken[21]. Dazu gehören z.B. Auftragsrückgang, Absatzschwierigkeiten, Rohstoffmangel und Rentabilitätsverlust[22]. Das Vorliegen außerbetrieblicher Ursachen allein hat in der Regel noch keine Auswirkungen auf die Betriebsorganisation. Sie sind vielmehr nur das Motiv für den Arbeitgeber, eine unternehmerische Entscheidung zu treffen, mit der er auf die außerbetrieblichen Ursachen reagiert[23], z.B. indem er Rationalisierungsmaßnahmen ergreift[24] oder eine Abteilung schließt[25]. Er kann sich aber auch entschließen, die betriebliche Organisation so beizubehalten wie sie ist[26], oder sich darauf berufen, außerbetriebliche Ursachen allein hätten unmittelbar das Arbeitsvolumen verringert, z.B. wegen eines Umsatz- oder Auftragsrückgangs[27]. Es liegt dann eine verdeckte oder selbst-

[17] KSchR-Kittner, § 1 KSchG, Rn. 255; ErfK-Ascheid, § 1 KSchG, Rn. 380.
[18] KR-Etzel, § 1 KSchG, Rn. 519; Hillebrecht, ZfA 1991, 94.
[19] Stahlhacke/Preis/Vossen-Preis, Rn. 941; BAG, Urt. v. 07.12.1978, AP Nr. 6 zu § 1 KSchG Betriebsbedingte Kündigung; BAG, Urt. v. 30.04.1987, AP Nr. 42 zu § 1 KSchG Betriebsbedingte Kündigung.
[20] KR-Etzel, § 1 KSchG, Rn. 519.
[21] KSchR-Kittner, § 1 KSchG, Rn. 255; ErfK-Ascheid, § 1 KSchG, Rn. 380.
[22] s. Übersicht bei Hromadka/Maschmann, 400; BAG, Urt. v. 07.12.1978, AP Nr. 6 zu § 1 KSchG 1969 Betriebsbedingte Kündigung mit Anm. Reuter.
[23] ErfK-Ascheid, § 1 KSchG, Rn. 382.
[24] v. Hoyningen-Huene/Linck, § 1 KSchG, Rn. 368.
[25] KSchR-Kittner, § 1 KSchG, Rn. 259.
[26] Ascheid, DB 1987, 1148.
[27] ErfK-Ascheid, § 1 KSchG, Rn. 403, 406; BAG, Urt. v. 15.06.1989, AP Nr. 45 zu § 1 KSchG 1969 Betriebsbedingte Kündigung.

bindende Unternehmerentscheidung vor[28]. Eine solche kann mit dem Ausspruch der Kündigung zusammenfallen. Sie existiert aber dennoch[29].

Der Arbeitgeber wird also durch inner- und/oder außerbetriebliche Gründe zum Handeln veranlasst. Beispiel: Aufgrund eines dauerhaften Auftragsmangels (außerbetrieblich) besteht das Bedürfnis, den Betrieb zu rationalisieren (innerbetrieblich). Daher entscheidet sich der Arbeitgeber, Rationalisierungsmaßnahmen durchzuführen.

c. Wegfall eines Beschäftigungsbedürfnisses

Dringende betriebliche Erfordernisse liegen nur vor, wenn die Umsetzung der Unternehmerentscheidung dazu führt, dass eine Beschäftigungsmöglichkeit entfällt. Dabei ist es egal, ob der Arbeitgeber sich auf inner- oder außerbetriebliche Ursachen stützt[30]. Ein Beschäftigungsbedürfnis ist entfallen, wenn mehr Arbeitnehmer vorhanden sind, als für das nach der Unternehmerentscheidung bestehende Arbeitsvolumen benötigt werden, wenn also ein Überhang an Arbeitskräften besteht[31]. Keine Voraussetzung ist, dass auch ein konkreter Arbeitsplatz weggefallen ist, allerdings muss erkennbar sein, dass für die Arbeitsleistung des gekündigten Arbeitnehmers kein Bedürfnis mehr besteht[32]. Ein Beschäftigungsbedürfnis ist auch dann weggefallen, wenn der Arbeitgeber durch Umstrukturierungen den bisherigen Arbeitsplatz verändert, da der veränderte Arbeitsplatz dann mit dem bisherigen Arbeitsplatz nicht mehr identisch ist[33].

Die Beschäftigungsmöglichkeit muss grundsätzlich zum Zeitpunkt des Ablaufs der Kündigungsfrist entfallen sein. Die Kündigung kann bereits dann ausgesprochen werden, wenn bei betriebswirtschaftlicher Betrachtung nach Ablauf der Kündigungsfrist der Wegfall einer Beschäftigungsmöglichkeit zu erwarten ist (Prognose)[34]. Eine Kündigung ist andererseits dann nicht möglich, wenn bereits bei Ausspruch der Kündigung feststeht, dass der Arbeitnehmer zu einem Zeit-

---

[28] v. Hoyningen-Huene/Linck, § 1 KSchG, Rn. 369; KSchR-Kittner, § 1 KSchG, Rn. 259; ErfK-Ascheid, § 1 KSchG, Rn. 382.
[29] ErfK-Ascheid, § 1 KSchG, Rn. 409.
[30] BAG, Urt. v. 15.06.1989, AP Nr. 45 zu § 1 KSchG 1969; BAG, Urt. v. 18.01.1990, AP Nr. 27 zu § 2 KSchG; BAG, Urt. v. 17.06.1999, AP Nr. 102 zu § 1 KSchG 1969 Betriebsbedingte Kündigung; Stahlhacke/Preis/Vossen, Rn. 955.
[31] KSchR-Kittner, § 1 KSchG, Rn. 274; ErfK-Ascheid, § 1 KSchG, Rn. 379.
[32] Schaub, BB 1993, 1091; KSchR-Kittner, § 1 KSchG, Rn. 254, 275; BAG, Urt. v. 30.05.1985, AP Nr. 24 zu § 1 KSchG 1969 Betriebsbedingte Kündigung mit Anm. Schmidt; Stahlhacke/Preis/Vossen-Preis, Rn. 956; BAG, Urt. v. 05.10.1995, 17.06.1999, AP Nr. 71, 101 zu § 1 KSchG 1969 Betriebsbedingte Kündigung.
[33] v. Hoyningen-Huene/Linck, § 1 KSchG, Rn. 373.
[34] BAG, Urt. v. 19.06.1991 AP Nr. 53 zu § 1 KSchG 1969 Betriebsbedingte Kündigung; ErfK-Ascheid, § 1 KSchG, Rn. 398.

punkt nach Ablauf der Kündigungsfrist weiterbeschäftigt werden kann, vorausgesetzt, die Überbrückung dieses Zeitraums ist dem Arbeitgeber zumutbar[35]. Stellt sich nach Ausspruch der Kündigung die negative Prognose bezüglich des Beschäftigungsbedarfs als falsch heraus, da eine Weiterbeschäftigungsmöglichkeit nach Ablauf der Kündigungsfrist besteht, so kommt für den gekündigten Arbeitnehmer ein Wiedereinstellungsanspruch in Betracht[36].

d. Zusammenfassung

Eine betriebsbedingte Kündigung ist also unter folgenden Voraussetzungen gerechtfertigt:

1. Unternehmerentscheidung des Arbeitgebers.
2. Diese beruht auf inner- oder außerbetrieblichen Ursachen.
3. Sie hat zum Wegfall eines Beschäftigungsbedürfnisses geführt.

Im **Ausgangsfall Nr. 1** liegt daher ein wirksamer Kündigungsgrund vor. U hat sich wegen sinkender Nachfrage, also aufgrund außerbetrieblicher Ursachen, dazu entschlossen, die Produktion zu reduzieren. Das hat wiederum dazu geführt, dass ein Beschäftigungsbedürfnis entfallen ist, da mehr Arbeitnehmer beschäftigt werden, als für das noch bestehende Arbeitsvolumen benötigt werden.

3. Darlegungs- und Beweislast

Der Arbeitgeber hat gem. § 1 Abs. 2 S. 4 KSchG die Tatsachen zu beweisen, die die Kündigung bedingen[37]. Da bei einer betriebsbedingten Kündigung die Gründe, die zur Kündigung geführt haben aus der Sphäre des Arbeitgebers stammen, sind die Anforderungen an die Darlegungs- und Beweislast des Arbeitgebers recht streng[38].

Der Arbeitgeber hat zunächst nachzuweisen, dass er überhaupt eine unternehmerische Entscheidung getroffen hat, die zur Verringerung des Arbeitsvolumens geführt hat[39]. Er muss darlegen, dass sich seine Entscheidung auf tatsächlich vorliegende inner- oder außerbetriebliche Ursachen stützt, und dass dadurch das Beschäftigungsbedürfnis für den betroffenen Arbeitnehmer grundsätzlich auf

[35] KSchR-Kittner, § 1 KSchG, Rn. 274.
[36] KSchR-Kittner, § 1 KSchG, Rn. 297; Stahlhacke/Preis/Vossen-Preis, Rn. 1026; ErfK-Ascheid, § 1 KSchG, Rn. 437; BAG, Urt. v. 15.03.1984 AP Nr. 2 zu § 1 KSchG 1969 Soziale Auswahl.
[37] Vgl. z.B. BAG, Urt. v. 03.02.1977, AP Nr. 4 zu § 1 KSchG 1969 Betriebsbedingte Kündigung.
[38] Stahlhacke/Preis/Vossen, Rn. 1032.
[39] KSchR-Kittner, § 1 KSchG, Rn. 260; Stahlhacke/Preis/Vossen-Preis, Rn. 1033.

Dauer weggefallen ist[40]. Dabei hat der Arbeitgeber die behaupteten Tatsachen so substantiiert vorzubringen, dass der Arbeitnehmer sie mit Gegentatsachen bestreiten und das Gericht sie überprüfen kann[41].

Bei Kündigungen aus innerbetrieblichen Gründen muss der Arbeitgeber im Kündigungsschutzprozess beweisen und darlegen, ob und welche Entscheidung er getroffen hat, ob und wie er diese Entscheidung umgesetzt hat, und wie sich die Umsetzung auf die Beschäftigungsmöglichkeit ausgewirkt hat[42]. Es genügt nicht, wenn der Arbeitgeber erst nachträglich im Prozess erklärt, die Kündigung wäre rechtmäßig gewesen, wenn er eine bestimmte Entscheidung getroffen hätte[43].

In der Regel muss der Arbeitgeber auch bei außerbetrieblichen Ursachen dem Gericht die von ihm getroffenen organisatorischen Maßnahmen, die zum Wegfall einer Beschäftigungsmöglichkeit geführt haben, darlegen, nicht jedoch die dahinterstehenden Gründe. Behauptet der Arbeitgeber dagegen, außerbetriebliche Sachzwänge (z.B. Umsatzrückgang) hätten allein – also ohne eigene organisatorische Maßnahme – zum Wegfall eines Beschäftigungsbedürfnisses geführt, so hat er im Prozess darzulegen und zu beweisen, dass die außerbetrieblichen Gründe tatsächlich im geltend gemachten Umfang bestehen, und dass sie sich unmittelbar auf die Beschäftigungsmöglichkeiten auswirken[44]. Er muss die wirtschaftliche Lage des Unternehmens offen legen[45].

Der Arbeitnehmer trägt hingegen die Darlegungs- und Beweislast für das Vorliegen von Missbrauch. Im Rahmen einer Missbrauchskontrolle muss er daher beweisen, dass die Entscheidung des Arbeitgebers, die zur betriebsbedingten Kündigung führte, unsachlich oder willkürlich war[46].

4. Gerichtliche Kontrolle

Die Wirksamkeit einer Kündigung wird erst nach ihrem Ausspruch in einem Kündigungsschutzprozess durch die Arbeitsgerichte überprüft. Es gilt im allge-

[40] BAG, Urt. v. 17.06.1999, AP Nr. 101 zu § 1 KSchG 1969 Betriebsbedingte Kündigung.
[41] KSchR-Kittner, § 1 KSchG, Rn. 302; Stahlhacke/Preis/Vossen-Preis, Rn. 1033.
[42] Schaub, BB 1993, 1092; BAG, Urt. v. 17.06.1999, AP Nr. 101 zu § 1 KSchG 1969 Betriebsbedingte Kündigung.
[43] Ascheid, DB 1987, 1148
[44] ErfK-Ascheid, § 1 KSchG, Rn. 401.
[45] Schaub, BB 1993, 1092; Reinecke, ZIAS 2000, 20.
[46] Vgl. z.B. BAG, Urt. v. 24.10.1979, AP Nr. 8 zu § 1 KSchG 1969 Betriebsbedingte Kündigung.

meinen Kündigungsschutz das Prinzip der nachträglichen Rechtswirksamkeitskontrolle durch die Gerichte[47].

In dem Kündigungsschutzprozess prüft das Gericht umfassend, ob die Voraussetzungen einer betriebsbedingten Kündigung vorliegen: Geprüft wird, ob der Arbeitgeber tatsächlich eine Unternehmerentscheidung getroffen hat, auf welche (inner- oder außerbetrieblichen) Ursachen sie sich stützt und ob die Umsetzung der Unternehmerentscheidung dazu geführt hat, dass der gekündigte Arbeitnehmer nicht mehr benötigt wird[48]. Das Gericht kontrolliert auch, ob bereits im Zeitpunkt des Ausspruchs der Kündigung feststand, dass im Zeitpunkt des Kündigungstermins eine Beschäftigungsmöglichkeit für den gekündigten Arbeitnehmer nicht mehr bestehen würde[49].

Anders als die Kündigung wird die zugrundeliegende Unternehmerentscheidung kaum überprüft. Da die unternehmerische Entscheidungsfreiheit grundsätzlich umfassend anerkannt und geschützt ist, ist die organisatorische Unternehmerentscheidung weitgehend einer gerichtlichen Kontrolle entzogen. Das Gericht darf insbesondere nicht kontrollieren, ob die organisatorischen oder technischen Maßnahmen des Arbeitgebers wirtschaftlich zweckmäßig oder notwendig waren. Vielmehr wird lediglich eine Missbrauchskontrolle durchgeführt[50]. Dabei wird nur überprüft, ob die Entscheidung des Arbeitgebers offensichtlich unsachlich, unvernünftig oder willkürlich erscheint[51]. Es sei nicht Aufgabe des Gerichts, dem Arbeitgeber eine „bessere" oder „richtigere" Unternehmenspolitik vorzuschreiben und damit in seine Kostenkalkulation einzugreifen; dafür könne das Gericht auch gar keine Haftung übernehmen[52]. So gesehen ist die Unternehmerentscheidung also nur sehr eingeschränkt überprüfbar[53].

---

[47] Stahlhacke/Preis/Vossen-Preis, Rn.868.

[48] BAG, Urt. v. 07.12.1978, AP Nr. 6 zu § 1 KSchG 1969 Betriebsbedingte Kündigung; BAG, Urt. v. 24.10.1979, AP Nr. 8 zu § 1 KSchG 1969 Betriebsbedingte Kündigung; Hergenröder, ZfA 2002, 378; U. Preis, NZA 1995, 244ff.

[49] BAG, Urt. v. 15.06.1989, AP Nr. 45 zu § 1 KSchG 1969 Betriebsbedingte Kündigung.

[50] vgl. z.B. BAG, Urt. v. 07.12.1978, AP Nr. 6 zu § 1 KSchG 1969 Betriebsbedingte Kündigung mit Anm. Reuter; Urt. v. 17.06.1999, AP Nr. 101, 102, 103 § 1 KSchG 1969 Betriebsbedingte Kündigung.

[51] BAG, Urt. 30.04.1987, AP Nr. 42, Urt. v. 29.03.1990, AP Nr. 50; BAG, Urt. v. 09.05.1996, AP Nr. 79 zu § 1 KSchG 1969 Betriebsbedingte Kündigung; s. auch U. Preis, NZA 1995, 243.

[52] BAG, Urt. v. 21.06.1995, AP Nr. 36 zu § 15 KSchG 1969; Urt. v. 17.06.1999, AP Nr. 102 § 1 KSchG 1969 Betriebsbedingte Kündigung; BAG, Urt. v. 24.10.1979, AP Nr. 8 zu § 1 KSchG Betriebsbedingte Kündigung.

[53] BAG, Urt. v. 18.01.1990, EzA § 1 KSchG Betriebsbedingte Kündigung Nr. 65.

Das BAG hat noch in keinem Fall die der Kündigung zugrundeliegende Unternehmerentscheidung als missbräuchlich angesehen[54]. Es erkennt die unternehmerische Entscheidungsfreiheit in großem Umfang an. Der Arbeitgeber unterliegt allerdings in den Fällen einer Kontrolle, in denen er gesetzlich, vertraglich oder tarifvertraglich gebunden ist[55].

Im **Ausgangsfall Nr. 4** hat sich U zur Durchführung von Umstrukturierungen entschlossen und diese auch tatsächlich durchgeführt (innerbetriebliche Ursache). Daraufhin kam es tatsächlich dazu, dass weniger Arbeitnehmer benötigt wurden. Das Arbeitsgericht wird daher den betrieblichen Kündigungsgrund anerkennen. Dass sich die Umstrukturierungsmaßnahmen als unzweckmäßig herausstellen, schadet nicht, da die Zweckmäßigkeit der Unternehmerentscheidung gerichtlich nicht überprüft wird. Vielmehr prüfen die Gerichte lediglich, ob die Unternehmerentscheidung offensichtlich unsachlich, unvernünftig oder willkürlich, also missbräuchlich war. Ist dies nicht der Fall, so wird das Arbeitsgericht einen wirksamen Kündigungsgrund anerkennen.

5. Besondere Fallgruppen

a. Unternehmens-/Betriebsstilllegung

Ließe man bezüglich der Entscheidung eines Unternehmers, sein Unternehmen zu schließen eine gerichtliche Kontrolle zu – sei es eine Zweckmäßigkeits- oder auch nur eine Willkürkontrolle – so könnte dies im Ergebnis dazu führen, dass der Unternehmer entgegen seinem Willen zur Fortführung des Unternehmens gezwungen wäre[56].

Einfachgesetzliche Regelungen zu Stilllegungen gibt es nicht. Es sind jedoch die grundrechtlichen Wertungen zu berücksichtigen. Die Art. 2, 12 und 14 GG gewährleisten einerseits die Freiheit, einen Betrieb zu eröffnen, andererseits aber auch, ihn wieder zu schließen[57]. Selbst florierende, wirtschaftlich sehr profitable Betriebe dürfen geschlossen werden[58]. Die Motive, die den Unternehmer zu seiner Entscheidung bewogen haben, bleiben dabei unbeachtlich[59]. Stilllegungsbe-

---

[54] ErfK-Ascheid, § 1 KSchG, Rn. 432.

[55] Ascheid, DB 1987, 1146; Stahlhacke/Preis/Vossen-Preis, Rn. 946; ErfK-Ascheid, § 1 KSchG, Rn. 431.

[56] Feudner, NZA 2000, S. 1139; Bitter/Kiel, RdA 1994, 349.

[57] Feudner, NZA 2000, 1140; Hillebrecht, ZfA 1991, 105; Bitter/Kiel, RdA 1994, 349.

[58] B. Preis, NZA 1997, 629.

[59] Feudner, NZA 2000, 1140; Hillebrecht, ZfA 1991, 105; B. Preis, NZA 1997, 629; v. Hoyningen-Huene/Linck, § 1 KSchG, Rn. 414a.

schlüsse dürfen nicht auf ihre Notwendigkeit und Zweckmäßigkeit überprüft werden[60].

Voraussetzung für die Rechtfertigung betriebsbedingter Kündigungen infolge von Stilllegungen ist jedoch der endgültige Entschluss, die Produktionsgemeinschaft zwischen Arbeitgeber und Arbeitnehmer für einen unbestimmten, wirtschaftlich nicht unerheblichen Zeitraum aufzuheben[61]. Kündigungen aufgrund nur vorübergehender Stilllegungen (also bloße Betriebsunterbrechungen), bei denen bereits der Zeitpunkt feststeht, zu dem der Betrieb wieder aufgenommen wird, sind danach jedenfalls nicht gerechtfertigt[62]. Andererseits kann eine nur vorübergehende Betriebsschließung ein dringendes betriebliches Bedürfnis darstellen, wenn die Beschäftigungsmöglichkeit voraussichtlich für eine nicht unerhebliche Zeit (z.B. ein halbes bis dreiviertel Jahr) wegfällt[63]. Zwar hat das BAG bisher offengelassen, ob der Stilllegungsbeschluss einer Missbrauchskontrolle unterliegt[64]. Dadurch, dass geprüft wird, ob die Betriebsstilllegung von Dauer ist, findet aber gewissermaßen eine beschränkte Willkürkontrolle statt[65].

Hat sich der Arbeitgeber zu einer dauerhaften Stilllegung entschlossen, so stellt dies automatisch ein „dringendes betriebliches Erfordernis" im Sinne des § 1 KSchG dar[66] und das Interesse der Arbeitnehmer an der Erhaltung ihrer Arbeitsplätze tritt hinter die unternehmerische Dispositionsfreiheit zurück[67]. Die unternehmerische Stilllegungsentscheidung ist dann tatsächlich frei.

Im **Ausgangsfall Nr. 2** liegt daher ein wirksamer Kündigungsgrund vor. U hat sich endgültig dazu entschlossen, die Produktionsgemeinschaft mit seinen Arbeitnehmern aufzuheben, also seinen Betrieb stillzulegen. Dabei ist unerheblich, ob sich seine Unternehmerentscheidung auf inner- oder außerbetriebliche Ursachen stützt: Die Motive – hier die sinkenden Schülerzahlen und die anhaltend hohen Verluste – die den U zu seiner Entscheidung veranlasst haben, sind unbeachtlich. Vielmehr ist die Stilllegungsentscheidung an sich bereits verfassungs-

---

[60] BAG, Urt. v. 22.05.1986, in EzA § 1 KSchG Soziale Auswahl Nr. 22.

[61] BAG, Urt. v. 27.02.1987, AP Nr. 41 zu § 1 KSchG 1969 Betriebsbedingte Kündigung; BAG, Urt. v. 11.03.1998, AP Nr. 43 zu § 111 BetrVG 1972; BAG, Urt. v. 27.02.1987, EzA § 1 KSchG Betriebsbedingte Kündigung Nr. 46.

[62] Stahlhacke/Preis/Vossen-Preis, Rn. 971; KSchR-Kittner, § 1 KSchG, Rn. 322.

[63] Stahlhacke/Preis/Vossen-Preis, Rn. 971; BAG, Urt. v. 27.04.1995, EzA § 1 KSchG Betriebsbedingte Kündigung Nr. 83.

[64] BAG, Urt. v. 27.02.1987, AP Nr. 41 zu § 1 KSchG 1969 Betriebsbedingte Kündigung.

[65] Feudner, NZA 2000, 1140.

[66] Stahlhacke/Preis/Vossen-Preis, Rn. 971; BAG, Urt. v. 19.06.1991 EzA § 1 KSchG Betriebsbedingte Kündigung Nr. 70; BAG, Urt. v. 22.05.1997, AP Nr. 154 zu § 613a BGB; BAG, Urt. v. 11.03.1998, AP Nr. 43 zu § 111 BetrVG 1972; BAG, Urt. v. 18.01.2001, EzA § 1 KSchG Betriebsbedingte Kündigung Nr. 109.

[67] Feudner, NZA 2000, 1140.

rechtlich geschützt: Kein Arbeitgeber darf gegen seinen Willen zur Fortführung seines Unternehmens gezwungen werden. Die Stilllegungsentscheidung hat dazu geführt, dass das Beschäftigungsbedürfnis für alle Arbeitnehmer des U entfallen ist.

b. Leistungsverdichtung

Grundsätzlich keiner gerichtlichen Überprüfung unterliegen soll auch die Entscheidung des Arbeitgebers, den Personalbestand auf Dauer zu reduzieren, und die (gleiche) Arbeit auf die verbleibende Belegschaft zu verteilen (sog. Arbeits- oder Leistungsverdichtung)[68].

Wie gesehen, liegt jeder Kündigung eine organisatorische Unternehmerentscheidung zugrunde. Auch die Entscheidung des Arbeitgebers, Personal abzubauen, hat das BAG wiederholt als freie, nur einer Missbrauchskontrolle unterliegende Unternehmerentscheidung angesehen[69]. Dies ist insofern problematisch, als in diesem Fall die freie Unternehmerentscheidung (nämlich der Entschluss, Personal abzubauen) mit der gem. § 1 KSchG überprüfbaren Kündigungsentscheidung quasi zusammenfällt, der Schutz der Arbeitnehmer vor ungerechtfertigten Kündigungen also auf eine Willkürkontrolle reduziert wird[70]. Für diejenigen Arbeitnehmer, die aus der Sozialauswahl als sozial stark genug hervorgehen, und für die kein anderer freier Arbeitsplatz besteht, reduziert sich damit der Kündigungsschutz praktisch auf Null[71]. Die freie Unternehmerentscheidung wird dadurch zulasten des Kündigungsschutzes ausgeweitet. Diese Ausweitung wird in der Literatur kritisiert: Schließlich sei die freie Unternehmerentscheidung weder ausdrückliches noch ungeschriebenes Tatbestandsmerkmal des § 1 KSchG und den kollidierenden Interessen – Unternehmerfreiheit einerseits und Bestandsschutzinteresse des Arbeitnehmers andererseits – sei im Interessenausgleich nicht ausreichend Rechnung getragen[72].

Dieses Problem hat auch das BAG gesehen, und in drei Urteilen vom 17.06.1999[73] folgenden Grundsatz aufgestellt: In den Fällen, in denen die Organisationsentscheidung des Unternehmers sehr nahe an die eigentliche Kündigungsentscheidung heranrückt, müssen die Kündigungsvoraussetzungen in ab-

---

[68] BAG, Urt. v. 17.06.1999, AP Nr. 101, 102, 103 § 1 KSchG 1969 Betriebsbedingte Kündigung; v. Hoyningen-Huene, NZA 1994, 1011; a.A. Ascheid, DB 1987, 1146; U. Preis, NZA 1997, 1080; zweifelnd B. Preis, NZA 1997, 633f.

[69] BAG, Urt. v. 24.04.1997, AP Nr. 42 zu § 2 KSchG 1969; BAG, Urt. v. 07.05.1998, EzA § 1 KSchG Interessenausgleich Nr. 5.

[70] Feudner, NZA 2000, 1137; B. Preis, DB 2000, 1123f.

[71] Hergenröder, ZfA 2002, 378.

[72] Stahlhacke/Preis/Vossen-Preis, Rn. 933; U. Preis, NZA 1997, 1080.

[73] BAG, Urt. v. 17.06.1999, AP Nr. 101, 102, 103 zu § 1 KSchG 1969 Betriebsbedingte Kündigung.

gestufter Darlegungs- und Beweislast von Arbeitgeber und Arbeitnehmer geklärt werden[74].

Dabei werden an den Arbeitgeber recht strenge Anforderungen gestellt. Je näher die Organisationsentscheidung an den Kündigungsentschluss heranrückt, desto mehr muss er verdeutlichen, dass wirklich ein Beschäftigungsbedürfnis weggefallen ist[75]. Er muss im Prozess substantiiert darlegen, dass dauerhaft – also nicht nur vorübergehend[76] – Personal abgebaut wurde, in welchem Umfang künftig die Arbeiten anfallen werden, wie diese Arbeiten von der verbleibenden Belegschaft erledigt werden können und wie sich dies auf die Arbeitsmenge auswirkt, d.h. inwieweit dadurch ein Arbeitskräfteüberhang entsteht. Auf diesen Vortrag des Arbeitgebers muss dann der Arbeitnehmer antworten, warum das Konzept des Arbeitgebers sich als offensichtlich unsachlich, willkürlich oder unvernünftig darstellt. Daraufhin ist es wiederum Sache des Arbeitgebers, sich zu äußern.

Die Kündigung wird also in den Fällen der Leistungsverdichtung verstärkt überprüft. Wegen der Nähe von Kündigung und der ihr zugrunde liegenden Unternehmerentscheidung scheint dies zumindest ein Schritt in die Richtung zur Überprüfung auch der an sich freien Unternehmerentscheidung zu sein[77].

Im **Ausgangsfall Nr. 3** hat U die Arbeit verdichtet, d.h. er hat die (gleichbleibende) Arbeit auf weniger Arbeitnehmer umverteilt, um so den Personalbestand auf Dauer zu reduzieren. Diese innerbetriebliche Ursache hat dazu geführt, dass weniger Arbeitnehmer benötigt werden (Wegfall eines Beschäftigungsbedürfnisses). Ein wirksamer Kündigungsgrund liegt daher vor. Da allerdings die organisatorische Personalabbauentscheidung des U sehr nah an seine Kündigungsentscheidung heranrückt, muss U um so mehr darlegen, in welchem Umfang künftig die Arbeiten anfallen werden, wie diese Arbeiten von der verbleibenden Belegschaft erledigt werden können und wie sich dies auf die Arbeitsmenge auswirkt, d.h. inwieweit dadurch ein Beschäftigungsbedürfnis entfallen ist.

---

[74] BAG, Urt. v. 17.06.1999, AP Nr. 101, 102 § 1 KSchG 1969 Betriebsbedingte Kündigung; Singer/von Finckenstein, SAE 2000, 285; KSchR-Kittner, § 1 KSchG, Rn. 273 c; Stahlhacke/Preis/Vossen-Preis, Rn. 1034; Bitter, DB 2000, 1764; Krit. Rommé/Pauker, NZA-RR 2000, 287; B. Preis, DB 2000, 1123f.

[75] BAG, Urt. v. 17.06.1999, AP Nr. 101, 102 zu § 1 KSchG 1969 Betriebsbedingte Kündigung.

[76] Was genau „dauerhafter Wegfall" meint, wird vom BAG nicht näher erläutert, vgl. KSchR-Kittner, § 1 KSchG, Rn. 273 b.

[77] Feudner, NZA 2000, 1138; ders. in DB 1999, 2567; Schrader, NZA 2000, 403f.

6. Fazit

Die Unternehmerfreiheit wird umfassend anerkannt und geschützt. Sie unterliegt aber auch zahlreichen Einschränkungen. Die der Kündigung zugrunde liegende Unternehmerentscheidung ist zwar weitgehend frei und unterliegt grundsätzlich keiner gerichtlichen Kontrolle. Die Kündigungsfreiheit hingegen unterliegt den Grenzen des Kündigungsschutzgesetzes. Insbesondere die Darlegungs- und Beweislast kann den Arbeitgeber vor große Probleme stellen. Schon der Nachweis inner- oder außerbetrieblicher Ursachen kann schwierig sein. Zudem scheitert die Wirksamkeit einer betriebsbedingten Kündigung nicht selten daran, dass der Arbeitgeber nicht exakt darlegen kann, wie sich die Umsetzung der organisatorischen Maßnahmen auf die Beschäftigungsmöglichkeiten auswirkt. Doch selbst wenn ihm der Nachweis gelingt, dass tatsächlich ein Beschäftigungsbedürfnis entfallen ist, hat er noch weitere Hindernisse bis zur Wirksamkeit der Kündigung zu überwinden. Im folgenden wird zu untersuchen sein, inwieweit die Unternehmerfreiheit bei betriebsbedingten Kündigungen durch den Grundsatz der Verhältnismäßigkeit eingeschränkt wird.

II. Verhältnismäßigkeitsprinzip

Jede Kündigung unterliegt dem Grundsatz der Verhältnismäßigkeit. Für den Bereich der betriebsbedingten Kündigung ergibt sich dies daraus, dass die betrieblichen Erfordernisse „dringend" sein müssen, gem. § 1 Abs. 2 S. 1 KSchG[78]. „Dringend" bedeutet, dass Kündigungen nur dann gerechtfertigt sein können, wenn die betrieblichen Erfordernisse den Betrieb mit einer gewissen Intensität belasten[79]. Andererseits bedeutet dies nicht, dass die Grenze der Unzumutbarkeit im Sinne des § 626 BGB erreicht sein muss[80]. Vielmehr ist eine Verhältnismäßigkeitsprüfung durchzuführen: Die Art der Umsetzung der Unternehmerentscheidung muss geeignet sein, den vom Arbeitgeber verfolgten Zweck – nämlich die Beseitigung betrieblicher Beeinträchtigungen – zu erreichen, sie muss erforderlich und angemessen (d.h. verhältnismäßig im engeren Sinne) sein[81]. Den Schwerpunkt der Verhältnismäßigkeitsprüfung bildet die Voraussetzung der Erforderlichkeit. Diese folgt bereits aus dem für alle Beendigungskündigun-

---

[78] Stahlhacke/Preis/Vossen-Preis, Rn. 918; ErfK-Ascheid, § 1 KSchG, Rn. 425; vgl. z.B. BAG, Urt. v. 18.10.1984, AP Nr. 6 zu § 1 KSchG 1969 Soziale Auswahl mit Anm. Löwisch; Schaub, BB 1993, 1092; KSchR-Kittner, § 1 KSchG, Rn. 279.

[79] Stahlhacke/Preis/Vossen-Preis, Rn. 950; U. Preis, NZA 1995, 248f.; kritisch Hillebrecht, ZfA 1991, 108ff.

[80] ErfK-Ascheid, § 1 KSchG, Rn. 425.

[81] KSchR-Kittner, § 1 KSchG, Rn. 279; ErfK-Ascheid, § 1 KSchG, Rn.425; KR-Etzel, § 1 KSchG, Rn. 215.

gen geltenden Gesetzeswortlaut: „bedingt“ kann im Sinne von „erfordern“ interpretiert werden[82].

1. Ultima-ratio-Prinzip

Die Voraussetzungen der Erforderlichkeit werden durch das ultima-ratio-Prinzip charakterisiert[83]. Danach darf die unternehmerische Entscheidung nicht auch durch andere, mildere Mittel realisiert werden können[84]. Die Kündigung muss vielmehr letztes in Betracht kommendes Mittel sein[85].

§ 1 KSchG löst damit den Konflikt zwischen dem Kündigungsinteresse des Arbeitgebers und dem Bestandsschutzinteresse des Arbeitnehmers: Ist kein milderes Mittel als die Kündigung vorhanden, so gewährt das Gesetz dem Arbeitgeber die Möglichkeit, betriebsbedingt zu kündigen. Eine zusätzliche Interessenabwägung findet nicht statt[86], soziale Gesichtspunkte werden lediglich bei der Sozialauswahl berücksichtigt[87].

Diese Auffassung wird zum Teil als zu weitgehend kritisiert. Es sei zwar richtig zu fordern, dass Kündigungen verhältnismäßig sein müssen, schon um willkürliche Kündigungen auszuschließen. Das bedeute jedoch lediglich, dass ein vernünftiger Grund zur Rechtfertigung erforderlich sei, nicht aber, dass die Kündigung nur das letztmögliche Mittel sein darf; dies ergebe sich schließlich auch nicht aus § 1 Abs. 1, 2, 3 KSchG[88].

Das BAG wendete den ultima-ratio-Grundsatz erstmalig 1978 bei einer außerordentlichen Kündigung an[89] und weitete dies im Laufe der Zeit auf alle ordentlichen Kündigungen aus. Das Erfordernis der ultima ratio schränkt die unternehmerische Entscheidungsfreiheit zwar in erheblichem Maße ein. Das BAG bleibt aber seiner bisherigen Rechtsprechung weiterhin treu: „Diese betrieblichen Erfordernisse müssen „dringend“ sein und eine Kündigung im Interesse des Betriebes notwendig machen. Diese weitere Voraussetzung ist erfüllt, wenn es dem Arbeitgeber nicht möglich ist, der betrieblichen Lage durch andere Maßnahmen auf technischem, organisatorischem oder wirtschaftlichem Gebiet als durch eine

---

[82] KSchR-Kittner, § 1 KSchG, Rn. 49; Stahlhacke/Preis/Vossen-Preis, Rn. 918.
[83] Stahlhacke/Preis/Vossen-Preis, Rn. 918; v. Hoyningen-Huene/Linck, § 1 KSchG, Rn. 378.
[84] Ständige Rechtsprechung seit BAG, Urt. v. 30.05.1978, EzA § 626 BGB n.F. Nr. 66; KR-Etzel, § 1 KSchG, Rn. 215; Stahlhacke/Preis/Vossen-Preis, Rn. 918; BAG, Urt. v. 18.01.1990, in: NZA 1990, 734.
[85] v. Hoyningen-Huene/Linck, § 1 KSchG, Rn. 140; KSchR-Kittner, § 1 KSchG, Rn. 281.
[86] ErfK-Ascheid, § 1 KSchG, Rn. 426; a.A. KSchR-Kittner, § 1 KSchG, Rn. 51.
[87] Bitter/Kiel, RdA 1994, 346; v. Hoyningen-Huene/Linck, § 1 KSchG, Rn. 137.
[88] Rüthers, NJW 2002, 1607.
[89] BAG, Urt. v. 30.05.1978, NJW 1979, 332.

Kündigung zu entsprechen“ [90]. Die Kündigung muss also wegen der betrieblichen Lage unvermeidbar sein.

Auch der Gesetzgeber hat das ultima-ratio-Prinzip durch eine Norm im Arbeitsförderungsrecht bestätigt, wobei allerdings die genaue Bedeutung der Norm umstritten ist[91]. Gem. § 2 Abs. 2 SGB III sollen Arbeitgeber vorrangig *„...Entlassungen von Arbeitnehmern vermeiden.“*

2. Kündigungsvermeidende Maßnahmen

Als kündigungsvermeidende Maßnahmen kommen in erster Linie die in § 1 Abs. 2 S. 2 und 3 KSchG genannten absoluten Sozialwidrigkeitsgründe in Betracht[92]. Bei ihnen handelt es sich um mildere Mittel von Gesetzes wegen[93]. Hier sollen drei der Gründe näher betrachtet werden[94].

Die Kündigung ist auch sozial ungerechtfertigt

1. gem. § 1 Abs. 2 S. 2 Nr. 1 b) KSchG *...wenn der Arbeitnehmer an einem anderen Arbeitsplatz in demselben Betrieb oder in einem anderen Betrieb des Unternehmens weiterbeschäftigt werden kann...*[95]
2. wenn gem. § 1 Abs. 2 S. 3 1. Alt. KSchG *die Weiterbeschäftigung des Arbeitnehmers nach zumutbaren Umschulungs- oder Fortbildungsmaßnahmen oder*
3. *eine Weiterbeschäftigung des Arbeitnehmers unter geänderten Arbeitsbedingungen möglich ist und der Arbeitnehmer sein Einverständnis hiermit erklärt hat.*

Nach dem Gesetzeswortlaut ist bei den genannten Sozialwidrigkeitsgründen erforderlich, dass der Betriebsrat der Kündigung ordnungsgemäß und fristgerecht widersprochen hat, gem. § 1 Abs. 2 S. 2 a.E. KSchG[96]. Im Kündigungsschutzprozess soll sich der Arbeitnehmer aber auch ohne einen Widerspruch seitens des Betriebsrats auf Versetzung, Umschulung oder Vertragsänderung berufen

---

[90] BAG, Urt. v. 07.12.1978, AP Nr. 6 zu § 1 KSchG 1969 Betriebsbedingte Kündigung; so auch z.B. Urt. v. 17.06.1999, AP Nr. 101 § 1 KSchG 1969 Betriebsbedingte Kündigung; BAG, Urt. v. 30.05.1985 AP Nr. 24 zu § 1 KSchG 1969 Betriebsbedingte Kündigung; v. Hoyningen-Huene/Linck Rn. 381.

[91] Stahlhacke/Preis/Vossen-Preis, Rn. 919 m.w.N.

[92] Stahlhacke/Preis/Vossen-Preis, Rn. 1001; KSchR-Kittner, § 1 KSchG, Rn. 282.

[93] KSchR-Kittner, § 1 KSchG, Rn. 353.

[94] Hier werden allein die individualrechtlichen Gründe berücksichtigt; der Verstoß gegen eine Richtlinie nach § 95 BetrVG gem. § 1 Abs. 2 S. 2 Nr. 1a) und Nr. 2a) KSchG bleibt außer Betracht.

[95] Die Weiterbeschäftigung auf einem anderen Arbeitsplatz im öffentlichen Dienst ist in § 1 Abs. 2 S. 2 Nr. 2 b KSchG geregelt.

[96] Im Bereich des öffentlichen Dienstes ist gem. § 1 Abs. 2 S. 2 Nr. 2 a.E. KSchG grundsätzlich ein Widerspruch der Personalvertretung erforderlich.

können, da andernfalls die Sozialwidrigkeitsgründe, die zur Verbesserung des Kündigungsschutzes führen sollen, leer liefen[97].

a. Weiterbeschäftigung auf einem anderen Arbeitsplatz

aa. Anderer vergleichbarer Arbeitsplatz

Ein anderer Arbeitsplatz ist ein vergleichbarer Arbeitsplatz. Vergleichbarkeit liegt vor, wenn der Arbeitgeber allein durch sein Direktionsrecht den Arbeitnehmer weiterbeschäftigen kann, ohne dessen Arbeitsvertrag zu ändern[98]. Unter Umständen ist auch eine Weiterbeschäftigungsmöglichkeit auf einem freien Arbeitsplatz zu geänderten Arbeitsbedingungen zu berücksichtigen[99]. Zudem ist der Arbeitgeber verpflichtet, den betroffenen Arbeitnehmern zumutbare Umschulungs- und Fortbildungsmaßnahmen anzubieten[100].

bb. Freier Arbeitsplatz

Eine Weiterbeschäftigungsmöglichkeit besteht nur, wenn im Zeitpunkt der Kündigung ein freier, also nicht besetzter Arbeitsplatz vorhanden ist, bzw. wenn nach Ablauf der Kündigungsfrist mit Sicherheit ein freier Arbeitsplatz vorhanden sein wird und dem Arbeitgeber die Überbrückung dieses Zeitraums zumutbar ist[101]. Eine Weiterbeschäftigungsmöglichkeit besteht aber grundsätzlich dann nicht, wenn erst einem anderen – an sich von der Kündigung nicht betroffenen – Arbeitnehmer gekündigt werden müsste, damit (s)ein Arbeitsplatz frei wird[102]. Prüft der Arbeitgeber nicht, ob eine Möglichkeit zur Weiterbeschäftigung besteht, so ist die Kündigung nicht allein aus diesem Grunde unwirksam. Es kommt vielmehr darauf an, ob tatsächlich ein freier Arbeitsplatz vorhanden war, auf dem der betroffene Arbeitnehmer hätte weiterarbeiten können[103].

---

[97] KSchR-Kittner, § 1 KSchG, Rn. 357; Stahlhacke/Preis/Vossen-Preis, Rn. 913, 1001; BAG, Urt. v. 13.09.1973, AP Nr. 2 zu § 1 KSchG 1969; BAG, Urt. v. 17.05.1984, AP Nr. 21 zu § 1 KSchG Betriebsbedingte Kündigung; BAG, Urt. v. 21.09.2000 EzA § 1 KSchG Betriebsbedingte Kündigung Nr. 107.

[98] KSchR-Kittner, § 1 KSchG, Rn. 367.

[99] Gem. § 1 Abs. 2 S. 3, 1. Alt. KSchG; Schiefer, NZA 2002, 774.

[100] Gem. § 1 Abs. 2 S. 3, 2. Alt. KSchG.

[101] BAG, Urt. v. 13.09.1973, AP Nr. 2 zu § 1 KSchG 1969; BAG, Urt. v. 15.12.1994, AP Nr. 67 zu § 1 KSchG 1969 Betriebsbedingte Kündigung; v. Hoyningen-Huene/Linck, § 1 KSchG Rn. 394a.

[102] BAG, Urt. v. 29.01.1997, AP Nr. 32 zu § 1 KSchG 1969 Krankheit; BAG, Urt. v. 07.02.1985, EzA § 1 KSchG Soziale Auswahl Nr. 20; Kiel/Koch, Rn. 230.

[103] BAG, Urt. v. 03.02.1977 EzA Nr. 7 zu § 1 KSchG Betriebsbedingte Kündigung; v. Hoyningen-Huene/Linck, DB 1993, 1187; Stahlhacke/Preis/Vossen-Preis, Rn. 1003.

Ob ein anderer Arbeitsplatz frei ist, ist zu dem Zeitpunkt zu beurteilen, in dem die Kündigungsfrist abläuft[104]. Wird noch innerhalb der Kündigungsfrist ein Arbeitsplatz frei, so ist dieser als frei anzusehen[105]. Ein Wiedereinstellungsanspruch für den gekündigten Arbeitnehmer ist auch möglich, wenn erst nach Ablauf der Kündigungsfrist ein Arbeitsplatz frei wird und dem Arbeitgeber die Überbrückung dieses Zeitraumes zumutbar ist[106].

cc. Weiterbeschäftigung im Unternehmen

Gem. § 1 Abs. 2 S. 2 Nr. 1 b) KSchG ist der Kündigungsschutz unternehmensbezogen, nicht jedoch konzernbezogen. Eine Berücksichtigung der Weiterbeschäftigungsmöglichkeit im gesamten Konzern verstieße gegen den Gesetzeswortlaut und stünde darüber hinaus auch im Widerspruch zur rechtlichen Selbständigkeit der Unternehmen, wonach ein Kontrahierungszwang in der Regel nicht besteht[107]. Das BAG hingegen hat festgestellt, entscheidendes Merkmal bei Prüfung einer Weiterbeschäftigungsmöglichkeit sei weder die Unternehmens- noch Konzernbezogenheit. Vielmehr sei die Weiterbeschäftigungsmöglichkeit arbeitgeberbezogen zu prüfen, mit der Konsequenz, dass der Arbeitgeber nur solche Weiterbeschäftigungsmöglichkeiten zu berücksichtigen hat, über die er selbst bestimmen kann. Eine Berücksichtigung anderer Unternehmen scheidet auch danach jedenfalls grundsätzlich aus[108].

Der Arbeitgeber hat umfassend zu prüfen, ob eine Weiterbeschäftigung auf einem freien Arbeitsplatz irgendwo in den Betrieben des gesamten Unternehmens (gegebenenfalls von Flensburg bis Garmisch Partenkirchen) möglich ist[109]. Dies kann ein beinahe unüberwindbares Hindernis darstellen. In großen Unternehmen wie z.B. der Siemens AG mit mehr als 100 Betrieben erscheint es praktisch un-

---

[104] BAG, Urt. v. 29.03.1990, AP Nr. 50 zu § 1 KSchG Betriebsbedingte Kündigung; Stahlhacke/Preis/Vossen-Preis, Rn. 1006.

[105] BAG, Urt. v. 29.03.1990; Urt. v. 06.06.1984, AP Nr. 50, 16 zu § 1 KSchG Betriebsbedingte Kündigung; KSchR-Kittner, § 1 KSchG, Rn. 380.

[106] BAG, Urt. v. 07.03.1996, EzA § 1 KSchG 1969 Betriebsbedingte Kündigung Nr. 84; BAG, Urt. v. 15.12.1994, AP Nr. 67 zu § 1 KSchG 1969 Betriebsbedingte Kündigung.

[107] BAG, Urt. v. 14.10.1982, AP Nr. 1 zu § 1 KSchG 1969 Konzern mit Anm. Wiedemann; Bitter/Kiel, RdA 1994, 350f; v. Hoyningen-Huene/Linck, § 1 KSchG, Rn. 151, 391ff.; Stahlhacke/Preis/Vossen-Preis, Rn. 937.

[108] BAG, Urt. v. 17.05.1984, EzA § 1 KSchG Betriebsbedingte Kündigung Nr. 32; BAG, Urt. v. 15.12.1994, AP Nr. 66 zu § 1 KSchG 1969 Betriebsbedingte Kündigung; so auch Stahlhacke/Preis/Vossen-Preis, Rn. 936f., 1014f. mit Beispielen zur ausnahmsweise auch konzernbezogenen Weiterbeschäftigungspflicht.

[109] Schiefer, NZA 2002, 774.

möglich, mit Sicherheit auszuschließen, dass nicht doch noch irgendwo ein freier Arbeitsplatz vorhanden ist[110].

Im **Ausgangsfall Nr. 5** hätte A weiterbeschäftigt werden müssen, da ein anderer nicht besetzter Arbeitsplatz vorhanden war. Die Kündigung war nicht sozial gerechtfertigt und daher unwirksam.

b. Weiterbeschäftigung nach Umschulungs- oder Fortbildungsmaßnahmen

Die betriebsbedingte Kündigung ist sozialwidrig, wenn eine Weiterbeschäftigung des Arbeitnehmers nach zumutbarer Umschulung oder Fortbildung in Betracht kommt, gem. § 1 Abs. 2 S. 3, 1. Alt. KSchG. Umschulungs- oder Fortbildungsmaßnahmen sollen dem betroffenen Arbeitnehmer die für einen freien Arbeitsplatz erforderliche Qualifikation ermöglichen[111]. Dabei bedeutet Umschulung die Ausbildung zu einem anderen Beruf, Fortbildung die Weiterbildung in dem bisherigen Beruf[112]. Derartige Maßnahmen kommen nur in Betracht, wenn sie dem Arbeitgeber zumutbar sind. Dabei sind z.B. die Schulungskosten, die Dauer der Betriebszugehörigkeit und die Umschulungsfähigkeit des betroffenen Arbeitnehmers zu berücksichtigen[113].

In der **Abwandlung von Ausgangsfall Nr. 5** hätte U dem A daher auch eine zumutbare Umschulung ermöglichen und ihn daraufhin weiterbeschäftigen müssen.

c. Weiterbeschäftigung unter geänderten Arbeitsbedingungen

Die Kündigung ist auch dann sozialwidrig, wenn der Arbeitnehmer zu geänderten Arbeitsbedingungen auf einem freien Arbeitsplatz weiterbeschäftigt werden kann und der Arbeitnehmer hierzu sein Einverständnis erklärt hat[114]. Der Arbeitgeber hat den Arbeitnehmer auf die Möglichkeit einer Weiterbeschäftigung zu veränderten Arbeitsbedingungen hinzuweisen und klarzustellen, dass er für den Fall, dass der Arbeitnehmer mit der Änderung nicht einverstanden ist, eine Kündigung aussprechen wird[115].

---

110 Hromadka, ZfA 2002, 388.

111 Kiel/Koch, Rn. 242.

112 BAG, Urt. v. 07.02.1991, AP Nr. 1 zu § 1 KSchG 1969 Umschulung.

113 BAG, Urt. v. 07.02.1991, AP Nr. 1 zu § 1 KSchG 1969 Umschulung; Stahlhacke/Preis/Vossen-Preis, Rn. 1018.

114 Gem. § 1 Abs. 2 S. 3, 2. Alt. KSchG; so auch BAG, Urt. v. 13.09.1973 AP § 1 KSchG 1969 Nr. 2; BAG, Urt. v. 20.08.1998 AP § 2 KSchG 1969 Nr. 50; LAG Berlin, Urt. v. 13.01.2000, NZA-RR 2000, 302.

115 BAG, Urt. v. 29.11.1990, 2 AZR 282/90 – n.v.; Stahlhacke/Preis/Vossen-Preis, Rn. 1009.

Die Änderungskündigung gem. § 2 KSchG[116] kann – wie die Beendigungskündigung auch – als personen-, verhaltens- oder betriebsbedingte Änderungskündigung ergehen. Sie muss von Weisungen aufgrund des Direktionsrechts abgegrenzt werden. Im Fall der betriebsbedingten Beendigungskündigung muss der Arbeitgeber dem von der Kündigung bedrohten Arbeitnehmer ein Änderungsangebot machen, wenn der Arbeitnehmer unter geänderten Arbeitsbedingungen auf einem anderen freien Arbeitsplatz weiterbeschäftigt werden kann und die Beendigungskündigung so vermieden werden kann. Die Änderungskündigung hat also Vorrang vor der Beendigungskündigung. Lehnt der Arbeitnehmer dieses Angebot ab, so führt die Änderungskündigung zur Beendigungskündigung. Eine Änderungskündigung muss – wie die Beendigungskündigung auch – sozial gerechtfertigt sein. Das heißt, es muss ein wirksamer Änderungsgrund vorliegen und die Änderung muss ultima-ratio sein. Vor Ausspruch einer Änderungskündigung hat der Arbeitgeber daher – wiederum als milderes Mittel – die Möglichkeit zu prüfen, dem Arbeitnehmer einen anderen Arbeitsplatz im Rahmen des Direktionsrechts zuzuweisen. Nur wenn dies nicht möglich ist, kommt eine Änderungskündigung in Betracht[117].

Eine Weiterbeschäftigung zu veränderten Arbeitsbedingungen liegt z.B. bei einer Versetzung auf einen geringerwertigen Arbeitsplatz vor, nicht dagegen bei einer Versetzung auf einen höherwertigen Arbeitsplatz oder bei einer Beförderung[118]. Der Arbeitgeber ist also nur dazu verpflichtet, eine Weiterbeschäftigung zu schlechteren Bedingungen anzubieten.

d. Sonstige mildere Mittel

Bezüglich der Wahl anderer milderer Mittel sind die Grenzen der Verhältnismäßigkeit zu beachten: Der Arbeitgeber kann zur Vermeidung von Kündigungen nur verpflichtet sein, solche milderen Mittel zu ergreifen, die rechtlich zulässig und tatsächlich möglich sind[119].

---

[116] § 2 KSchG: *Kündigt der Arbeitgeber das Arbeitsverhältnis und bietet er dem Arbeitnehmer im Zusammenhang mit der Kündigung die Fortsetzung des Arbeitsverhältnisses zu geänderten Arbeitsbedingungen an, so kann der Arbeitnehmer dieses Angebot unter dem Vorbehalt annehmen, dass die Änderung der Arbeitsbedingungen nicht sozial ungerechtfertigt ist...* Auf die Details einer Änderungskündigung kann hier nicht näher eingegangen werden, da dies den Rahmen dieser Arbeit sprengen würde; zur Änderungskündigung vgl. z.B. KSchR-Kittner, § 2 KSchG.

[117] Stahlhacke/Preis/Vossen-Preis, Rn. 1008; Hoyningen-Huene/Linck, DB 1993, 1188.

[118] BAG, Urt. v. 29.03.1990, EzA § 1 KSchG Soziale Auswahl Nr. 29; a.A. KSchR-Kittner, § 1 KSchG, Rn. 377, 412; Stahlhacke/Preis/Vossen-Preis, Rn. 1008.

[119] Stahlhacke/Preis/Vossen-Preis, Rn. 919.

Ob der Arbeitgeber zur Vermeidung von Kündigungen Kurzarbeit einführen muss, ist strittig[120]. Zum Teil wird vertreten, bei nur vorübergehendem Arbeitsmangel sei der Arbeitgeber grundsätzlich – die Zustimmung des Betriebsrats vorausgesetzt – zur Einführung von Kurzarbeit verpflichtet, um so betriebsbedingte Kündigungen zu vermeiden[121]. Das BAG hat zu dieser Frage noch nicht abschließend Stellung genommen[122]. Der Abbau von Überstunden und Leiharbeitsverhältnissen hat als milderes Mittel grundsätzlich Vorrang vor der Kündigung[123]. Bei einem nur vorübergehenden Arbeitsmangel kann die Arbeit gestreckt werden, wenn voraussehbar ist, dass die Arbeitnehmer demnächst wieder voll ausgelastet sein werden[124].

3. Darlegungs- und Beweislast

Gemäß § 1 Abs. 3 S. 4 KSchG hat der Arbeitgeber alle Tatsachen zu beweisen, die die Kündigung bedingen, also auch die Tatsache, dass andere mildere Mittel als die Kündigung nicht in Betracht kommen[125]. Auch bei Überprüfung der Verhältnismäßigkeit gilt eine abgestufte Darlegungs- und Beweislast. Behauptet der Arbeitgeber, die Kündigung hätte nicht durch ein milderes Mittel vermieden werden können, so muss der Arbeitnehmer darlegen, welche milderen Maßnahmen seiner Ansicht nach in Betracht gekommen wären. Daraufhin ist es dann wieder Sache des Arbeitgebers, darzulegen und zu beweisen, warum eben diese Maßnahmen nicht durchführbar waren[126]. Diese abgestufte Darlegungs- und Beweislast gilt allgemein für die im Rahmen des ultima-ratio-Prinzips zu berücksichtigenden milderen Mittel, sowie konkret für die Möglichkeit einer Weiterbeschäftigung auf einem anderen freien Arbeitsplatz, auch zu geänderten Arbeitsbedingungen oder nach zumutbarer Umschulung oder Fortbildung[127].

4. Gerichtliche Kontrolle

Das Gericht überprüft, ob die Kündigung unvermeidbar war. Mit der Unterscheidung zwischen inner- und außerbetrieblichen Gründen hat das BAG zu-

[120] vgl. z.B. Hromadka/Maschmann, S. 404; Stahlhacke/Preis/Vossen-Preis, Rn. 1020f.
[121] v. Hoyningen-Huene/Linck, § 1 KSchG, Rn. 141, 384ff.; KSchR-Kittner, § 1 KSchG, Rn. 287; Stahlhacke/Preis/Vossen-Preis, Rn. 1021.
[122] offen gelassen in BAG, Urt. v. 15.06.1989, AP Nr. 45 zu § 1 KSchG 1969 Betriebsbedingte Kündigung; vgl. zur Entwicklung in der BAG-Rechtsprechung: Kiel/Koch, Rn. 195ff.
[123] v. Hoyningen-Huene/Linck, § 1 KSchG Rn. 383; KSchR-Kittner, § 1 KSchG Rn. 291f.; Stahlhacke/Preis/Vossen-Preis, Rn. 1023.
[124] BAG, Urt. v. 17.10.1980, AP Nr. 10 zu § 1 KSchG 1969 Betriebsbedingte Kündigung; Stahlhacke/Preis/Vossen-Preis, Rn. 1019.
[125] Stahlhacke/Preis/Vossen-Preis, Rn. 1036.
[126] Kiel/Koch, Rn. 191; KSchR-Kittner, § 1 KSchG, Rn. 304, 417.
[127] Kiel/Koch, Rn. 274ff.; Stahlhacke/Preis/Vossen-Preis, Rn. 1036.

nächst entschieden, nur bei außerbetrieblichen Gründen, bei denen (scheinbar) keine Unternehmerentscheidung getroffen wurde, sei zu prüfen, ob die Kündigung durch andere innerbetriebliche Maßnahmen (z.B. Arbeitsstreckung) hätte verhindert werden können. Andererseits dürfe das Gericht dann in den anderen Fällen einer (nicht willkürlichen) Unternehmerentscheidung nicht prüfen, ob mildere Mittel möglich gewesen wären[128].

In einer späteren Entscheidung hat das BAG das Verhältnismäßigkeitsprinzip dann allerdings stärker berücksichtigt: Auch bei der Kontrolle einer Unternehmerentscheidung lediglich auf Missbrauch müsse geprüft werden, ob die Kündigung tatsächlich unvermeidbar war oder ob die Organisationsänderung nicht auch durch andere Maßnahmen hätte verwirklicht werden können[129]. Danach kann also nicht überprüft werden, ob die Maßnahme selbst, also etwa die Einstellung oder Verminderung der Produktion, zweckmäßig oder wirtschaftlich sinnvoll ist[130]. Das Gericht kontrolliert aber in vollem Umfang, ob der Zweck der Maßnahme nicht auch durch andere mildere Mittel anstelle einer Kündigung hätte erreicht werden können.

5. Besondere Fallgruppen

a. Umstrukturierungsmaßnahmen

Entscheidet sich der Arbeitgeber zu Umstrukturierungen im Betrieb, so ist fraglich, ob dies als „dringendes betriebliches Erfordernis" automatisch daraufhin ausgesprochene Kündigungen rechtfertigt. Im Gegensatz zu Betriebsstilllegungen führen Umorganisierungen nicht zwingend auch zum Wegfall von Arbeitsplätzen. Daher ist hier zu prüfen, ob Kündigungen verhältnismäßig und ultima ratio sind und ob eine Weiterbeschäftigung auf einem anderen Arbeitsplatz in Betracht kommt[131].

Es ist anerkannt, dass der Arbeitgeber weitgehend frei ist, seinen Betrieb umzuorganisieren, etwa aus Wettbewerbsgründen oder zur Marktanpassung, um neue Techniken einzuführen oder neue Produkte herzustellen. Dies kann er z.B. verwirklichen durch Outsourcing (d.h. indem er bestimmte Arbeiten, wie z.B. Reinigungsarbeiten, an Fremdunternehmen vergibt[132]), Umorganisation etc.[133]. In

---

[128] BAG, Urt. v. 07.12.1978, AP Nr. 6 zu § 1 KSchG 1969 Betriebsbedingte Kündigung.
[129] BAG, Urt. v. 18.01.1990, AP Nr. 27 zu § 2 KSchG 1969; BAG, Urt. v. 26.06.1997, AP Nr. 86 zu § 1 KSchG 1969 Betriebsbedingte Kündigung.
[130] Stahlhacke/Preis/Vossen-Preis, Rn. 948.
[131] Feudner, NZA 2000, 1141.
[132] BAG, Urt. v. 30.04.1987, AP Nr. 42 § 1 KSchG Betriebsbedingte Kündigung; BAG, Urt. v. 29.03.1999, AP Nr. 50 zu § 1 KSchG Betriebsbedingte Kündigung.
[133] Vgl. z.B. Feudner, NZA 2000, S. 1142; Hillebrecht, ZfA 1991, 105; U. Preis, NZA 1995, 243.

diesen Fällen hat die Unternehmerfreiheit – anders als etwa bei Betriebsstilllegungen – jedoch nicht zwangsläufig Vorrang vor dem Bestandsschutzinteresse der Arbeitnehmer. Der Arbeitgeber, der sich auf Umorganisierungsmaßnahmen beruft, hat daher seine Entscheidung darzulegen und darüber hinaus auch darzulegen, dass die daraufhin erfolgten Kündigungen unvermeidbar waren und eine Weiterbeschäftigung der betroffenen Arbeitnehmer unzumutbar war[134].

Das BAG hat zwar immer wieder festgestellt, die Unternehmerentscheidungen seien grundsätzlich frei und dürfen nicht auf ihre Zweckmäßigkeit oder Notwendigkeit überprüft werden[135]. Beruft sich der Unternehmer jedoch als Kündigungsgrund auf seine Organisationsentscheidung, so wird im Rahmen des § 1 KSchG überprüft, ob die daraufhin ausgesprochenen Kündigungen verhältnismäßig und unvermeidbar waren. Letztlich wird damit die Notwendigkeit der unternehmerischen Organisationsentscheidung geprüft: „Frei" ist der Unternehmer nur, wenn es keine andere Möglichkeit gab als die Kündigungen[136]. Im Prozess hat der Arbeitgeber vorzutragen, dass seine Organisationsentscheidung als einzig in Frage kommende Möglichkeit für den Betrieb in Betracht kommt und daher ein „dringendes betriebliches Erfordernis" darstellt[137].

Das Erfordernis der Dringlichkeit ist bei derartigen Umstrukturierungsmaßnahmen daher für den Arbeitnehmer der einzige effektive Schutz vor dem Verlust seines Arbeitsplatzes. Die unternehmerische Entscheidungsfreiheit des Arbeitgebers hingegen wird durch eben dieses Merkmal eingeschränkt[138].

b. Kündigungen zur Steigerung des Unternehmensgewinns

Das Merkmal der Dringlichkeit schützt die Arbeitnehmer auch vor Kündigungen allein zur Steigerung des Unternehmensgewinns. Zu den grundlegenden Interessen eines Unternehmers gehört es, Gewinne zu erzielen und zu steigern. Hierauf erstreckt sich auch die verfassungsrechtlich geschützte Unternehmerfreiheit[139]. Anders als Kündigungen infolge von Betriebsstilllegungen oder einer Personalabbauentscheidung, die zwingend zum Wegfall von Arbeitsplätzen führen, unterliegen Kündigungen allein zur Gewinnsteigerung, die weder auf inner- noch außerbetriebliche Ursachen zurückzuführen sind, allerdings den Grenzen der

---

[134] BAG, Urt. v. 20.02.1986, EzA § 1 KSchG Betriebsbedingte Kündigung Nr. 37; BAG, Urt. v. 18.01.1990, AP Nr. 19 zu § 1 KSchG 1969 Soziale Auswahl.
[135] Vgl. nur BAG, Urt. v. 18.11.1960, AP Nr. 28 zu Art 44 Truppenvertrag = DB 1961, 344.
[136] Feudner, NZA 2000, 1142; BAG, Urt. v. 20.02.1986, EzA § 1 KSchG Betriebsbedingte Kündigung Nr. 37; BAG, Urt. v. 18.01.1990, AP Nr. 19 zu § 1 KSchG 1969 Soziale Auswahl.
[137] Feudner, NZA 2000, 1143; BAG, Urt. v. 30.05.1985, EzA § 1 KSchG Betriebsbedingte Kündigung Nr. 36.
[138] Stahlhacke/Preis/Vossen-Preis, Rn. 950f.
[139] Feudner, NZA 2000, 1143; Stahlhacke, DB 1994, 1361.

Verhältnismäßigkeit. Derartige Kündigungen sind nur zulässig, wenn der Arbeitgeber nachvollziehbar darlegen kann, dass er eine organisatorische Unternehmerentscheidung getroffen hat und dass andere Alternativen zur Gewinnmaximierung nicht in Betracht kommen. Nur dann liegt ein „dringendes betriebliches Erfordernis" vor[140].

Die Unternehmerfreiheit wird auch in diesen Fällen durch das Erfordernis der Dringlichkeit eingeschränkt. Allerdings können betriebsbedingte Kündigungen dennoch gerechtfertigt sein, wenn die Gewinnsteigerung als bloßes Motiv einer organisatorischen Unternehmerentscheidung vorausgeht, deren Umsetzung zum Wegfall eines Beschäftigungsbedürfnisses führt. Auf diesem Umweg sind Kündigungen zur Gewinnmaximierung letztlich doch möglich[141].

6. Fazit

Auch der stets zu beachtende Grundsatz der Verhältnismäßigkeit beschränkt die Unternehmerfreiheit in beträchtlichem Maße. Schon die im Gesetz genannten absoluten Sozialwidrigkeitsgründe können für den Arbeitgeber beinah unüberwindbare Hindernisse darstellen. Insbesondere kann es schwer sein festzustellen, wann ein anderer Arbeitsplatz vergleichbar ist. Auch die Unternehmensbezogenheit der Weiterbeschäftigungspflicht kann vor allem Arbeitgeber großer Unternehmen vor erhebliche Schwierigkeiten stellen. Nicht zuletzt besteht Rechtsunsicherheit darüber, welche anderen milderen Mittel einer Kündigung vorzugehen haben. Auch im Rahmen der Verhältnismäßigkeit wird die Wirksamkeit einer betriebsbedingten Kündigung nicht selten daran scheitern, dass der Arbeitgeber seiner Darlegungs- und Beweislast nicht genügend nachkommt.

Stellt sich heraus, dass eine betriebsbedingte Kündigung sich sowohl auf einen wirksamen Kündigungsgrund stützt, als auch verhältnismäßig ist, so stellt sich die Frage, ob der Arbeitgeber dann frei wählen kann, welchen von mehreren Arbeitnehmern er kündigt. Diese Frage der ordnungsgemäßen Sozialauswahl wird im folgenden untersucht.

III. Sozialauswahl

Die Regelungen über die Sozialauswahl unterlagen wiederholt zahlreichen Änderungen. Die Sozialauswahl ist in § 1 Abs. 3 KSchG geregelt.

§ 1 Abs. 3 S. 1, 1. Hs. KSchG: *Ist einem Arbeitnehmer aus dringenden betrieblichen Erfordernissen im Sinne des Absatzes 2 gekündigt worden, so ist die Kündigung trotzdem sozial ungerechtfertigt, wenn der Arbeitgeber bei der Aus-*

---

[140] Feudner, NZA 2000, 1143; Stahlhacke/Preis/Vossen-Preis, Rn. 952.
[141] Stahlhacke/Preis/Vossen-Preis, Rn. 952.

wahl des Arbeitnehmers die Dauer der Betriebszugehörigkeit, das Lebensalter, die Unterhaltspflichten und die Schwerbehinderung des Arbeitnehmers nicht oder nicht ausreichend berücksichtigt hat;...
§ 1 Abs. 3 S. 2 KSchG: *In die soziale Auswahl nach Satz 1 sind Arbeitnehmer nicht einzubeziehen, deren Weiterbeschäftigung, insbesondere wegen ihrer Kenntnisse, Fähigkeiten und Leistungen oder zur Sicherung einer ausgewogenen Personalstruktur des Betriebes, im berechtigten betrieblichen Interesse liegt.*
§ 1 Abs. 3 S. 3 KSchG: *Der Arbeitnehmer hat die Tatsachen zu beweisen, die die Kündigung als sozial ungerechtfertigt im Sinne des Satzes 1 erscheinen lassen.*

Der Arbeitgeber ist bei jeder betriebsbedingten Kündigung zur Durchführung einer Sozialauswahl verpflichtet, mit dem Ziel, dem sozial schwächsten Arbeitnehmer, der am meisten auf seinen Arbeitsplatz angewiesen ist, den Arbeitsplatz zu erhalten[142]. Daher darf er nach erfolgter Sozialauswahl grundsätzlich nur den sozial stärksten Arbeitnehmer kündigen. Allein im Fall von Betriebsstilllegungen ist eine Sozialauswahl nicht notwendig und auch nicht möglich, weil alle vergleichbaren Arbeitnehmer gekündigt werden[143]. Eine fehlerhaft durchgeführte Sozialauswahl führt zur Sozialwidrigkeit der Kündigung und damit zu ihrer Unwirksamkeit.

Die Sozialauswahl ist in drei Schritten durchzuführen:

1. Die einzubeziehenden Arbeitnehmer werden ermittelt.
2. Die Arbeitnehmer werden nach ihrer sozialen Schutzwürdigkeit, also unter Berücksichtigung sozialer Gesichtspunkte in eine Reihenfolge gebracht (vgl. § 1 Abs. 3 S. 1 KSchG).
3. Ausnahmsweise sind solche Arbeitnehmer nicht in die Sozialauswahl einzubeziehen, deren Weiterbeschäftigung im berechtigten betrieblichen Interesse liegt, gem. § 1 Abs. 3 S. 2 KSchG.

1. Einzubeziehende Arbeitnehmer

Nach ständiger Rechtsprechung des BAG ist die Sozialauswahl betriebsbezogen ausgestaltet: In die Sozialauswahl sind nur Arbeitnehmer eines Betriebes einzubeziehen, nicht auch Arbeitnehmer anderer Betriebe desselben Unternehmens oder etwa innerhalb eines Konzerns[144].

---

[142] BAG, Urt. v. 19.04.1979, EzA § 1 KSchG Betriebsbedingte Kündigung Nr. 11.
[143] BAG, Urt. v. 10.10.1996 – n.v., NZA 1997, 92.
[144] BAG, Urt. v. 22.05.1986, AP Nr. 4 zu § 1 KSchG 1969 Konzern; BAG, Urt. v. 15.12.1994, AP Nr. 67 § 1 KSchG 1969 Betriebsbedingte Kündigung; ebenso die ganz

Einzubeziehen sind zudem nur vergleichbare Arbeitnehmer, also solche, die auf derselben Ebene der Betriebshierarchie stehen und ohne Änderung der Arbeitsbedingungen allein durch das Direktionsrecht des Arbeitgebers austauschbar sind (sog. horizontale Vergleichbarkeit)[145]. Eine sog. vertikale Vergleichbarkeit (d.h. der betroffene Arbeitnehmer erklärt sich bereit, zu schlechteren Arbeitsbedingungen weiterzuarbeiten) ist unzulässig, da sie zu einem „Verdrängungswettbewerb nach unten" führen würde[146].

Die Grenze der Vergleichbarkeit ist das Direktionsrecht des Arbeitgebers: Sie ist überschritten, wenn der Arbeitgeber eine andere Tätigkeit nur durch eine Vertragsänderung zuweisen kann[147]. Schon die Frage, wann Arbeitnehmer austauschbar sind, kann fast unüberwindbare Probleme aufwerfen[148], da es letztlich eine Wertungsfrage ist, ob das Weisungsrecht ausreicht oder ob die Arbeitnehmer nur nach einer Änderungskündigung austauschbar sind[149]. Der Arbeitgeber muss sich entscheiden, ob er durch sehr weit gefasste Direktionsklauseln den Einsatz des Personals flexibel gestalten möchte, dafür aber auch eine weite Sozialauswahl in Kauf nimmt[150].

Vergleichbar ist ein – sozial schwächerer – Arbeitnehmer zudem nur dann, wenn er die Anforderungen für den Arbeitsplatz, auf dem er künftig beschäftigt werden soll, erfüllt, wenn er also die Funktion des zu kündigenden – sozial stärkeren – Arbeitnehmers übernehmen kann[151]. Dabei soll ihm die Möglichkeit einer – kurzen[152] – Einarbeitungszeit gegeben werden[153].

überwiegende Meinung im Schrifttum vgl. z.B. Nachweise bei v. Hoyningen-Huene/Linck, § 1 KSchG, Rn. 434ff.; differenzierend Stahlhacke/Preis/Vossen-Preis, Rn. 1055, 1062; BAG, Urt. v. 22.05.1986, EzA § 1 KSchG Soziale Auswahl Nr. 22; BAG, Urt. v. 14.10.1982, AP Nr. 1 zu § 1 KSchG 1969 Konzern; a.A. (auch Unternehmen) z.B. Schwerdtner, ZIP 1984, 15.

[145] BAG, Urt. v. 07.02.1985, AP Nr. 9 zu § 1 KSchG 1969 Soziale Auswahl; Urt. v. 29.03.1990, AP Nr. 50 zu § 1 KSchG 1969 Betriebsbedingte Kündigung; v. Hoyningen-Huene/Linck, § 1 KSchG, Rn. 444; KSchR-Kittner, § 1 KSchG, Rn. 447; BAG, Urt. v. 27.09.2001, EzA § 2 KSchG Nr. 41.

[146] v. Hoyningen-Huene/Linck, § 1 KSchG, Rn. 446 b f.; Stahlhacke/Preis/Vossen-Preis, Rn. 1070.

[147] BAG, Urt. v. 10.11.1983 – 2 AZR 317/82 – n.v.; BAG, Urt. v. 29.03.1990, AP Nr. 50 zu § 1 KSchG 1969 Betriebsbedingte Kündigung.

[148] Hromadka, ZfA 2002, 389.

[149] Schiefer, NZA 2002, 774.

[150] BAG, Urt. v. 17.02.2000, EzA § 1 KSchG Soziale Auswahl Nr. 43; Stahlhacke/Preis/Vossen-Preis, Rn. 1052f.

[151] Stahlhacke/Preis/Vossen-Preis, Rn. 1083f.

[152] Etwa 3 bis 6 Wochen, vgl. Stahlhacke/Preis/Vossen-Preis, Rn. 1089.

[153] BAG, Urt. v. 25.04.1985, AP Nr. 7 zu § 1 KSchG 1969 Soziale Auswahl.

Arbeitnehmer, die (noch) keinen Kündigungsschutz genießen, sind grundsätzlich sozial weniger schutzbedürftig[154]. Sie werden daher nicht in die Sozialauswahl einbezogen, sondern sind vielmehr vorrangig vor denjenigen Arbeitnehmern zu kündigen, die die sechsmonatige „Wartezeit" bereits erfüllt haben[155].

Arbeitnehmer, die besonderen gesetzlichen Kündigungsschutz genießen und deren ordentliche Kündigung daher ausgeschlossen ist, sind aufgrund ihrer besonderen Schutzbedürftigkeit aus der Sozialauswahl herauszunehmen. Dies gilt z.B. für Betriebsratsmitglieder. Der gesetzliche besondere Kündigungsschutz (hier § 15 Abs. 1 S. 1 KSchG) geht dem allgemeineren Kündigungsschutz nach § 1 Abs. 3 KSchG insoweit vor[156]. Schwangere und Schwerbehinderte sind nur dann in die Sozialauswahl mit einzubeziehen, wenn die erforderliche behördliche Zustimmung zur Kündigung vorliegt[157].

2. Soziale Gesichtspunkte und Kündigungsreihenfolge

Hat der Arbeitgeber den Kreis der vergleichbaren Arbeitnehmer ermittelt, so hat er unter diesen den sozial schwächsten zu ermitteln. Die bei dieser Auswahl zu berücksichtigenden Sozialkriterien sind heute (wieder) im Gesetz genannt. Die Neuregelung des § 1 Abs. 3 S. 1 KSchG entspricht weitestgehend den Bestimmungen des arbeitsrechtlichen Beschäftigungsförderungsgesetzes aus dem Jahre 1996[158]. Nach § 1 Abs. 3 S. 1 KSchG 1996 hatte der Arbeitgeber bei der Sozialauswahl als Sozialkriterien die Dauer der Betriebszugehörigkeit, das Lebensalter und die Unterhaltspflichten der Arbeitnehmer zu berücksichtigen. Mit Wirkung vom 01.01.1999 wurden diese Sozialkriterien aus dem Gesetz gestrichen[159]. Fortan hieß es in § 1 Abs. 3 S. 1 KSchG, die Kündigung sei ungerechtfertigt, wenn der Arbeitgeber bei der Sozialauswahl *„soziale Gesichtspunkte nicht oder nicht ausreichend berücksichtigt hat"*. Dennoch galt nach der ständigen Rechtsprechung des BAG auch weiterhin, dass der Arbeitgeber jedenfalls die drei Sozialkriterien Dauer der Betriebszugehörigkeit, Lebensalter und Unterhaltspflich-

---

[154] Bitter/Kiel, RdA 1994, 354.
[155] BAG, Urt. v. 25.04.1985, EzA § 1 KSchG Betriebsbedingte Kündigung Nr. 35.
[156] BAG, Urt. v. 17.06.1999, AP Nr. 103 zu § 1 KSchG 1969 Betriebsbedingte Kündigung.
[157] v. Hoyningen-Huene/Linck, § 1 KSchG, Rn. 454; Stahlhacke/Preis/Vossen-Preis, Rn. 1073; kritisch: Bitter/Kiel, RdA 1994, 355.
[158] Arbeitsrechtliches Gesetz zur Förderung von Wachstum und Beschäftigung (Arbeitsrechtliches Beschäftigungsförderungsgesetz) v. 25.09.1996, BGBl. I 1996, 1476; Geltung vom 01.10.1996 bis zum 31.12.1998.
[159] Seit 01.01.1999, Änderungen durch das Gesetz zu Korrekturen in der Sozialversicherung und zur Sicherung der Arbeitnehmerrechte (Korrekturgesetz) v. 19.12.1998, BGBl. I 1998, S. 3843.

ten zu berücksichtigen hatte[160]. Es konnten jedoch je nach Einzelfall weitere Sozialindikatoren hinzugezogen werden, wie etwa der Gesundheitszustand, eine Schwerbehinderung, Schwangerschaft, die Eigenschaft als alleinerziehend, ein Pflegebedarf bei Angehörigen und die Vermittelbarkeit auf dem Arbeitsmarkt[161].

Wie die sozialen Gesichtspunkte zu bestimmen und zu bewerten waren, konnte im Einzelfall schwierig sein[162]. Insbesondere erschien es nicht ausgeschlossen, dass die Gerichte die Bedeutung der Sozialkriterien anders werteten als der Arbeitgeber[163]. Da dies erhebliche Rechtsunsicherheiten zur Folge hatte, wurde gefordert, allein die drei Hauptsozialkriterien wieder ins Gesetz aufzunehmen und zusätzliche Kriterien innerhalb der Sozialauswahl nicht zu berücksichtigen[164]. Dieser Forderung wurde mit Wirkung vom 01.01.2004 Rechnung getragen. Seitdem sind die zu berücksichtigenden Sozialkriterien (wieder) im Gesetz aufgeführt: Dauer der Betriebszugehörigkeit, Lebensalter, Unterhaltspflichten. Neu eingeführt ist zudem das Merkmal der Schwerbehinderung. Diese Kriterien sollen jedenfalls grundsätzlich auch abschließend sein[165].

Die Beschränkung auf die Grunddaten soll allerdings die Beachtung unbilliger Härten im Einzelfall nicht ausschließen[166]. Zusätzliche Tatsachen dürfen aber nur in Ausnahmefällen berücksichtigt werden und müssen „in einem unmittelbaren spezifischen Zusammenhang mit den Grunddaten stehen oder sie müssen sich aus solchen betrieblichen Gegebenheiten herleiten, die evident einsichtig sind". Als Beispiele werden Berufskrankheiten oder vom Arbeitnehmer nicht verschuldete Arbeitsunfälle genannt[167]. Es ist jedoch zu befürchten, dass die Zulassung von Ausnahmefällen zu Abgrenzungsschwierigkeiten und letztlich zu Rechtsunsicherheiten führen wird. Dies wiederum widerspricht dem eigentlichen Ziel der Beschränkung der Sozialauswahl auf die genannten Grunddaten, nämlich dem Ziel der Rechtssicherheit[168]. Daher wäre es zu begrüßen, wenn in der Praxis die Sozialauswahl auf die Grunddaten beschränkt würde[169].

---

[160] vgl. z.B. BAG, Urt. v. 12.10.1979, AP Nr. 7 zu § 1 KSchG 1969 Betriebsbedingte Kündigung; Urt. v. 24.03.1983, AP Nr. 12 zu § 1 KSchG 1969 Betriebsbedingte Kündigung.

[161] Vgl. KSchR-Kittner, § 1 KSchG, Rn. 469; zum Teil a.A. Stahlhacke/Preis/Vossen-Preis, Rn. 1107-1114.

[162] Schiefer, NZA 2002, 774; Stahlhacke/Preis/Vossen-Preis, Rn. 1115f.

[163] Schiefer, NZA 2002, 774.

[164] Schiefer, NZA 2002, 775.

[165] Vgl. Begr. FraktE, BT-Dr 15/1204, S. 8, 11.

[166] Vgl. Begr. FraktE, BT-Dr 15/1204, S. 11.

[167] Begr. FraktE, BT-Dr 15/1204, S. 11; genauso bereits ErfK-Ascheid 1998, § 1, Rn. 537.

[168] Vgl. Begr. FraktE, BT-Dr 15/1204, S. 8.

[169] So auch Willemsen/Annuß, NJW 2004, 177; Löwisch, NZA 2003, 691.

Das Merkmal Dauer der Betriebszugehörigkeit ist – entgegen dem eigentlichen Wortlaut – arbeitgeberbezogen zu verstehen. Es handelt sich also eher um die Zugehörigkeit zum Unternehmen als zum Betrieb. Es kommt darauf an, dass das Arbeitsverhältnis ununterbrochen zu demselben Arbeitgeber bestanden hat[170].

Da es mit zunehmendem Alter in der Regel schwieriger wird, einen neuen Arbeitsplatz zu finden, kommt auch dem Lebensalter eine besondere Bedeutung als Auswahlkriterium zu, wenn auch wohl eine geringere als der Dauer der Betriebszugehörigkeit[171]. Die Aufnahme des Lebensalters als gesetzlich vorgeschriebenes Sozialkriterium widerspricht auch nicht der Gleichstellungsrahmenrichtlinie, die eine Diskriminierung unter anderem aufgrund des Lebensalters verbietet[172]. Spielt das Lebensalter für den Umfang des Kündigungsschutzes eine Rolle, so stellt dies zwar prinzipiell eine unmittelbare Diskriminierung dar. Der Gesetzgeber darf aber eine gerechtfertigte Ungleichbehandlung gesetzlich festlegen[173]. Dies ist mit Aufnahme des Merkmals Lebensalter in § 1 Abs. 3 S. 1 KSchG geschehen[174].

Die Unterhaltspflichten richten sich nach den Bestimmungen des Familienrechts des BGB[175]. Im Gegensatz zu den Merkmalen Dauer der Betriebszugehörigkeit und Lebensalter privilegieren sie in erster Linie jüngere Arbeitnehmer[176].

Neu ins Gesetz aufgenommen ist schließlich das Merkmal der Schwerbehinderung. Es erscheint zumindest fraglich, ob die Aufnahme dieses Kriteriums notwendig war. Denn auch zuvor waren Schwerbehinderte bereits durch das SGB IX ausreichend geschützt. Dies wurde auch in der Begründung zum Fraktionsentwurf festgestellt, der eigentlich auch nur eine Beschränkung der Grunddaten auf Dauer der Betriebszugehörigkeit, Lebensalter und Unterhaltspflichten vorsah[177]. Auch läge kein Verstoß gegen die Gleichstellungsrahmenrichtlinie vor,

---

170 Stahlhacke/Preis/Vossen-Preis, Rn. 1095; ErfK-Ascheid, § 1 KSchG, Rn. 494.

171 Stahlhacke/Preis/Vossen-Preis, Rn. 1100f.; BAG, Urt. v. 24.03.1983, AP Nr. 12 zu § 1 KSchG 1969 Betriebsbedingte Kündigung; ambivalent zum Lebensalter: v. Hoyningen-Huene/Linck, § 1 KSchG, Rn. 466.

172 Richtlinie 2000/78/EG v. 27.11.2000 zur Festlegung eines allgemeinen Rahmens für die Verwirklichung der Gleichbehandlung in Beschäftigung und Beruf.

173 Art. 1, Art. 2 Abs. 2 a; Art. 6 Abs. 1 der Richtlinie 2000/78/EG v. 27.11.2000 zur Festlegung eines allgemeinen Rahmens für die Verwirklichung der Gleichbehandlung in Beschäftigung und Beruf.

174 Löwisch, NZA 2003, 689.

175 Vgl. Stahlhacke/Preis/Vossen-Preis, Rn. 1104; U. Preis NZA 1997, 1083.

176 Stahlhacke/Preis/Vossen-Preis, Rn. 1103.

177 Begr. FraktE, BT-Dr 15/1204, S. 11.

da diese lediglich eine „weniger günstige Behandlung“ behinderter Arbeitnehmer verbietet, nicht aber eine Begünstigung vorschreibt[178].

Laut Begründung im Fraktionsentwurf soll jedem der Grunddaten gleiches Gewicht zukommen[179]. Der Wortlaut der Neuregelung, nach dem die Sozialkriterien „ausreichend“ zu berücksichtigen sind, spricht allerdings dafür, dass dem Arbeitgeber bei der Gewichtung der Sozialdaten ein Wertungsspielraum zusteht[180]. Auch das BAG hat entschieden, dass das Gewicht der Sozialkriterien nicht bei jeder betriebsbedingten Kündigung gleich sei, sondern vielmehr je nach arbeitsmarktpolitischer Lage und wirtschaftlicher Entwicklung variieren könne[181]. Die soziale Schutzbedürftigkeit der in die Sozialauswahl einbezogenen Arbeitnehmer muss für jeden Einzelfall gesondert ermittelt werden. Eine Punktetabelle, in der verschiedenen Sozialkriterien eine bestimmte Punktanzahl zugeordnet wird, ist lediglich für eine Vorauswahl zulässig, ersetzt jedoch nicht die Einzelfallprüfung[182].

Gemäß § 1 Abs. 4 KSchG kann auch in Richtlinien in Tarifverträgen, Betriebsvereinbarungen oder Richtlinien nach den Personalvertretungsgesetzen festgelegt werden, wie die sozialen Gesichtspunkte nach § 1 Abs. 3 KSchG im Verhältnis zueinander zu bewerten sind. Derartige Auswahlrichtlinien genießen vor Gericht einen höheren Bestandsschutz: Sie dürfen nur auf grobe Fehlerhaftigkeit überprüft werden.

3. Das berechtigte betriebliche Interesse

Gemäß § 1 Abs. 3 S. 2 KSchG hat der Arbeitgeber die Möglichkeit, bestimmte – auch sozial starke – Arbeitnehmer nicht in die Sozialauswahl einzubeziehen, wenn hierfür ein „berechtigtes betriebliches Interesse“ besteht. Mit dieser Option des Arbeitgebers korrespondiert allerdings kein Anspruch auf Seiten des Arbeitnehmers, wegen eines betrieblichen Bedürfnisses weiterbeschäftigt zu werden[183].

---

[178] Art. 1, Art. 2 Abs. 2a der Richtlinie 2000/78/EG v. 27.11.2000 zur Festlegung eines allgemeinen Rahmens für die Verwirklichung der Gleichbehandlung in Beschäftigung und Beruf. Allerdings bleibt noch offen, inwieweit auch nach dem Entwurf eines Gesetzes zur Umsetzung europäischer Antidiskriminierungsrichtlinien (BT-Dr 15/4538 v. 16.12.2004) eine Ungleichbehandlung nach dem Alter etwa bei der Sozialauswahl zulässig ist.

[179] Vgl. Begr. FraktE, BT-Dr 15/1204, S. 11.

[180] ErfK-Ascheid 1998, § 1, Rn. 529, 535.

[181] BAG, Urt. v. 24.03.1983, AP Nr. 12 zu § 1 KSchG 1969 Betriebsbedingte Kündigung mit Anm. Meisel; ablehnend Stahlhacke/Preis/Vossen-Preis, Rn. 1094.

[182] BAG, Urt. v. 18.01.1990, NZA 1990, 729f; Stahlhacke/Preis/Vossen-Preis, Rn. 1117.

[183] Stahlhacke/Preis/Vossen-Preis, Rn. 1118.

Auch in dieser Hinsicht ist die Formulierung des § 1 Abs. 3 KSchG eine Rückkehr zum Gesetzestext von 1996. War zwischenzeitlich erforderlich, dass *„betriebstechnische, wirtschaftliche oder sonstige berechtigte betriebliche Bedürfnisse die Weiterbeschäftigung eines oder mehrerer bestimmter Arbeitnehmer bedingen...“*, so reicht nun (wieder) ein „berechtigtes betriebliches Interesse“ aus. Die Neuregelung soll Unklarheiten beseitigen[184]. Sie kommt den Arbeitgeberinteressen entgegen: Ein „betriebliches Interesse“ ist leichter zu belegen als ein „betriebliches Bedürfnis“[185]. Als berechtigtes betriebliches Bedürfnis hatte das BAG z.B. anerkannt: Das Interesse des Arbeitgebers an der Weiterbeschäftigung eines ganz erheblich leistungsstärkeren Arbeitnehmers und das Interesse an der Aufrechterhaltung eines Kreises von Arbeitnehmern mit besonderen fachlichen Qualifikationen, die insbesondere für Spezialarbeiten einsetzbar seien[186]. Der Arbeitgeber durfte besonders leistungsstarke Arbeitnehmer nur dann weiterbeschäftigen, wenn dies durch ein betriebliches Bedürfnis „bedingt“, also *erforderlich* war. Das sollte nur dann der Fall sein, wenn der leistungsstärkere Arbeitnehmer für einen geordneten Betriebsablauf unverzichtbar ist[187]. Dies war nur schwer nachweisbar.

Seit der Neufassung spielen nun die betrieblichen Belange eine stärkere Rolle. Schon reine Nützlichkeitserwägungen können ausreichen[188]. Das Gesetz benennt Beispiele, die ein betriebliches Interesse darstellen können. Diese Aufzählung ist jedoch nicht abschließend, wie sich aus dem Begriff „insbesondere“ ergibt.

Betriebsbedingte Kündigungen sollen nicht zwangsläufig zu einer Beeinträchtigung der Leistungsfähigkeit des Betriebes führen. Daher ist die Herausnahme von sogenannten „Leistungsträgern“ aus der Sozialauswahl möglich. Ein betriebliches Interesse kann daher vorliegen, wenn die Weiterbeschäftigung eines Arbeitnehmers wegen seiner Kenntnisse, Fähigkeiten und Leistungen notwendig ist[189]. „Kenntnisse“ hat der Arbeitnehmer durch seine berufliche Ausbildung und Tätigkeit erworben. „Fähigkeiten“ besitzt er, wenn er insbesondere aufgrund seiner Kenntnisse den beruflichen Anforderungen gewachsen ist. „Leistungen“ schließlich liegen vor, wenn der Arbeitnehmer in der Lage ist, seine Kenntnisse und Fähigkeiten qualitativ und quantitativ umzusetzen. Ist ein Arbeitnehmer aufgrund dieser Umstände für den Betrieb unentbehrlich geworden, so kann er

---

[184] Begr. FraktE, BT-Dr 15/1204, S. 11.
[185] ErfK-Ascheid 1998, § 1, Rn. 559.
[186] BAG, Urt. v. 20.10.1983, AP Nr. 13 zu § 1 KSchG 1969 Betriebsbedingte Kündigung; Beispiele bei Kiel/Koch, Rn. 369ff.; bei Stahlhacke/Preis/Vossen-Preis, Rn. 1125-1137.
[187] BAG, Urt. v. 24.03.1983, EzA § 1 KSchG Betriebsbedingte Kündigung Nr. 21f; v. Hoyningen-Huene/Linck, § 1 KSchG, Rn. 476ff.
[188] ErfK-Ascheid 1998, § 1 Rn. 559.
[189] Begr. FraktE, BT-Dr 15/1204, S. 9, 11.

wegen eines betrieblichen Interesses weiterbeschäftigt werden, obwohl er sozial weniger schutzbedürftig ist als andere Arbeitnehmer[190].

Auch die Sicherung einer ausgewogenen Personalstruktur kann ein betriebliches Interesse darstellen. Zur *Sicherung* gehört allerdings nicht auch die *Schaffung* einer ausgewogenen Personalstruktur. Es geht vielmehr lediglich darum, die Personalstruktur so wie sie bereits besteht, aufrecht zu erhalten[191]. Die Wiedereinführung des Merkmals Personalstruktur kommt den Interessen der Arbeitgeber entgegen. Sie dürfen nun insbesondere wieder eine ausgewogene Altersstruktur als betrieblichen Belang geltend machen, um zu verhindern, dass sie nach Durchführung der Sozialauswahl eine völlig überalterte Belegschaft zurückbehalten. Dies war nach der alten Gesetzesfassung zumindest umstritten[192]. Die Personalstruktur ist aber nicht zwangsläufig identisch mit der Altersstruktur; sie kann auch etwa den Ausbildungsstand von Arbeitnehmern, die bestimmte Arbeiten ausführen, betreffen[193].

Die Tatsache, dass ein betriebliches Interesse vorliegt, bedeutet aber noch nicht zwangsläufig, dass dieses Interesse auch „berechtigt" ist. Selbst wenn ein betriebliches Interesse vorliegt, so ist im Einzelfall abzuwägen, ob dieses Interesse die sozialen Belange des zu kündigenden Arbeitnehmers überwiegt. Je gewichtiger die sozialen Belange des betroffenen Arbeitnehmers, desto schwerwiegender müssen die Gründe für die Herausnahme eines Leistungsträgers aus der Sozialauswahl sein[194].

Bezüglich des Prüfungsaufbaus ergeben sich keine Änderungen zur bisherigen Rechtslage. Wie bisher sollen zunächst alle vergleichbaren Arbeitnehmer ermittelt und nach den Sozialkriterien in eine Kündigungsreihenfolge gebracht werden. Erst im Anschluss hat der Arbeitgeber zu entscheiden, ob er von der Ausnahmeregelung des § 1 Abs. 3 S. 2 KSchG Gebrauch machen und bestimmte, obwohl sozial stärkere, Arbeitnehmer weiterbeschäftigen möchte[195].

Ausgangsfall Nr. 6 ist demnach wie folgt zu lösen: Der Arbeitgeber hat als Sozialkriterien zwingend Dauer der Betriebszugehörigkeit, Lebensalter, tatsächlich

---

[190] ErfK-Ascheid 1998, § 1 Rn. 556.

[191] Begr. FraktE, BT-Dr 15/1204, S. 11; so auch bereits ErfK-Ascheid 1998, § 1 Rn. 558.

[192] Bejahend: v. Hoyningen-Huene/Linck, § 1 KSchG, Rn. 479 b; BAG, Urt. v. 23.11.2000, AP Nr. 114 zu § 1 KSchG 1969 Betriebsbedingte Kündigung; Kiel/Koch, Rn. 374; Stahlhacke/Preis/Vossen-Preis, Rn. 1140; a.A. KSchR-Kittner, § 1 KSchG, Rn. 495a; zweifelnd: Schiefer, NZA 2002, 775.

[193] ErfK-Ascheid 1998, § 1 Rn. 558.

[194] BAG, Urt. v. 12.04.2002, AP Nr. 56 zu § 1 KSchG 1969 Soziale Auswahl; gegen eine Einzelfallabwägung: Willemsen/Annuß NJW 2004, 179, Bader, NZA 2004, 73f.

[195] BAG, Urt. v. 12.04.2002, AP Nr. 56 zu § 1 KSchG 1969 Soziale Auswahl; Willemsen/Annuß, NJW 2004, 178; a.A. Bader, NZA 2004, 73.

bestehende Unterhaltspflichten sowie eine Schwerbehinderung zu berücksichtigen. A hat sowohl eine längere Betriebszugehörigkeit als auch ein höheres Lebensalter als der B. Zudem hat A im Gegensatz zu B zwei unterhaltspflichtige Kinder. Zwar hat der Arbeitgeber die Möglichkeit, ausnahmsweise sozial stärkere Arbeitnehmer dennoch weiterzubeschäftigen, wenn dies im betrieblichen Interesse liegt. Ein betriebliches Interesse kann etwa vorliegen, wenn der B besondere Kenntnisse oder Fähigkeiten hat, die für den Betrieb notwendig sind. Die Tatsache allein, dass U den B für talentierter hält als den A, reicht als betriebliches Interesse aber wohl nicht aus. Selbst wenn dies ein betriebliches Interesse darstellen würde, so wäre dennoch fraglich, ob dieses Interesse auch berechtigt wäre. Da der A wegen der langen Betriebszugehörigkeit, des höheren Lebensalters und der Unterhaltspflichten besonders schutzwürdig ist, müssten die betrieblichen Interessen besonders schwerwiegend sein, damit die Weiterbeschäftigung des B anstelle des A gerechtfertigt wäre. Jedenfalls reicht es nicht, dass der U den B lediglich für talentierter hält als den A. Die Sozialauswahl zu Lasten des A erfolgte daher nicht ordnungsgemäß. A hat Recht.

4. Namenslisten beim Interessenausgleich

Nach § 1 Abs. 5 KSchG können die Betriebspartner im Falle eines Interessenausgleichs selbst eine Namensliste mit den zu kündigenden Arbeitnehmern aufstellen, mit der Folge, dass insoweit das Vorliegen eines dringenden betrieblichen Erfordernisses vermutet wird. Das Arbeitsgericht darf dann zudem die Sozialauswahl nur noch auf grobe Fehlerhaftigkeit überprüfen. Diese Regelung ist eine Rückkehr zur Gesetzeslage von 1996. Voraussetzung für das Erstellen einer Namensliste ist stets, dass eine Betriebsänderung im Sinnes des § 111 BetrVG geplant ist. Praktisch wird die Neueinführung des § 1 Abs. 5 KSchG vor allem bei Massenentlassungen eine Rolle spielen.

5. Darlegungs- und Beweislast

Die Darlegungs- und Beweislast für die Sozialauswahl ist in § 1 Abs. 3 S. 3 KSchG gesondert geregelt. Diese Vorschrift bestimmt zwar, der Arbeitnehmer müsse beweisen, dass die Kündigung wegen fehlerhafter Sozialauswahl sozial ungerechtfertigt sei. Da der Arbeitnehmer mit diesem Beweis jedoch häufig überfordert ist, hat das BAG eine abgestufte Darlegungs- und Beweislast entwickelt[196]: Der Arbeitnehmer hat die fehlerhafte Sozialauswahl vorzutragen und zu beweisen, wenn ihm dazu die entsprechenden Informationen zur Verfügung stehen. Ist dies nicht der Fall, so kann der Arbeitnehmer den Arbeitgeber gem. § 1 Abs. 3 S. 1 Hs. 2 KSchG auffordern, ihm die Gründe für die Sozialauswahl mitzuteilen. Die Darlegungslast geht dann auf den Arbeitgeber über. Ist der Arbeit-

---

[196] BAG, Urt. v. 24.03.1983, EzA § 1 KSchG Betriebsbedingte Kündigung Nr. 21; BAG, Urt. v. 18.10.1984, AP Nr. 18 zu § 1 KSchG 1969 Betriebsbedingte Kündigung.

geber allerdings seiner Auskunftspflicht gem. § 1 Abs. 3 S. 1 Hs. 2 KSchG nachgekommen, so fällt die Darlegungslast vollständig zurück auf den Arbeitnehmer[197].

6. Rechtsfolge bei nicht ordnungsgemäß durchgeführter Sozialauswahl

Selbst wenn dringende betriebliche Erfordernisse vorliegen, ist die Kündigung gem. § 1 Abs. 3 KSchG sozial ungerechtfertigt und daher unwirksam, wenn der Arbeitgeber keine ordnungsgemäße Sozialauswahl durchgeführt hat.

7. Verhältnis zwischen Weiterbeschäftigungspflicht und Sozialauswahl

Die Grundsätze der Sozialauswahl sind auch im Rahmen der Weiterbeschäftigungspflicht zu berücksichtigen[198]: Ist nur ein freier Arbeitsplatz vorhanden, sind aber mehrere Arbeitnehmer von der Kündigung bedroht, so stellt sich die Frage, welcher Arbeitnehmer weiterzubeschäftigen ist. Konkurrieren zwei Arbeitnehmer um einen freien Arbeitsplatz im selben Betrieb, so hat der Arbeitgeber nach den Grundsätzen der Sozialauswahl den sozial schwächeren weiterzubeschäftigen. Die Auswahl findet allerdings zunächst nur unter denjenigen Arbeitnehmern statt, deren Arbeitsplatz tatsächlich weggefallen ist, also nicht unter allen vergleichbaren Arbeitnehmern wie bei der eigentlichen Sozialauswahl[199]. Eine Auswahl soll auch durchgeführt werden, wenn in unterschiedlichen Betrieben des gleichen Unternehmens Arbeitsplätze wegfallen oder eine Weiterbeschäftigung im Konzern in Betracht kommt[200].

8. Fazit

Die Sozialauswahl (und damit letztlich die Kündigung) kann bereits daran scheitern, dass nicht richtig ermittelt wird, welche Arbeitnehmer vergleichbar und daher in die Sozialauswahl einzubeziehen sind. Hingegen wird die Beschränkung der Sozialkriterien auf die vier Grunddaten für mehr Rechtssicherheit sorgen als bisher. Das Interesse des Arbeitgebers an Qualität, Leistungsfähigkeit und auch Altersstruktur seiner Belegschaft kann (wieder) stärker berücksichtigt werden. Zwar findet im Grundsatz noch immer eine Auswahl lediglich nach sozialen Kriterien, nicht nach Qualität und Leistung der betroffenen Arbeitnehmer statt. Bei Vorliegen eines „berechtigten betrieblichen Interesses" kann der Arbeitgeber aber von der Ausnahmeregelung Gebrauch machen. Im Gegensatz zur alten Rechtslage besteht dann nicht mehr nur die theoretische Möglichkeit, be-

---

[197] Bitter/Kiel, RdA 1994, 357.
[198] Kiel/Koch, Rn. 266ff.; Stahlhacke/Preis/Vossen-Preis, Rn. 1004, 1045.
[199] BAG, Urt. v. 10.11.1994, EzA § 1 KSchG Betriebsbedingte Kündigung Nr. 77 ; a.A. BAG, Urt. v. 15.12.1994, AP Nr. 66 zu § 1 KSchG 1969 Betriebsbedingte Kündigung.
[200] BAG, Urt. v. 15.12.1994, AP Nr. 66 zu § 1 KSchG 1969 Betriebsbedingte Kündigung.

stimmte Arbeitnehmer aus der Sozialauswahl herauszunehmen, da für ein betriebliches Interesse bereits reine Nützlichkeitserwägungen ausreichen können. Das Erfordernis einer ordnungsgemäßen Sozialauswahl stellt daher zwar eine weitere, im Verhältnis zur alten Gesetzeslage aber eine weitaus geringere Einschränkung der unternehmerischen Entscheidungsfreiheit dar.

IV. Zusammenfassende Betrachtung

In letzter Zeit wird viel zum Thema Unternehmerfreiheit und betriebsbedingte Kündigungen geschrieben und veröffentlicht. Theoretisch ist die unternehmerische Freiheit zwar umfassend anerkannt und gewährleistet. Praktisch kommt es aber zu erheblichen Einschränkungen: Der Arbeitgeber hat seine unternehmerische Entscheidung nachzuweisen, die Kündigung darf nur ultima ratio sein, eine Sozialauswahl ist durchzuführen, um nur einige Beschränkungen durch den allgemeinen Kündigungsschutz zu nennen. Dabei birgt insbesondere die Sozialauswahl so starke Rechtsunsicherheiten, dass die Wirksamkeit einer betriebsbedingten Kündigung letztlich zu einem Glücksspiel zu werden scheint.

Weitgehend besteht Übereinstimmung darin, dass es schwierig ist, Umfang und Grenzen der Unternehmerfreiheit in Deutschland zu bestimmen und dass die Rechtsunsicherheit bezüglich der Frage, wann ein Unternehmer wirksam betriebsbedingte Kündigungen aussprechen kann, sehr groß ist. Angesichts dieser Schwierigkeiten liegt es nahe, auch die Regelungen anderer Mitgliedstaaten in die Untersuchung mit einzubeziehen. So wird zunehmend auch ein juristischer Blick ins Ausland geworfen[201], oder zumindest gefordert[202].

Im folgenden Abschnitt werden daher drei der Hauptprobleme des allgemeinen Kündigungsschutzes in einigen anderen Mitgliedstaaten der EU untersucht und sowohl miteinander als auch mit den jeweiligen deutschen Regelungen verglichen:

1. Unter welchen Voraussetzungen liegt ein wirksamer betriebsbedingter Kündigungsgrund vor?
2. Ist bzw. in welchem Umfang ist der Grundsatz der Verhältnismäßigkeit zu beachten?
3. Ist eine Sozialauswahl oder etwas Vergleichbares durchzuführen?

---

[201] Allgemein zum Arbeitsrecht in Europa: Henssler/Braun; Überblick zu Beendigungstatbeständen im internationalen Vergleich: Zachert; ausführlich zu Abfindungen in Europa: Rebhahn, RdA 2002, 272ff.; zum Kündigungsschutz in Europa: Rebhahn, ZfA 2003, 13ff.

[202] Schiefer, NZA 2002, 777; Fischer, NJW 2002 Editorial Heft 12.

B. Rechtsvergleichende Betrachtung mit Frankreich, Spanien, Großbritannien und Schweden

I. Allgemeines

1. Sinn und Zweck der Arbeitsrechtsvergleichung

Sinn und Zweck der Arbeitsrechtsvergleichung kann sein, die Erfahrungen, Probleme und Erfolge der ausländischen Rechtsordnungen zu nutzen, um das eigene Recht besser zu verstehen und weiterentwickeln zu können[203]. Bei der Entwicklung neuer Regelungen etwa kann sich der Gesetzgeber Lösungen, die sich im Ausland bewährt haben, zunutze machen. Dabei sollte er darauf achten, dass die Neuregelungen nicht zu sehr von den Regelungen der Nachbarstaaten abweichen und so die Rechtsvereinheitlichung innerhalb der EU erschweren[204]. Um diese Überlegungen in die Gesetzgebung einbeziehen zu können, ist der Vergleich mit den Arbeitsrechtsordnungen der anderen Mitgliedstaaten notwendig.

Unter dem Aspekt der Vereinheitlichung des Arbeitsrechts innerhalb der EU gewinnt die Arbeitsrechtsvergleichung zunehmend an Bedeutung. Der Vergleich der unterschiedlichen nationalen arbeitsrechtlichen Regeln kann der Vorbereitung einer einheitlichen europäischen Regelung dienen. So kann man trotz Unterschieden in den Details nach bereits bestehenden Gemeinsamkeiten innerhalb der verschiedenen Rechtsordnungen fragen. Diese können dann als Basis für eine gemeineuropäische Regelung dienen und somit eine Vereinheitlichung des Arbeitsrechts der Mitgliedstaaten fördern[205].

Ein europäisches Arbeitsrecht – oder besser: ein europarechtliches, da nur gemeinschaftsrechtliches Arbeitsrecht[206] – gibt es bisher nur sehr eingeschränkt. Zwar existieren zahlreiche europäische Richtlinien zum Arbeitsrecht (z.B. Massenentlassungsrichtlinie[207], Betriebsübergangsrichtlinie[208], Teilzeitarbeitsrichtlinie[209], Befristungsrichtlinie[210],...), die, wie auch die Rechtsprechung des EuGH (z.B. zum geschlechtsspezifischen Diskriminierungsverbot gem. Art. 141 EG) starke Auswirkungen auf das nationale Arbeitsrecht haben. Dies führt zu einer gewissen Vereinheitlichung der verschiedenen nationalen Regeln. Allerdings

203 Schlachter, RdA 1999, 118.
204 Schlachter, RdA 1999, 122.
205 Rebhahn, ZEuP 2002, 450ff; ders. ZfA 2003, 164; Moll, RdA 1984, 234.
206 Vgl. Rebhahn, ZEuP 2002, 450 (Fn. 32).
207 RL 98/59/EG.
208 RL 2001/23/EG.
209 RL 97/81/EG.
210 RL 1999/70/EG.

enthalten die Richtlinien nur Mindestanforderungen, die bei der Umsetzung einzuhalten sind. Darüber hinausgehender zusätzlicher Schutz ist möglich, so dass die Umsetzung in den Mitgliedstaaten zu unterschiedlichen Schutzniveaus führen kann. Der EuGH kann seinerseits nur Einzelfallentscheidungen und nur in den Bereichen treffen, in denen der EU Regelungskompetenzen zukommen. Ein einheitliches europarechtliches Arbeitsrechtssystem als Alternative zu den nationalen Systemen der Mitgliedstaaten kann dadurch nicht entstehen[211].

Europarechtliche Regelungen speziell zum Kündigungsschutz gibt es – mit Ausnahme der Richtlinien zu Massenentlassungen und zum Betriebsübergang – nicht. Von einem europarechtlichen Kündigungsschutz kann daher (noch) keine Rede sein. Zwar sieht die Europäische Grundrechtscharta in Kapitel IV unter dem Titel Solidarität in ihrem Art. 30 den Schutz vor ungerechtfertigten Entlassungen als Arbeitnehmergrundrecht vor[212]. Die Charta ist allerdings (noch) nicht rechtsverbindlich und die rechtlichen Auswirkungen noch unklar. Ein einheitlicher gemeinschaftsrechtlicher Kündigungsschutz existiert also nicht. So bleiben die unterschiedlichen nationalen Regeln zum Kündigungsschutz relevant. Sie sind und bleiben ein wesentlicher, wenn nicht der wichtigste, Bestandteil des Europäischen Arbeitsrechts[213].

Auch im Bereich des internationalen Arbeitsrechts spielen die verschiedenen nationalen Arbeitsrechtsordnungen eine erhebliche Rolle. Dies gilt etwa für grenzüberschreitende Unternehmen, die grundsätzlich ein beliebiges Arbeitsrecht wählen dürfen (vgl. Art. 30 Abs. 1 i.V.m. Art. 27 Abs. 1 EGBGB). Der anzuwendende Kündigungsschutz wird bei den Überlegungen zur Rechtswahl eine erhebliche Rolle spielen, umso mehr, als auch eine Teilrechtswahl z.B. bezüglich des Kündigungsschutzes für zulässig erachtet wird[214]. Um eine für das Unternehmen sinnvolle und zweckmäßige Wahl treffen zu können, ist die Kenntnis der verschiedenen Rechtsordnungen nötig[215]. Die Rechtswahl ist allerdings nur unter der Voraussetzung zulässig, dass sie nicht dazu führt, dass den Arbeitnehmern der Schutz zwingender arbeitsrechtlicher Normen entzogen wird, die ohne Rechtswahl maßgeblich wären (Art. 30 Abs. 1 EGBGB). Insoweit ist ein Günstigkeitsvergleich durchzuführen: Stellt sich heraus, dass die bei fehlender Rechtswahl geltenden Bestimmungen günstiger sind als die der gewählten

---

[211] Schlachter, RdA 1999, 121.

[212] Art. 30 der Europäischen Grundrechtscharta entspricht Art. II-90 des künftigen Vertrags über eine Verfassung für Europa; zu den Anforderungen an die Rechtfertigung gem. Art. 30 vgl. Rebhahn, ZfA 2003, 177f.

[213] Rebhahn, ZEuP 2002, 450, ders. ZfA 2003, 164; zum europäischen Privatrecht allgemein auch Flessner, JZ 2002, 15.

[214] Palandt, Art. 30 EGBGB, Rn. 4.

[215] Schlachter, NZA 2000, 58.

Rechtsordnung, so setzen sich die günstigeren Bestimmungen durch[216]. So kompliziert und umstritten dieser Günstigkeitsvergleich auch ist[217], so wird doch jedenfalls deutlich, welche Rolle hier die Arbeitsrechtsvergleichung spielt: Ohne Rechtsvergleich ist weder eine zweckmäßige Rechtswahl möglich, noch kann den Anforderungen des Günstigkeitsvergleichs genügt werden. Auch aus Gründen des Internationalen Arbeitsrechts erscheint die Arbeitsrechtsvergleichung nicht nur hilfreich sondern notwendig.

Nicht zuletzt kann die (Arbeits-)Rechtsvergleichung auch um ihrer selbst Willen betrieben werden. Auch reines individuelles wissenschaftliches Interesse bewegt Juristen dazu, sich über ihre Landesgrenzen hinaus mit den Besonderheiten fremder Rechtsordnungen auseinander zu setzen[218].

Ziel der (Arbeits-)Rechtsvergleichung kann einerseits sein, das jeweils geltende Recht darzustellen, oder aber, grundsätzliche Gemeinsamkeiten und Unterschiede herauszuarbeiten. Letzteres soll Gegenstand der vorliegenden Arbeit sein. Dabei ist es nicht immer erforderlich, auf den aktuellsten Stand in Literatur, Rechtsprechung und Gesetzgebung abzustellen. Vielmehr kommt es darauf an, gemeinsame oder verschiedene Strukturen zu erkennen und miteinander zu vergleichen[219].

2. Arbeitsrecht in den Mitgliedstaaten

a. Die Rechtskreise

Die Rechtsordnungen der Mitgliedstaaten der EU können verschiedenen Rechtskreisen zugeordnet werden: dem romanischen, dem deutschen und dem skandinavischen Rechtskreis sowie dem Rechtskreis des *common law*[220]. Mit den ausgewählten Ländern Deutschland, Frankreich, Spanien, Großbritannien und Schweden sind aus jedem Rechtskreis eine Rechtsordnung, bzw. mit Spanien und Frankreich zwei Rechtsordnungen aus dem romanischen Rechtskreis vertreten. Die Unterschiede im Arbeitsrecht der Mitgliedstaaten zwischen den verschiedenen Rechtskreisen sind beträchtlich. Selbst innerhalb der einzelnen Rechtskreise, etwa innerhalb der romanischen und innerhalb der skandinavischen Länder, gibt es zwar viele Gemeinsamkeiten, aber doch auch erhebliche Unterschiede[221], so dass ein Rechtsvergleich lohnenswert ist.

---

[216] Palandt, Art. 30 EGBGB, Rn. 4f.; Schlachter, NZA 2000, 60.
[217] Vgl. Schlachter, NZA 2000, 61.
[218] Moll, RdA 1984, 231.
[219] Rebhahn, ZEuP 2002, 454.
[220] Einteilung der Rechtskreise nach Zweigert/Kötz, S. 68.
[221] Rebhahn, ZEuP 2002, 439, ders. ZfA 2003, 165.

Eine noch gröbere Differenzierung wäre die zwischen dem durch Gesetzesrecht geprägten *civil law* und dem *common law*, welches in erster Linie Fallrecht ist. Während auf dem europäischen Kontinent vorwiegend Gesetzesrecht herrscht, ist England traditionell durch das *common law* geprägt: „Die großen Juristen in England waren Richter, auf dem Kontinent Professoren"[222].

In England gilt also das *common law*. Spricht man hingegen vom Recht Großbritanniens[223], so ist die Lage weniger eindeutig. In Großbritannien hat man es nicht mit einem einheitlichen Rechtssystem, sondern vielmehr mit zwei (verschiedenen) Rechtssystemen zu tun: Dem englischen Recht – anwendbar in England und Wales – auf der einen Seite, und dem allein in Schottland anwendbaren Recht auf der anderen Seite[224]. Die beiden Rechtssysteme differieren zum Teil erheblich. Anders als England gehörte Schottland bis zur Gründung Großbritanniens 1707 allgemein zum Rechtskreis des kontinentalen *civil law*. Seit 1707 allerdings wurde das schottische Recht nicht unerheblich vom englischen Recht beeinflusst, einerseits durch die – jedenfalls in weiten Bereichen – gemeinsame Gesetzgebung, andererseits durch das Fallrecht[225]. Das heutige schottische Recht ist also geprägt sowohl vom *civil law*, als auch vom *common law*. Gesetze des englischen Parlaments (*Westminster Parliament*) gelten grundsätzlich in ganz Großbritannien, es sei denn, ein Gesetz beschränkt seinen Anwendungsbereich ausdrücklich auf England und Wales oder ausschließlich auf Schottland. So gelten auch die Regelungen zum Kündigungsschutz sowohl für England und Wales, als auch für Schottland[226]. Für die Zwecke dieser Arbeit kann Großbritannien daher einheitlich betrachtet werden. Gesetze haben grundsätzlich Vorrang vor dem *common law*, das Verhältnis zwischen diesen beiden Rechtsquellen ist jedoch oftmals problematisch[227]. Obwohl mittlerweile zahlreiche arbeitsrechtliche Gesetze existieren, behält das *common law* seine herausragende Bedeutung für das Arbeitsrecht. So wird etwa der Arbeitsvertrag, dessen Vorliegen Voraussetzung für die Anwendung zahlreicher Arbeitsschutzgesetze ist, weitgehend durch Grundsätze des *common law* geregelt. Kennzeichnend ist unter anderem das System der Präzedenzfälle (*precedents*). Es führt dazu, dass Gerichtsentscheidungen, die bis ins 19. Jahrhundert zurück reichen, noch heute von Relevanz sein können – eine befremdliche Vorstellung etwa für den deutschen Juristen, der stets darum bemüht ist, die neueste BAG-Entscheidung ausfindig zu machen.

---

[222] Zweigert/Kötz, S. 69.

[223] Vgl. Lyall, S. 19-36.

[224] Ein eigenständiges Recht von Wales gibt es hingegen nicht; der *Welsh Assembly* hat keine nennenswerte legislative Gewalt.

[225] Der oberste Zivilgerichtshof ist für beide Systeme das *House of Lords*.

[226] Vgl. ERA 1996 section 244 (1): *Subject to the following provisions, this Act extends to England and Wales and Scotland but not to Northern Ireland.*

[227] Vgl. Deakin/Morris, S. 59ff.

Allerdings spielt auch in den Ländern des *civil law* gerade im Bereich des Arbeitsrechts die Rechtsprechung eine nicht unerhebliche Rolle. So gibt es zwar etwa in Deutschland unzählige gesetzliche arbeitsrechtliche Regelungen. Dennoch bestehen nach wie vor Bereiche, in denen solche Regelungen fehlen, wie z.B. im Arbeitskampfrecht. Auch fehlt weiterhin ein umfassendes Arbeitsgesetzbuch. Daher werden die Arbeitsgerichte in vielen Bereichen des Arbeitsrechts als „Ersatzgesetzgeber" tätig, was zur Folge hat, dass das deutsche Arbeitsrecht zu einem erheblichen Teil durch Richterrecht geprägt ist[228]. Die Rechtsprechung wirkt auf das geltende Recht ein, zum Teil wird die Arbeitsgerichtsbarkeit sogar auch „gesetzgeberisch" tätig, obwohl gesetzliche Regelungen bereits existieren[229]. Sowohl die Rechtswissenschaft als auch die Arbeitsvertragsparteien orientieren sich an der Arbeitsrechtsprechung[230].

b. Arbeitsgerichtsbarkeit

Wegen der Bedeutung der Gerichtsbarkeit gerade im Bereich des Kündigungsschutzes soll deren Aufbau kurz dargestellt werden. In der Regel gibt es mehrere Instanzen der Arbeitsgerichtsbarkeit. Eine Ausnahme bildet Schweden. Dort ist bei Kündigungsschutzstreitigkeiten das Arbeitsgericht (*Arbetsdomstolen – AD*) in erster und letzter Instanz zuständig. Die Streitigkeiten werden also in nur einer Instanz entschieden, was eine recht kurze Verfahrensdauer zur Folge hat (durchschnittlich 7 – 8 Monate). Es gibt nur ein Arbeitsgericht für ganz Schweden, mit Sitz in Stockholm. Der AD kann allerdings bei Bedarf Sitzungen auch an anderen Orten abhalten. Antragsberechtigt ist die Arbeitgebervereinigung bzw. die Gewerkschaft für ihre Mitglieder, vorausgesetzt, der Betrieb ist von einem Kollektivvertrag erfasst. Die Gewerkschaft kann sogar ohne Wunsch des betroffenen Arbeitnehmers eine Klage für diesen einreichen. Ein Arbeitnehmer, der nicht Gewerkschaftsmitglied ist, bzw. dessen Antrag nicht von seiner Gewerkschaft getragen wird, kann seine Kündigungsschutzklage lediglich vor den ordentlichen erstinstanzlichen Gerichten (*tingsrätt*) einreichen. Von dort ist dann eine Berufung zum AD als letzte Instanz möglich. Ein Kündigungsschutzverfahren vor den ordentlichen Gerichten dauert in der Regel länger als vor dem AD (oft länger als ein Jahr)[231].

In den übrigen Mitgliedstaaten besteht ein mehrstufiger Aufbau. Für arbeitsrechtliche Prozesse gibt es weitgehend besondere Arbeitsgerichte. In Frankreich gilt dies allerdings nur für die erste Instanz. Dort sind in Kündigungsprozessen zunächst grundsätzlich die *conseils de prud'hommes* als spezielle Arbeitsgerichte zuständig. Berufungsgerichte sind die Sozialkammern (*chambres sociales*) bei

---

[228] Weth, NZA 1998, 684.
[229] Weth, NZA 1998, 985.
[230] Weth, NZA 1998, 985, 987.
[231] van Peijpe, S. 86, 88; Sigeman, S. 263 f; Glossary: Sweden, Nr. 42; Adlercreutz, S. 133.

den allgemeinen Zivilgerichten *cours d'appel* und als letzte Instanz ist die *chambre sociale* des Kassationsgerichts (*cour de cassation*) zuständig[232].

Auch in Deutschland, Spanien und Großbritannien ist die Arbeitsgerichtsbarkeit in der Regel dreistufig. Ein Kündigungsschutzprozess in Deutschland findet im ersten Rechtszug als Urteilsverfahren vor den Arbeitsgerichten statt[233]. Gegen die Urteile der Arbeitsgerichte kann grundsätzlich vor den Landesarbeitsgerichten Berufung eingelegt werden. Gegen das Endurteil eines Landesarbeitsgerichts kann schließlich die Revision zum Bundesarbeitsgericht zugelassen werden[234].

In Spanien[235] sind in erster Instanz die *Juzgados de lo social* (JS) mit Sitz in den Provinzhauptstädten und einigen anderen Städten zuständig. Deren Entscheidungen (art. 6 LPL) können, abgesehen von einigen Ausnahmen, vor den Sozialkammern (*salas de lo social*) der höchsten Gerichte in der jeweils betroffenen autonomen Region, den *Tribunales Superiores de Justicia* (TSJ), angegriffen werden. Dies wird *recurso de suplicación* genannt. Daneben sind dem TSJ unter bestimmten Voraussetzungen auch Streitigkeiten direkt als Eingangsinstanz zugewiesen (art. 191 LPL). An der Spitze der spanischen Arbeitsgerichtsbarkeit steht der *Tribunal Supremo* (TS) als reines Rechtsmittelgericht. Seine vierte Kammer (*sala IV*) entscheidet stets als Kassationsgericht. Dies kann – unter bestimmten Voraussetzungen, vgl. art. 205 LPL – im Rahmen des *recurso de casación* gegen die Entscheidungen der TJS geschehen, wenn diesen Streitigkeiten direkt zugewiesen waren. Andererseits trifft das TS Entscheidungen im Kassationsverfahren zur Vereinheitlichung der Rechtsprechung (*casación para unificación de doctrina*). Die hauptsächliche Funktion dieses Verfahrens liegt darin, die uneinheitliche Interpretation des Rechts, die durch die voneinander abweichende Rechtsprechung verschiedener TJS im Rahmen der *recursos de suplicación* zustande gekommen ist, durch eine höhere Entscheidung zu vereinheitlichen, also eine einheitliche Doktrin zu schaffen.

In Großbritannien[236] schließlich sind für Arbeitsrechtsstreitigkeiten in erster Instanz die *employment tribunals* zuständig[237], soweit es um die Durchsetzung von Rechten aus den Arbeitsschutzgesetzen geht. Daneben kann auch die Zuständigkeit der ordentlichen Zivilgerichtsbarkeit begründet sein, z.B. wenn es um Ver-

---

[232] Zur Arbeitsgerichtsbarkeit in Frankreich vgl. z.B. Flichy, Nrn. 1701 – 1844.

[233] Gem. §§ 2 Abs. 1 Nr. 3b), 46-63 ArbGG.

[234] Berufungsverfahren vgl. §§ 64-69 ArbGG, Revisionsverfahren vgl. §§ 72-77 ArbGG.

[235] Dazu: Martín Valverde/Rodríguez-Sañudo Gutiérrez/García Murcia, S. 801ff., S. 834-841; Glosario Nr. 401, Nr. 715, Nr. 716.

[236] Vgl. dazu Gladstone, S. 517f.; Deakin/Morris, S. 81ff.

[237] Diese hießen vor dem ERDRA 1998 *industrial tribunals*.

tragsverletzungen oder *tort* (Delikt) geht[238]. Berufungsinstanz für die *employment tribunals* ist das *Employment Appeal Tribunal (EAT)*. Mit dessen Erlaubnis ist eine weitere Berufung zum *Court of Appeal* in England und Wales bzw. zum *Court of Session* in Schottland möglich, es wird also eine zusätzliche Rechtsmittelinstanz eröffnet. Als letzte Instanz entscheidet das *House of Lords (HL)*.

II. (Kurzer) Überblick über die Rechtsfolgen einer (un)gerechtfertigten Kündigung, Abfindungszahlungen

Eine rechtsvergleichende Bewertung der unternehmerischen Entscheidungsfreiheit im Bereich von wirtschaftlichen Kündigungen ist nicht möglich, ohne die Rechtsfolgen einer Kündigung zu betrachten. Daher soll kurz dargestellt werden, welche Folgen eine – gerechtfertigte oder ungerechtfertigte – Kündigung nach sich zieht und ob bzw. in welchem Umfang der Arbeitgeber an den – zu Unrecht oder auch zu Recht – gekündigten Arbeitnehmer Abfindungs- oder Entschädigungszahlungen zu leisten hat[239].

Eine gesetzliche Abfindung, die dem Arbeitnehmer bei der Kündigung seines Arbeitsverhältnisses aus wirtschaftlichen Gründen automatisch zusteht, ist in Frankreich, Spanien und Großbritannien vorgesehen, nicht jedoch in Deutschland und Schweden.

In Frankreich ist eine ungerechtfertigte Kündigung dennoch wirksam. Der Arbeitnehmer kann aber auf Entschädigung klagen. Auch die Fortsetzung des Arbeitsverhältnis ist grundsätzlich möglich, kann aber sowohl vom Arbeitgeber als auch vom Arbeitnehmer abgelehnt werden. Bei jeder Kündigung hat der Arbeitnehmer (Voraussetzung: mindestens zwei Jahre Beschäftigungsdauer) Anspruch auf eine Abfindung. Bei ungerechtfertigter Kündigung besteht der Abfindungsanspruch neben dem Entschädigungsanspruch[240].

In Spanien hat der Arbeitnehmer bei jeder Kündigung einen Anspruch auf eine Abfindung. Bei ungerechtfertigter Kündigung hat er ein Wahlrecht zwischen Fortsetzung des Arbeitsverhältnisses und Anspruch auf Entschädigung. Der Arbeitgeber kann aber die Fortsetzung des Arbeitsverhältnisses durch Zahlung einer Entschädigung verhindern. Die Entschädigung wird auf die Abfindungszahlung angerechnet[241].

---

[238] Deshalb stößt man auch immer wieder auf Entscheidungen der *Queen's Bench Division (QBD)*, der größten Kammer des *High Court*.

[239] Zu den verschiedenen Abfindungsmodellen und ihren Auswirkungen vgl. Rebhahn, RdA 2002, 272ff.; ders. ZfA 2003, 165ff., 175f., 214ff.; Zachert, S. 74f.

[240] Rebhahn, RdA 2002, 278.

[241] Rebhahn, RdA 2002, 276.

In Großbritannien ist zwar bei ungerechtfertigter Kündigung die Fortsetzung des Arbeitsverhältnisses möglich. In der Regel wird das Arbeitsverhältnis aber beendet. Bei jeder Kündigung wegen Arbeitskräfteüberschuss (*redundancy*) – ob gerechtfertigt oder nicht – hat der Arbeitnehmer Anspruch auf eine Abfindungszahlung. Bei ungerechtfertigter Kündigung stehen dem Arbeitnehmer Entschädigungsansprüche zu, die über die Abfindungszahlung hinausgehen können. Es wird unterschieden zwischen dem *basic award*, der sich strikt nach Dienst- und Lebensalter berechnet, und dem *compensatory award*, der darüber hinaus den durch die ungerechtfertigte Kündigung erlittenen Schaden ersetzen soll. Ist eine *redundancy*-Kündigung ungerechtfertigt, so ersetzt die Kündigungsabfindung den *basic award*[242].

In Deutschland ist eine sozial ungerechtfertigte Kündigung unwirksam und hat grundsätzlich die Fortsetzung des Arbeitsverhältnisses zur Folge. Abfindungs- oder Entschädigungszahlungen waren bisher nicht vorgesehen. Lediglich für den Fall, dass die Fortsetzung des Arbeitsverhältnisses für eine oder beide Parteien unzumutbar ist, konnte das Arbeitsgericht die Auflösung des Arbeitsverhältnisses gegen Zahlung einer Abfindung bestimmen. Der Arbeitgeber selbst hatte aber kein Gestaltungsrecht. Er konnte die Fortsetzung des Arbeitsverhältnisses nicht etwa dadurch verhindern, dass er dem Arbeitnehmer eine Entschädigung zahlte. Abfindungszahlungen für den Fall einer gerechtfertigten Kündigung waren gesetzlich nicht geregelt. Lediglich bei Betriebsänderungen konnten Abfindungen in Sozialplänen oder im Nachteilsausgleich vorgesehen sein. Mit Wirkung zum 01.01.2004 wurde aber in § 1a KSchG ein gesetzlicher Abfindungsanspruch bei betriebsbedingter Kündigung eingeführt[243]. Voraussetzung ist, dass der Arbeitgeber den Arbeitnehmer darauf hingewiesen hat, dass er seine Kündigung auf dringende betriebliche Erfordernisse gestützt hat und der Arbeitnehmer nach Verstreichenlassen der Klagefrist die Abfindung beanspruchen kann. Dem Arbeitnehmer steht dann ein gesetzlicher Anspruch auf eine Abfindung zu, wenn er darauf verzichtet, Kündigungsschutzklage zu erheben.

---

[242] Rebhahn, RdA 2002, 279.

[243] § 1a Abs. 1 KSchG: *Kündigt der Arbeitgeber wegen dringender betrieblicher Erfordernisse nach § 1 Abs. 2 Satz 1 und erhebt der Arbeitnehmer bis zum Ablauf der Frist des § 4 Satz 1 keine Klage auf Feststellung, dass das Arbeitsverhältnis durch die Kündigung nicht aufgelöst ist, hat der Arbeitnehmer mit dem Ablauf der Kündigungsfrist Anspruch auf eine Abfindung. Der Anspruch setzt den Hinweis des Arbeitgebers in der Kündigungserklärung voraus, dass die Kündigung auf dringende betriebliche Erfordernisse gestützt ist und der Arbeitnehmer bei Verstreichenlassen der Klagefrist die Abfindung beanspruchen kann.*

§ 1a Abs. 2 KSchG: *Die Höhe der Abfindung beträgt 0,5 Monatsverdienste für jedes Jahr des Bestehens des Arbeitsverhältnisses...*

War in Schweden die Kündigung ungerechtfertigt, so hat der Arbeitnehmer Anspruch auf Fortsetzung des Arbeitsverhältnisses und auf Schadenersatz. Der Arbeitgeber kann aber die Weiterbeschäftigung ablehnen und damit das Arbeitsverhältnis auflösen. Er ist dann zur Zahlung des sogenannten normierten Schadenersatz verpflichtet. Bei gerechtfertigter Kündigung steht dem Arbeitnehmer kein Abfindungsanspruch zu[244].

Im Vergleich ergibt sich, dass dem Arbeitgeber nur in Deutschland kein einseitiges Gestaltungsrecht zusteht, das Arbeitsverhältnis gegen Zahlung einer Entschädigung zu beenden. Vielmehr hat der gekündigte Arbeitnehmer ein Wahlrecht, ob er auf Fortsetzung des Arbeitsverhältnisses klagt oder aber die Abfindung wählt und damit auf seinen Kündigungsschutz verzichtet. Die Fortsetzung des Arbeitsverhältnisses ist zwar auch in den übrigen Mitgliedstaaten grundsätzlich vorgesehen. Dort hat der Arbeitgeber aber immer die Möglichkeit, sich auch bei mangelnder Rechtfertigung der Kündigung von einem Arbeitnehmer zu lösen, indem er Entschädigungszahlungen leistet.

III. Kündigungsgrund und gerichtliche Kontrolle

1. Frankreich[245]

Das Recht der Kündigung aus wirtschaftlichen Gründen unterlag kürzlich zahlreichen Änderungen durch das Sozialmodernisierungsgesetz (*loi de modernisation sociale*) vom 17. Januar 2002[246]. Dadurch sollten unter anderem und insbesondere die Mitbestimmungs- und Informationsrechte der Arbeitnehmervertreter im Unternehmen gestärkt werden. Auf Bestreben des nachfolgenden Arbeits- und Sozialministers[247] wurden jedoch Teile des Sozialmodernisierungsgesetz durch ein neues Gesetz vom 3. Januar 2003[248] zunächst für die Dauer von 18 Monaten bis Juli 2004 und schließlich für weitere sechs Monate bis Januar 2005[249] suspendiert. Für die Zeit der Suspendierung lebten die vor dem Sozialmodernisierungsgesetz geltenden Bestimmungen wieder auf. Die Suspendierung wurde schließlich abgelöst durch ein neues Gesetz vom 18. Januar 2005[250]. Die Änderungen werden im folgenden (nur) insoweit berücksichtigt, als sie für das Thema der Arbeit von Bedeutung sind.

---

[244] Rebhahn, RdA 2002, 275; Gotthardt, S. 380ff.

[245] Ein allgemeiner Überblick zum französischen Arbeitsrecht findet sich bei Termin-Soccol/Combes.

[246] Loi n. 2002-73 du 17 janvier 2002.

[247] *Le ministre des affaires sociales, du travail et de la solidarité François Fillon.*

[248] Loi n. 2003-6 du 3 janvier 2003.

[249] Loi n. 2004-627 du 30 juin 2004.

[250] Loi n. 2005-32 du 18 janvier 2005 (loi de programmation pour la cohésion sociale).

a. Kündigungsgrund bei Kündigungen aus wirtschaftlichen Gründen

Voraussetzung einer jeden Kündigung ist ein „tatsächlicher und ernsthafter Grund“ (*cause réelle et sérieuse*). Dies ergibt sich aus art. L. 122-14-3 des Arbeitsgesetzbuchs (Cdt – *Code du travail*). Ein tatsächlicher Kündigungsgrund liegt vor, wenn er durch objektiv vorliegende Tatsachen getragen wird und diese Tatsachen auch den wahren Grund für die Kündigung darstellen. Zudem muss der Grund auch ernsthaft, bzw. erheblich sein. Die betriebsbedingte Kündigung unterliegt im übrigen weitgehend besonderen Regeln. Eine Legaldefinition findet sich in art. L. 321-1 Abs. 1 Cdt.

Art. L. 321-1 Abs. 1 Cdt : *Constitue un licenciement pour motif économique le licenciement effectué par un employeur pour un ou plusieurs motifs non inhérents à la personne du salarié résultant d'une suppression ou transformation d'emploi ou d'une modification, refusée par le salarié, d'un élément essentiel du contrat de travail, consécutives notamment à des difficultés économiques ou à des mutations technologiques.*

Art. L. 321-1 Abs. 1 Cdt[251] wurde durch das Sozialmodernisierungsgesetz geändert. Art. 107 dieses Gesetzes sah vor, die Regelung der wirtschaftlichen Kündigung zugunsten der Arbeitnehmer zu ändern, so dass sie nur noch unter sehr eingeschränkten Voraussetzungen gerechtfertigt sein sollte. Eine Rechtfertigung sollte nur dann in Betracht kommen, wenn das Unternehmen sich entweder in ernsthaften Schwierigkeiten befindet, die durch kein anderes Mittel überwunden werden können oder wenn technische Veränderungen den Fortbestand des Unternehmens gefährden oder bei Umstrukturierungen, die für die Überlebensfähigkeit des Unternehmens unerlässlich sind[252].

In Artikel 107 kollidierten zwei verfassungsrechtlich geschützte Positionen miteinander: Die Unternehmerfreiheit einerseits und das Interesse der Arbeitnehmer am Erhalt ihres Arbeitsplatzes andererseits. Wie in Deutschland ist es auch in Frankreich Aufgabe des Gesetzgebers, diese gegenläufigen Interessen miteinan-

---

[251] In der Fassung vor dem Sozialmodernisierungsgesetz : *Constitue un licenciement pour motif économique le licenciement effectué par un employeur pour un ou plusieurs motifs non inhérents à la personne du salarié résultant d'une suppression ou transformation d'emploi ou d'une modification substantielle du contrat de travail, consécutives notamment à des difficultés économiques ou à des mutations technologiques.*

[252] Art. 107: *Constitue un licenciement pour motif économique le licenciement effectué par un employeur pour un ou plusieurs motifs non inhérents à la personne du salarié résultant d'une suppression ou transformation d'emploi ou d'une modification du contrat de travail, consécutives soit à des difficultés économiques sérieuses n'ayant pu être surmontées par tout autre moyen, soit à des mutations technologiques mettant en cause la pérennité de l'entreprise, soit à des nécessités de réorganisation indispensables à la sauvegarde de l'activité de l'entreprise.*

der in Einklang zu bringen. Dabei darf etwa die Unternehmerfreiheit nicht unverhältnismäßig oder übermäßig zugunsten der Arbeitnehmerinteressen eingeschränkt werden[253].

In seiner Entscheidung vom 12. Januar 2002 hatte sich der französische Verfassungsgerichtshof (*Conseil constitutionnel*) mit der Frage zu beschäftigen, ob die Regelungen des Sozialmodernisierungsgesetzes im Einklang mit der Verfassung stehen[254]. Als einzige Norm des Gesetzes erklärte er art. 107 des Modernisierungsgesetzes für verfassungswidrig. Um verfassungsgemäß zu sein, müsse jede Norm des Arbeitsrechts, die die Unternehmerfreiheit einschränke, durch ein Erfordernis aus der Verfassung selbst oder durch das Interesse der Allgemeinheit gerechtfertigt sein. Zudem dürfe die Einschränkung der Unternehmerfreiheit nicht unverhältnismäßig sein im Verhältnis zum verfolgten Zweck[255]. In der Abwägung der gegenläufigen Interessen stellte der *Conseil constitutionnel* fest, art. 107 beschränke die Unternehmerfreiheit im Verhältnis zum Arbeitsplatzbestandsschutz zu stark, und zwar aus drei Gründen:

Erster Grund sei die Beschränkung der Kündigungsmöglichkeit aus wirtschaftlichen Gründen auf nur drei Fälle.

Zweitens sei die Unternehmerfreiheit im Fall von Umstrukturierungen dadurch zu stark beschränkt, dass diese für die Aufrechterhaltung der Unternehmenstätigkeit unerlässlich sein müssten.

Drittens schließlich stelle das Erfordernis, dass wirtschaftliche Schwierigkeiten durch kein anderes Mittel überwunden werden können, eine zu starke Einschränkung dar[256].

Die Anwendung des art. 107 führe dazu, dass Kündigungen aus wirtschaftlichen Gründen letztlich nur noch in den Fällen möglich seien, in denen der Fortbestand des Unternehmens gefährdet ist. Dies stelle aber eine unverhältnismäßige Einschränkung der Unternehmerfreiheit dar[257].

Diese Entscheidung ist die erste des *Conseil constitutionnel*, die eine derart zentrale Norm des Arbeitsrechts, nämlich des Rechts der wirtschaftlichen Kündigungen, im Namen der Unternehmerfreiheit als verfassungswidrig ansieht[258]. Sie kann als Stärkung der unternehmerischen Freiheit angesehen werden.

---

[253] Lyon-Caen, DS 2002, 258.
[254] Conseil constitutionnel 12.01.2002, n. 2001-455 DC.
[255] Lyon-Caen, DS 2002, 260.
[256] Lyon-Caen, DS 2002, 261f.
[257] Lyon-Caen, DS 2002, 263.
[258] Lyon-Caen, DS 2002, 259.

Da art. 107 des Sozialmodernisierungsgesetzes verfassungswidrig ist, unterlag die Regelung des *licenciement économique* (wirtschaftliche Kündigung) in art. L. 321-1 Abs. 1 Cdt letztendlich doch keinen Änderungen durch das Sozialmodernisierungsgesetz.

Die Regelung des *licenciement économique* in art. L 321-1 Abs. 1 Cdt besteht aus drei Elementen:

1. Zunächst muss sie als negative Voraussetzung von der personenbedingten Kündigung abgegrenzt werden.
2. Sie bedarf zu ihrer Rechtfertigung eines wirtschaftlichen Grundes.
3. Dieser muss bestimmte Auswirkungen auf einen Arbeitsplatz haben.

Wirtschaftliche Kündigungen können als Einzel- oder als Kollektivkündigung erfolgen. Bei den Kollektivkündigungen unterscheidet man wiederum zwischen "kleinen" Kündigungen, bei denen zwei bis neun Arbeitnehmer innerhalb eines Zeitraums von 30 Tagen entlassen werden und „großen" Kündigungen, bei denen mindestens zehn Arbeitnehmer innerhalb von 30 Tagen entlassen werden[259]. Bei der Anzahl der betroffenen Arbeitnehmer sind nur solche eines Betriebs zu berücksichtigen, sofern die durchgeführten Maßnahmen nur einen Betrieb betreffen. Sind mehrere Betriebe eines Unternehmens betroffen, sind alle Arbeitnehmer des Unternehmens zu berücksichtigen[260]. Die Unterscheidung zwischen „kleinen" und „großen" Kündigungen ist für das Kündigungsverfahren von Bedeutung, insbesondere für das Ausmaß der Informations- und Beteiligungsrechte der Arbeitnehmervertreter. Grundsätzlich findet das Informations- und Beratungsverfahren nur auf die wirtschaftlichen Kollektivkündigungen und nicht auch auf die Einzelkündigungen Anwendung[261].

aa. Abgrenzung zur personenbedingten Kündigung

Genau wie die betriebsbedingte Kündigung in Deutschland, ergeht auch die Kündigung aus wirtschaftlichen Gründen in Frankreich nicht aus Gründen in der Person des Arbeitnehmers sondern betrifft den Arbeitsplatz. Art. L 321-1 Cdt nennt daher zunächst eine negative Voraussetzung: Das Kündigungsmotiv darf nicht in der Person des Arbeitnehmers begründet sein (*non inhérent à la personne du salarié*). Dieses erste Element des art. L 321-1 Abs. 1 Cdt bildet die eigentliche Definition der wirtschaftlichen Kündigung. Jede Kündigung, die nicht personenbedingt[262] ist, ist eine wirtschaftliche Kündigung, was zur Folge hat,

[259] Flichy, Nr. 1102.
[260] Francis Lefebvre, Nr. 272.
[261] Chaumette, S. 66.
[262] Von „personenbedingt" in Frankreich sind in Deutschland sowohl die Fälle der personen- als auch der verhaltensbedingten Kündigung erfasst.

dass der Anwendungsbereich der speziellen Vorschriften über die wirtschaftliche Kündigung eröffnet ist. Die weiteren Elemente des art. L 321-1 Abs. 1 Cdt hingegen dienen nicht der Definition, sondern klären, unter welchen Voraussetzungen eine wirtschaftliche Kündigung wirksam ist. Es handelt sich dabei also um Rechtfertigungsgründe[263].

Abgrenzungsprobleme können auftauchen, wenn sowohl ein wirtschaftlicher als auch ein personenbedingter Grund den Arbeitgeber zu der Kündigung veranlasst zu haben scheinen. Sind wirtschaftlicher und personeller Grund miteinander verbunden, so richtet sich die Kündigung danach, welcher Grund zuerst auftauchte[264]. Stehen wirtschaftlicher und personeller Grund hingegen in keinerlei Zusammenhang, so ist entscheidend, welcher Grund derjenige war, der den Arbeitgeber letztlich zu seiner Kündigungsentscheidung bewegt hat[265].

bb. Wirtschaftlicher Grund

Art. L 321-1 Cdt fordert, dass die Kündigung sich auf wirtschaftliche Gründe stützt. Nur dann kann sie gerechtfertigt sein. Eine Unterscheidung in inner- und außerbetriebliche Ursachen wie in Deutschland wird in Frankreich nicht vorgenommen. Der französische Gesetzeswortlaut ist nicht so allgemein gehalten wie der deutsche. Anstatt von „dringenden betrieblichen Erfordernissen" zu sprechen, nennt das Gesetz als konkrete Gründe wirtschaftliche Schwierigkeiten (*difficultés économiques*) und technologische Veränderungen (*mutations technologiques*).

Der Gesetzeswortlaut ist jedoch nicht abschließend. Vielmehr handelt es sich lediglich um Regelbeispiele, wie das Wort *notamment* (insbesondere) verdeutlicht. Einer der Gründe, warum der *Conseil constitutionnel* den art. 107 des Sozialmodernisierungsgesetzes für verfassungswidrig erklärte, war, dass er vorsah, das Wort *notamment* zu streichen. Dann hätte die wirtschaftliche Kündigung nur noch bei Vorliegen der ausdrücklich im Gesetz genannten Gründe gerechtfertigt sein können. Um die Unternehmerfreiheit nicht zu stark einzuschränken, müssen jedoch über den ausdrücklichen Gesetzeswortlaut hinaus weitere Rechtfertigungsgründe möglich sein. Daher konnte die Rechtsprechung (und kann es noch immer) weitere Gründe zur Rechtfertigung wirtschaftlicher Kündigungen anerkennen. Sie hat die Notwendigkeit von Umstrukturierungen sowie die Geschäftsaufgabe als weitere Gründe angesehen.

---

263 Waquet, DS 2002, 264f.

264 Cass. soc. 15.10.1992, Bull. Cass. 92-V-513.

265 Cass. soc. 10.10.1990, Bull. Cass. 90-V-442; Cass. soc. 06.11.1991, DS 1992, 80, Verdier/Cœuret/Souriac, S. 455; Chaumette, S. 60.

(1) Wirtschaftliche Schwierigkeiten

Wirtschaftliche Schwierigkeiten bilden den am häufigsten einer wirtschaftlichen Kündigung zugrunde liegenden Grund. Sie erfordern zwar nicht, dass sich das Unternehmen in einer wirtschaftlich katastrophalen Situation befindet, so dass sein Überleben gefährdet ist. Es muss sich aber um wirkliche und ernsthafte Probleme handeln[266].

Wirtschaftliche Schwierigkeiten können z.B. bei einer starken Verschuldung des Unternehmens vorliegen sowie bei Umsatzrückgang oder erheblichen finanziellen Verlusten[267], nicht jedoch bei bloß vorübergehendem oder unbedeutendem Rückgang der Umsatzzahlen[268]. Daher darf ein Arbeitgeber – anders als in Deutschland – beispielsweise dann keine betriebsbedingten Kündigungen aussprechen, wenn es ihm allein darum geht, die Gewinne seines ohnehin florierenden Unternehmens zu steigern[269] oder Lohnkosten zu sparen[270]. Kämpft ein Unternehmen schon seit Jahren mit Verlusten, dann können betriebsbedingte Entlassungen wegen wirtschaftlicher Schwierigkeiten nur gerechtfertigt sein, wenn im Zeitpunkt des Ausspruchs der Kündigung eine nochmalige Verschlechterung der wirtschaftlichen Situation eingetreten ist[271].

Auch nicht als wirtschaftlicher Kündigungsgrund anerkannt sind Schwierigkeiten, die der Arbeitgeber selbst vorsätzlich und betrügerisch herbeigeführt hat[272]. Das gleiche gilt für solche Schwierigkeiten, die dem Arbeitgeber schon bei der Einstellung eines Arbeitnehmers bekannt waren. Will er kurz nach der Einstellung den Arbeitnehmer wieder kündigen, so ist diese Kündigung mangels eines ernsthaften wirtschaftlichen Grundes nicht gerechtfertigt[273].

Wenn auch in Frankreich nicht zwischen inner- und außerbetrieblichen Ursachen unterschieden wird, so würden die französischen wirtschaftlichen Schwierigkeiten in Deutschland eine außerbetriebliche Ursache darstellen. Wirtschaftliche Schwierigkeiten können daher in Deutschland wie in Frankreich eine Kündigung aus wirtschaftlichen Gründen rechtfertigen.

---

[266] Francis Lefebvre, Nr. 132.

[267] Beispiele bei Social Pratique, Nr. 370, S. 11.

[268] Cass. soc. 12.12.1991, Bull. Cass. 91-V-581.

[269] Cass. soc. 24.04.1990, Bull. Cass. 90-V-182 und Bull. Cass. 90-V-183; Cass. soc. 16.03.1994, Bull. Civ. 94-V-95 ; Cass. soc. 30.09.1997, Bull. Cass. 97-V-291; Cass. soc. 01.12.1999, Bull. Cass. 99-V-466; Cass. soc. 29.05.2001, RJS 8-9/01, Nr. 1002.

[270] Cass. soc. 07.10.1998, Bull. Cass. 98-V-405.

[271] Social Pratique, Nr. 370, S. 11; Cass. soc., 23.05.2000, Bull. Cass. 00-V-196.

[272] Social Pratique, Nr. 370, S. 12; Flichy, Nr. 409.

[273] Francis Lefebvre, Nr. 132; Social Pratique, Nr. 370, S. 13.

Ein ernsthafter wirtschaftlicher Grund existiert in Frankreich nur dann, wenn sich die wirtschaftlichen Schwierigkeiten auf das ganze Unternehmen[274] erstrecken. Anders als in Deutschland, wo Anknüpfungspunkt stets der Betrieb ist, genügt es in Frankreich nicht, dass nur ein einzelner Betrieb oder eine einzelne Niederlassung betroffen ist[275].

Die Frage, ob wirtschaftliche Schwierigkeiten bestehen, beurteilt sich zu dem Zeitpunkt, in dem der Unternehmer die Kündigungsentscheidung trifft[276], spätestens zum Zeitpunkt des Ausspruchs der Kündigung (*date de notification*). Die Kündigung aus wirtschaftlichen Gründen ist nicht gerechtfertigt, wenn zu diesem Zeitpunkt die wirtschaftlichen Schwierigkeiten nicht (mehr) bestehen oder das Unternehmen nur noch geringe Verluste zu verzeichnen hat[277].

Wirtschaftliche Schwierigkeiten allein können bereits einen wirtschaftlichen Grund darstellen. Sie können aber auch Grund für die Durchführung technologischer Veränderungen sein.

(2) Technologische Veränderungen

Während in Deutschland technologische Veränderungen als innerbetriebliche Ursache eine betriebsbedingte Kündigung rechtfertigen können, sieht der französische Gesetzeswortlaut ausdrücklich technologische Veränderungen als Rechtfertigungsgrund für Kündigungen aus wirtschaftlichen Gründen vor.

Allerdings werden technologische Veränderungen nur selten als Rechtfertigungsgrund für Kündigungen aus wirtschaftlichen Gründen angeführt[278]. Sie liegen bei jeglicher Einführung neuer Techniken, Verfahren oder Materialien vor[279]. Das ist z.B. der Fall, wenn ein veraltetes Herstellungsverfahren durch ein modernes abgelöst wird[280] oder wenn herkömmliche Arbeitsmethoden durch die Einführung von Computern ersetzt werden[281]. Dabei ist nicht erforderlich, dass die technologischen Veränderungen infolge wirtschaftlicher Schwierigkeiten durchgeführt werden. Auch die Einführung neuer Technologien in Unterneh-

---

[274] Den deutschen Begriffen Betrieb, Unternehmen, Konzern entsprechen im französischen Recht weitestgehend die Begriffe établissement, entreprise, groupe d'entreprise, vgl. Krebber, Fn. 136.

[275] Francis Lefebvre, Nr. 134 ; Social Pratique, Nr. 370, S. 13 ; Flichy, Nr. 410.

[276] Social Pratique, Nr. 370, S. 13.

[277] Francis Lefebvre, Nr. 135.

[278] Flichy, Nr. 411 ; z.B. in : Cass. soc. 09.07.1997, Bull. Cass. 97-V-262; Waquet, DS 2002, 169.

[279] Social Pratique, Nr. 370, S. 13.

[280] Cass. soc. 17.02.1998, RJS 4/98, Nr. 434; Cass. Soc. 19.12.1990, Bull. Cass. 90-V-687.

[281] Francis Lefebvre, Nr. 138.

men, die nicht mit wirtschaftlichen Schwierigkeiten zu kämpfen haben, kann einen wirtschaftlichen Grund darstellen[282].

(3) Umstrukturierungen

Die *Cour de cassation* hat Kündigungen aus wirtschaftlichen Gründen auch dann als gerechtfertigt angesehen, wenn der Arbeitgeber Umstrukturierungs- und Umorganisierungsmaßnahmen (*réstructuration* und *réorganisation*) zum Erhalt der Wettbewerbsfähigkeit durchführt[283]. Derartige Umorganisierungsmaßnahmen können selbst dann eine Kündigung aus wirtschaftlichen Gründen rechtfertigen, wenn keine neuen Technologien eingeführt wurden oder sich das Unternehmen nicht in wirtschaftlichen Schwierigkeiten befindet[284].

Art. 107 des Sozialmodernisierungsgesetzes sah vor, die bis dato nicht ausdrücklich geregelten Fälle der Umstrukturierung ins Gesetz aufzunehmen. Während die Rechtsprechung bei Umstrukturierungen fordert, dass diese Maßnahmen zum Erhalt der Wettbewerbsfähigkeit erforderlich sein müssen (*necessaire à la sauvegarde de la compétivité de l'entreprise*), war art. 107 restriktiver. Danach war Voraussetzung, dass es sich bei der Umstrukturierung um eine „Notwendigkeit" handelt, die zudem für den „Erhalt der Unternehmenstätigkeit unerlässlich" ist (*„des necessités de réorganisation indispensables à la sauvegarde de l'activité de l'entreprise"*). Der Definition der Rechtsprechung wurden also „unerlässliche Notwendigkeiten" hinzugefügt und zudem wurde die „Wettbewerbsfähigkeit" durch „Tätigkeit" des Unternehmens ersetzt. Auch diesen Teil des art. 107 sah der *Conseil constitutionnel* als verfassungswidrig an, da er dem Unternehmer verbiete, wirtschaftlichen Schwierigkeiten durch Ergreifen entsprechender Maßnahmen zuvorzukommen und so wirtschaftliche Kündigungen von noch größerem Ausmaß zu verhindern[285].

Art. 107 des Sozialmodernisierungsgesetzes schien andererseits den Anwendungsbereich der wirtschaftlichen Kündigungen bei Umstrukturierungen dadurch auszuweiten, dass die Notwendigkeit sich lediglich auf das Unternehmen beziehen musste, während die Rechtsprechung den Anwendungsbereich gegebenenfalls auch auf den Konzern ausgeweitet hätte. Da aber das Sozialmodernisierungsgesetz in erster Linie den Schutz der Arbeitnehmer vor wirtschaftlichen

[282] Francis Lefebvre, Nr. 138.

[283] Cass. soc. 30.09.1997, RJS 11/97, Nr. 1297; Laborde, S. 84.

[284] Francis Lefebvre, Nr. 136; Cass. soc. 01.04.1992, Bull. Cass. 92-V-223; Cass. soc. 08.06.1994, Bull. Cass. V, n. 193; Cass. soc. 27.05.1995, RJS 8-9/95, Nr. 871.

[285] Waquet, DS 2002, 268.

Kündigungen ausweiten sollte, erscheint fraglich, ob es sich bei dieser Ausweitung nicht um ein gesetzgeberisches Versehen handelte[286].

Ob das Kriterium „Erhalt der Wettbewerbsfähigkeit" erfüllt ist, muss für jeden Einzelfall neu festgestellt werden[287]. Jedenfalls darf es nicht mit dem betrieblichen Interesse verwechselt werden. Es kann durchaus im betrieblichen Interesse liegen, Umstrukturierungen durchzuführen, um die Rentabilität zu steigern oder die Unternehmenstätigkeit auszuweiten. Dies erfolgt dann allerdings nicht automatisch mit dem Ziel, die Wettbewerbsfähigkeit zu erhalten[288]. Voraussetzung ist vielmehr, dass die Umstrukturierungsmaßnahmen für die Wettbewerbsfähigkeit unerlässlich sind[289]. Das Kriterium wäre z.B. erfüllt, wenn der Unternehmer eine Fabrikationsstelle schließt, da diese Anlage nicht mehr den Anforderungen an eine moderne Produktionsstätte entspricht und die Aufrechterhaltung einen Wettbewerbsnachteil für das Unternehmen bedeuten würde[290]. Erst recht ist das Kriterium erfüllt, wenn die Umstrukturierungen dazu dienen, künftigen Schwierigkeiten zuvorzukommen und die Überlebensfähigkeit des Unternehmens zu sichern[291]. Andererseits sind Kündigungen aus wirtschaftlichen Gründen dann nicht gerechtfertigt, wenn die Umstrukturierungen lediglich dazu dienen sollen, den Unternehmensgewinn[292] oder die Rentabilität zu steigern[293] oder Gehaltskosten zu senken[294].

(4) Geschäftsaufgabe

Wie in Deutschland ist auch in Frankreich die Möglichkeit der (Teil-)Stilllegung nicht gesetzlich geregelt. Die französische Rechtsprechung hat jedoch anerkannt, dass sich auch der französische Arbeitgeber dazu entschließen kann, sein Geschäft aufzugeben[295] oder einen bestimmten Tätigkeitsbereich stillzulegen und daraufhin Kündigungen aus wirtschaftlichen Gründen auszusprechen[296]. Während in Deutschland eine Betriebsstilllegung eine innerbetriebliche Ursache darstellt, ist die Geschäftsaufgabe in Frankreich ein eigener von der Rechtsprechung entwickelter Rechtfertigungsgrund.

---

286 Waquet, DS 2002, 268.
287 Flichy, Nr. 412.
288 Francis Lefebvre, Nr. 137.
289 Social Pratique, Nr. 370, S. 14.
290 Francis Lefebvre, Nr. 137.
291 Francis Lefebvre, Nr. 137; Flichy, Nr. 412.
292 Cass. soc. 30.09.1997, Bull. Cass. 97-V-291.
293 Cass. soc. 01.12.1999, Bull. Cass. 99-V-466.
294 Cass. soc. 07.10.1998, Bull. Cass. 98-V-405.
295 Wegen Überschwemmung der Geschäftsräume: Cass. soc. 15.02.1995, RJS 4/95, n. 371; wegen Brandes: Cass. soc. 27.06.2000, RJS 2000, n. 940.
296 Cass. soc. 04.07.1990, Bull. Cass. 90-V-349; Cass. soc. 26.09.1990, Bull. Cass. 90-V-390.

Zunächst hatte die *Cour de cassation* entschieden, eine Betriebsschließung reiche für sich allein noch nicht als wirtschaftlicher Kündigungsgrund aus. Vielmehr sei erforderlich, dass die Betriebsschließung auf wirtschaftlichen Schwierigkeiten oder technologischen Veränderungen beruhe oder die Folge einer Umstrukturierung zur Erhaltung der Wettbewerbsfähigkeit sei[297].

In einer neueren Entscheidung hat die *Cour de cassation* erstmals ausdrücklich die Geschäftsaufgabe an sich als möglichen Rechtfertigungsgrund angesehen, unter der Voraussetzung, dass die Schließung nicht auf einem Fehler (*faute*) oder der Leichtsinnigkeit (*légèreté blâmable*) des Arbeitgebers beruht[298]. Letzteres wäre z.B. der Fall, wenn die Geschäftsaufgabe auf finanzielle Schwierigkeiten zurückzuführen ist, die der Unternehmer selbst vorsätzlich herbeigeführt hat[299]. Im übrigen sind aber die Motive, die den Unternehmer zu seiner Stilllegungsentscheidung bewogen haben – wie wirtschaftliche Schwierigkeiten, Geschäftsaufgabe aus Altersgründen etc. – unbeachtlich[300].

Zuletzt wiederum betrachtete die *Cour de cassation* die Stilllegung einer Fluglinie für sich nicht als ausreichenden Rechtfertigungsgrund für die wirtschaftliche Kündigung eines Piloten dieser Linie[301]. Ob also in Frankreich – wie auch in Deutschland – die bloße Geschäftsaufgabe als Rechtfertigungsgrund für eine Kündigung aus wirtschaftlichen Gründen ausreicht, oder ob diese auf wirtschaftlichen Schwierigkeiten beruhen muss, scheint noch nicht abschließend geklärt. Die weitere Entwicklung der Rechtsprechung bleibt abzuwarten.

Im **Ausgangsfall Nr. 2** liegt ein wirtschaftlicher Grund vor, und zwar unabhängig davon, ob die Stilllegung der Tanzschule schon per se eine wirtschaftliche Kündigung rechtfertigen kann oder nicht. Denn darüber hinaus hat die Tanzschule des U mit anhaltenden finanziellen Verlusten zu kämpfen und befindet sich daher in wirtschaftlichen Schwierigkeiten, so dass schon deshalb ein wirksamer Kündigungsgrund gegeben ist.

cc. Auswirkungen auf den Arbeitsplatz oder den Arbeitsvertrag

Damit eine Kündigung aus wirtschaftlichen Gründen gerechtfertigt ist, reicht es nicht aus, dass sich das Unternehmen in wirtschaftlichen Schwierigkeiten befindet, technologische Veränderungen vornimmt, Umstrukturierungsmaßnahmen durchführt oder der Unternehmer das Geschäft aufgibt. Die wirtschaftlichen Gründe müssen zudem – wie auch in Deutschland – bestimmte Auswirkungen

---

[297] Cass. Soc. 07.04.1998, RJS 5/98, Nr. 580.
[298] Cass. soc. 16.01.2001, Bull. Cass. 01-V-10, mit Anm. Boissel in Le Dalloz 2001, 2170.
[299] Francis Lefebvre, Nr. 139.
[300] Francis Lefebvre, Nr. 139; Social Pratique, Nr. 370, S. 16.
[301] Flichy Nr. 413 unter Verweis auf Cass. soc. 11.06.2002.

auf den Arbeitsplatz oder den Arbeitsvertrag haben. Während allerdings in Deutschland lediglich gefordert wird, dass ein Beschäftigungsbedürfnis entfallen ist, differenziert der französische Gesetzeswortlaut zwischen verschiedenen Auswirkungsmöglichkeiten. Eine Kündigung aus wirtschaftlichen Gründen ist danach nur gerechtfertigt, wenn die wirtschaftlichen Gründe den Unternehmer dazu veranlasst haben, einen Arbeitsplatz abzubauen oder umzuwandeln (*suppression ou transformation d'emploi*), oder eine wesentliche Änderung des Arbeitsvertrags (*modification,..., d'un élément essentiel du contrat de travail*) vorzunehmen. Die im Gesetz aufgezählten Auswirkungen sind abschließend[302].

(1) Abbau eines Arbeitsplatzes

Es sind drei Fälle eines Arbeitsplatzabbaus denkbar[303]:

1. Sowohl der Arbeitsplatz eines Arbeitnehmers als auch seine Tätigkeit werden abgebaut.
2. Der Arbeitsplatz wird abgebaut, die Tätigkeit des Arbeitnehmers aber anderweitig ausgeübt.
3. Der Arbeitsplatz eines Arbeitnehmers wird zwar nicht abgebaut, aber die Gesamtzahl der Beschäftigten einer Berufsgruppe wird reduziert.

Der Abbau eines Arbeitsplatzes kann nicht die Kündigung zweier Arbeitnehmer der gleichen Tätigkeit rechtfertigen[304]. Ob tatsächlich ein Arbeitsplatz abgebaut wurde, beurteilt sich auf Ebene des Unternehmens bzw. der Unternehmensgruppe.

Der Abbau von Arbeitsplatz und Tätigkeit bedeutet einerseits, dass der betroffene Arbeitnehmer nicht durch einen anderen Arbeitnehmer – sei es durch einen neu angestellten oder durch einen aus einem anderen Unternehmen derselben Unternehmensgruppe – ersetzt wird und andererseits, dass sein Arbeitsplatz tatsächlich nicht mehr existiert[305]. Der Arbeitnehmer wurde selbst dann durch einen anderen ersetzt, wenn der neue Arbeitnehmer nur in Teilzeit arbeitet oder weniger verdient[306]. Das Kündigungsmotiv war dann in der Person des gekündigten Arbeitnehmers begründet und nicht wirtschaftlich bedingt[307].

Der Abbau eines Arbeitsplatz hat nicht zwingend auch den Wegfall der Tätigkeit des betroffenen Arbeitnehmers zur Folge. Es ist möglich, dass die Tätigkeit nun von anderen Arbeitnehmern ausgeführt wird. So können die Aufgaben eines

---

302 Waquet, DS 2002, 268.
303 Social Pratique, Nr. 370, S. 17; Flichy, Nr. 404.
304 Francis Lefebvre, Nr. 151.
305 Francis Lefebvre, Nr. 151; Social Pratique, Nr. 370, S. 17f.
306 Chaumette, S. 88.
307 Cass. soc. 23.09.1992, DS 1992, 924.

Arbeitnehmers auf mehrere andere im Unternehmen beschäftigte Arbeitnehmer verteilt[308] oder nur einem einzelnen anderen Mitarbeiter zugewiesen werden[309] (Leistungsverdichtung). Das ist selbst dann möglich, wenn die Tätigkeit von einem unbezahlten Arbeitnehmer übernommen wird[310].

Nicht zwingend erforderlich ist, dass sich die Gesamtanzahl der Beschäftigten verringert hat. Bei einer Umstrukturierung etwa wird oftmals ein Arbeitsplatz durch einen neuen verdrängt. Trotzdem ist ein Arbeitsplatz weggefallen. Dies gilt selbst dann, wenn bei der Umstrukturierung zwar Arbeitsplätze verdrängt werden, die Zahl der Beschäftigten insgesamt jedoch steigt[311].

Der Arbeitsplatzabbau kann schließlich auch einen anderen Arbeitsplatz als denjenigen des gekündigten Arbeitnehmers betreffen. Das ist der Fall, wenn der Arbeitsplatz eines gekündigten Arbeitnehmers mit einem anderen umgesetzten Arbeitnehmer besetzt wurde, dessen eigener Arbeitsplatz verdrängt wurde[312]. In diesen Fällen wird die Gesamtzahl der Beschäftigten derselben Berufsgruppe reduziert.

Die Fälle, in denen in Frankreich ein Arbeitsplatz abgebaut wird, korrespondieren in Deutschland mit den Fällen, in denen ein Beschäftigungsbedürfnis weggefallen ist.

(2) Umwandlung eines Arbeitsplatzes

Insbesondere in den Fällen, in denen neue Technologien eingeführt oder Umstrukturierungen zur Erhaltung der Wettbewerbsfähigkeit durchgeführt wurden, werden nicht immer Arbeitsplätze abgebaut, sondern oftmals die bestehenden Arbeitsplätze umgewandelt. Ob ein Arbeitsplatz umgewandelt wurde, wird auf der Unternehmensebene beurteilt.

Eine Umwandlung liegt vor, wenn die Aufgaben des Arbeitnehmers nicht nur unerheblich geändert wurden, der Arbeitsplatz aber bestehen bleibt[313]. Nur so kann die Umwandlung vom Abbau des Arbeitsplatzes abgegrenzt werden. Allerdings hat diese Abgrenzung keinerlei praktische Relevanz, da sowohl Umwandlung als auch Abbau die Kündigung aus wirtschaftlichen Gründen rechtfertigen können. Voraussetzung einer Kündigung wegen Umwandlung eines Ar-

---

[308] Cass. soc. 02.06.1993, Bull. Cass. 93-V-155 = Cass. soc. 02.06.1993, DS 1993, 678 .
[309] Cass. soc. 29.01.1992, Bull Cass. 92-V-52.
[310] Cass. soc. 20.01.1998, Bull. Cass. 98-V-19.
[311] Cass. soc. 03.03.1982, Bull. Cass. 82-V-135.
[312] Cass. Soc. 29.06.94, Bull. Cass. 94-V-216; Social Pratique, Nr. 370, S. 19, vgl. unten Verhältnis Umsetzung zur Kündigungsreihenfolge.
[313] Verdier/Cœuret/Souriac, S. 455.

beitsplatzes ist zudem, dass der Arbeitnehmer den neuen Anforderungen auch nach einer Fortbildung nicht gerecht wird[314].

In Deutschland ist zwar die „Umwandlung eines Arbeitsplatzes" nicht ausdrücklich durch Gesetz als mögliche Auswirkung eines wirtschaftlichen Grundes vorgesehen. Wird aber ein Arbeitsplatz umgewandelt und ist danach der veränderte Arbeitsplatz mit dem bisherigen nicht mehr identisch, so ist dies ein Fall, in dem ein Beschäftigungsbedürfnis entfallen ist. Die französische Unterteilung der Auswirkungen auf den Arbeitsplatz in Abbau und Umwandlung des Arbeitsplatzes führt daher zu keinen anderen Ergebnissen als die allgemeinere Regelung in Deutschland, nach der ein Beschäftigungsbedürfnis weggefallen sein muss.

(3) Wesentliche Vertragsänderung

Eine der Änderungen, die das Gesetz vom 18. Januar 2005 mit sich brachte, betrifft die möglichen Auswirkungen der wirtschaftlichen Gründe auf den Arbeitsplatz. War eine der Auswirkungen bisher eine *modification substantielle du contrat de travail*, so heißt es nun in art. L. 321-1 Abs. 1 Cdt *modification, refusée par le salarié, d'un élément essentiel du contrat de travail.*

Nach der bisherigen Rechtslage lag eine *modification substantielle* vor, wenn solche Vertragsbedingungen geändert wurden, die für den ursprünglichen Abschluss des Arbeitsvertrags erheblich waren oder welche die arbeitsvertraglichen Pflichten bei der Durchführung des Arbeitsvertrages erschwerten[315]. Dazu gehörte etwa das vertraglich vereinbarte Gehalt, die berufliche Qualifikation des Arbeitnehmers (*qualification professionnelle*), die vertraglich festgelegte Arbeitsdauer, sowie u.U. auch die zeitliche Verteilung der Arbeit und der Arbeitsort[316].

Art. 107 des Sozialmodernisierungsgesetzes sah vor, das Wort *substantielle*, also wesentlich, zu streichen. Ausreichend wäre danach eine Änderung des Vertrages gewesen, die nicht mehr wesentlich sein müsste. Dies hätte auch der Rechtsprechung der *Cour de cassation* entsprochen, die die Unterscheidung zwischen wesentlicher und unwesentlicher Vertragsänderung bereits 1992 aufgegeben hat und seitdem danach entscheidet, ob es sich um eine Änderung des Arbeitsvertrages oder lediglich eine Änderung der Arbeitsbedingungen aufgrund des Direktionsrechts des Arbeitgebers handelt[317].

---

[314] Dazu vgl. Verhältnismäßigkeit (s.u.).
[315] Social Pratique, Nr. 370, S. 20.
[316] Francis Lefebvre, Nr. 156 ; Social Pratique Nr. 370, S. 21f.
[317] Waquet, DS 2002, 266.

Doch obwohl diese Änderung keinen Bestand hatte, wurde – angelehnt an die Rechtsprechung der *Cour de cassation* – weiterhin nicht danach unterschieden, ob eine Vertragsänderung wesentlich war oder nicht. Vielmehr war die Vertragsänderung von der bloßen Änderung der Arbeitsbedingungen abzugrenzen. Dabei handelte es sich um solche Änderungen, die der Arbeitgeber allein aufgrund seines Direktionsrechts ohne Änderung des Arbeitsvertrages vornehmen konnte. Verweigerte der Arbeitnehmer seine Zustimmung zu einer solchen Änderung, so konnte der Arbeitgeber lediglich eine personenbedingte, nicht jedoch eine wirtschaftliche Kündigung aussprechen[318].

Daran dürfte auch die Neufassung des art. 321-1 Abs. 1 Cdt nichts ändern. Vielmehr scheint es sich um eine Klarstellung der bisherigen Rechtsprechung zu handeln. Änderungen essentieller Arbeitsvertragsbestandteile werden wohl auch weiterhin Änderungen etwa des Arbeitsentgelts oder der Arbeitszeit sein und nicht bloße Änderungen der Arbeitsbedingungen aufgrund des Direktionsrechts.

Neu eingeführt ist die Ablehnung der Vertragsänderung durch den Arbeitnehmer (*modification, refusée par le salarié...*). Schon nach der alten Gesetzeslage galt aber, dass der Arbeitnehmer nur dann wirtschaftlich gekündigt werden durfte, wenn er der Vertragsänderung nicht zustimmte. Auch hier handelt es sich also um eine bloße Klarstellung.

Neu ist art. L. 321-1-2 Cdt[319]. Danach muss der Arbeitgeber, der eine essentielle Vertragsbestimmung ändern möchte, dem betroffenen Arbeitnehmer die Änderung per eingeschriebenen Brief anbieten und ihn über sein Recht, innerhalb eines Monats abzulehnen, informieren. Antwortet der Arbeitnehmer innerhalb der Monatsfrist nicht, so gilt sein Schweigen als Zustimmung zur Vertragsänderung.

Die Unterscheidung zwischen einer Vertragsänderung und einer Umwandlung des Arbeitsplatzes ist mitunter schwierig. Auch diese Abgrenzung hat jedoch keine praktische Bedeutung, da beide eine Kündigung aus wirtschaftlichen Gründen rechtfertigen können.

Anders als in Frankreich wird in Deutschland die Änderung des Arbeitsvertrages nicht als mögliche Auswirkung eines wirtschaftlichen Grundes auf den Arbeitsplatz bei einer betriebsbedingten (Beendigungs-)Kündigung angesehen. Viel-

---

[318] Francis Lefebvre, Nr. 155 ; Social Pratique, Nr. 370, S. 23 ; Flichy, Nr. 406.

[319] *Lorsque l'employeur, pour l'un des motifs énoncés à l'article L. 321-1, envisage la modification d'un élément essentiel du contrat de travail, il en fait la proposition au salarié par lettre recommandée avec accusé de réception.*

La lettre de notification informe le salarié qu'il dispose d'un mois à compter de sa réception pour faire connaître son refus.

A défaut de réponse dans le délai d'un mois, le salarié est réputé avoir accepté la modification proposée.

mehr ist die Änderung der Arbeitsbedingungen als Sonderfall der Kündigung, nämlich als Änderungskündigung in § 2 KSchG geregelt. Auch wenn der Weg ein anderer ist, so hat aber im Ergebnis sowohl in Deutschland als auch in Frankreich der Arbeitgeber die Möglichkeit, sich von einem Arbeitnehmer, der einer Änderung der Arbeitsvertragsbedingungen nicht zustimmt, zu trennen – sei es im Rahmen einer wirtschaftlichen (Beendigungs-)Kündigung oder einer betriebsbedingten Änderungskündigung.

dd. Kausalzusammenhang

Bei jeder Kündigung aus wirtschaftlichen Gründen muss ein doppelter Kausalzusammenhang bestehen: Wirtschaftliche Gründe müssen kausal zum Abbau eines Arbeitsplatzes etc. geführt haben und der Arbeitsplatzabbau wiederum muss kausal für die Kündigung gewesen sein.

Der Kausalzusammenhang zwischen den wirtschaftlichen Schwierigkeiten und dem Arbeitsplatzabbau etc. fehlt z.B., wenn sich ein Arbeitgeber selbst durch Leichtfertigkeit (*légèreté blamable*) oder durch betrügerisches, missbräuchliches Verhalten (*détournement de pouvoir*) in wirtschaftliche Schwierigkeiten gebracht hat. Als wirklicher Grund für den Arbeitsplatzwegfall etc. werden dann nicht die wirtschaftlichen Schwierigkeiten, sondern eben die Leichtfertigkeit bzw. *détournement de pouvoir* angesehen[320].

Ebenso fehlt der Kausalzusammenhang, wenn der Arbeitgeber selbst Vorbereitungen trifft, die zwangsläufig zu wirtschaftlichen oder finanziellen Schwierigkeiten führen[321], oder wenn die Richter feststellen, der vom Arbeitgeber behauptete wirtschaftliche Grund musste nicht zwangsläufig zum Wegfall eines Arbeitsplatzes führen[322]. Das ist z.B. immer dann der Fall, wenn der Arbeitgeber durch Kündigungen Lohnkosten verringern möchte, ohne dass sich sein Unternehmen tatsächlich in wirtschaftlichen Schwierigkeiten befindet[323].

Im **Ausgangsfall Nr. 1** liegt auch in Frankreich ein wirksamer Kündigungsgrund vor. Sinkende Nachfrage kann einen wirksamen Kündigungsgrund darstellen, wenn sich das Unternehmen deshalb in ernsthaften wirtschaftlichen Schwierigkeiten befindet. Für einzelne Betriebe gilt dies nur, wenn sie nicht Teil eines Unternehmens sind. Die wirtschaftlichen Schwierigkeiten müssen zudem bestimmte Auswirkungen auf einen Arbeitsplatz haben, z.B. dazu führen, dass ein Arbeitsplatz wegfällt. Befindet sich also die Töpferei wegen sinkender Nachfrage in ernsthaften wirtschaftlichen Schwierigkeiten, und reduziert der

[320] Cass. soc. 13.01.1993, Bull. Cass. 93-V- 9; Cass. soc. 09.10.1991, Bull. Cass. 91-V-402.
[321] Cass. soc. 09.10.1991, Bull. Cass. 91-V-402.
[322] Cass. soc. 17.05.1998, RJS 5/98, Nr. 579.
[323] Cass. soc. 15.12.1998, RJS 2/99, Nr. 177.

Unternehmer deshalb die Produktion und baut einige Arbeitsplätze ab, so kann der Arbeitgeber Kündigungen aus wirtschaftlichen Gründen aussprechen. Ein wirksamer Kündigungsgrund liegt vor.

Im **Ausgangsfall Nr. 3** hingegen liegt kein wirksamer Kündigungsgrund vor. U hat sich dazu entschlossen, die Arbeit auf weniger Arbeitnehmer aufzuteilen und so mit weniger Arbeitnehmern auszukommen. Dadurch hat er Arbeitsplätze abgebaut. Problematisch ist allerdings, ob U sich auch auf einen wirtschaftlichen Grund stützen kann. Laut Gesetz kommen dafür insbesondere wirtschaftliche Schwierigkeiten und technologische Veränderungen in Betracht. Die florierende Kantine steckt jedoch weder in wirtschaftlichen Schwierigkeiten, noch will der Unternehmer technologische Veränderungen durchführen. Neben den genannten Merkmalen, die lediglich gesetzliche Regelbeispiele darstellen, sind als wirtschaftlicher Grund auch Umstrukturierungs- und Umorganisierungsmaßnahmen anerkannt. Hier organisiert U die Arbeitsverteilung um: Das gleiche Arbeitsvolumen wird auf weniger Arbeitnehmer verteilt. Allerdings ist der Arbeitgeber bei solchen Umorganisationsmaßnahmen nicht vollkommen frei in seinen Entscheidungen. Vielmehr wird vorausgesetzt, dass die Umstrukturierung zur Erhaltung der Wettbewerbsfähigkeit des Unternehmens erforderlich ist. Dies ist hier nicht ersichtlich. Im Gegenteil floriert die Kantine des U und von Wettbewerbsnachteilen ist nicht die Rede. Das alleinige Interesse des Arbeitgebers, die Gewinne weiter zu steigern und Lohnkosten zu sparen, reicht als wirtschaftlicher Grund nicht aus. Ein wirksamer wirtschaftlicher Kündigungsgrund liegt daher nicht vor. Anders als in Deutschland kann also der französische Unternehmer nicht ohne weiteres die Arbeit verdichten und daraufhin den Personalbestand reduzieren. Während Leistungsverdichtung infolge organisatorischer Veränderungen in Deutschland als innerbetriebliche Ursache eine betriebsbedingte Kündigung rechtfertigen kann, stellt dies in Frankreich nicht per se einen Rechtfertigungsgrund dar. Vielmehr ist zusätzlich erforderlich, dass einer der vier wirtschaftlichen Gründe vorliegt.

b. Darlegungs- und Beweislast

Der Arbeitgeber muss sowohl die wirtschaftlichen Zwänge als auch die kündigungsbegründenden Umstände im Kündigungsschreiben angeben und ggf. im Prozess vortragen, art. L. 122-14-3 Cdt. Seit 1973 liegt die Beweislast damit nicht mehr beim Arbeitnehmer. Vielmehr müssen sowohl Arbeitnehmer als auch Arbeitgeber im Prozess Stellung nehmen und es ist dann Sache des Richters zu entscheiden, ob die Kündigung gerechtfertigt ist[324]. Bleiben jedoch Zweifel an der Rechtmäßigkeit der Kündigung, so bestimmt art. L. 122-14-3 a.E. Cdt, dass

[324] Verdier/Cœuret/Souriac, S. 442.

diese Zweifel dem Arbeitnehmer zu Gute kommen (*si un doute subsiste, il profite au salarié*).

Beruft sich der Unternehmer in einem Prozess auf wirtschaftliche Schwierigkeiten, so reicht es nicht, dass er einen Umsatzrückgang oder gesunkene Geschäftszahlen behauptet. Er muss vielmehr darlegen, dass diese tatsächlich vorliegen und auch ernsthaft genug sind, seine der Kündigung zugrunde liegende Unternehmerentscheidung zu rechtfertigen[325].

Im Fall von Umstrukturierungen hat der Arbeitgeber darzulegen, dass sein Unternehmen tatsächlich in seiner Wettbewerbsfähigkeit bedroht ist, und dass die Umstrukturierungsmaßnahmen unerlässlich sind, um die Wettbewerbsfähigkeit zu erhalten[326].

c. Das Erfordernis einer behördlichen Genehmigung

Bis zum Jahre 1986 musste der Arbeitgeber vor jeder betriebsbedingten Kündigung die Genehmigung der Arbeitsbehörde (*inspecteur du travail*) einholen. Dieses Genehmigungserfordernis war 1975 eingeführt worden, wurde 1986 aber wieder abgeschafft[327]. Nach der aktuellen Gesetzeslage ist – und zwar sowohl für Einzel- als auch Massenentlassungen – lediglich Voraussetzung, dass die Arbeitsbehörde informiert wird, vgl. art. L. 321-2, art. R. 321-1 Cdt[328]. Dies wurde als eine „Befreiung der Unternehmerentscheidung von staatlicher Kontrolle“ angesehen[329]. Die betriebsbedingte Kündigung wird jedoch weiterhin einer Kontrolle unterzogen, nämlich einer nachträglichen Kontrolle durch die Arbeitsgerichte. Die Gesetzesnovelle hat gewissermaßen den Richter ins Unternehmen geholt[330].

d. Gerichtliche Kontrolle

aa. Grundsatz: Keine Kontrolle der Unternehmerentscheidung

Wie in Deutschland geht auch in Frankreich der Kündigung eine Unternehmerentscheidung voraus[331]. Dabei gilt auch in Frankreich grundsätzlich, dass der Unternehmer in seiner Entscheidung umso freier ist, je mehr es um Fragen der grundsätzlichen Unternehmenspolitik geht[332]. Er hat das Recht selbst zu ent-

---

325 Francis Lefebvre, Nr. 133; Cass. soc., 02.06.1993, 93-V-154.
326 Francis Lefebvre, Nr. 137; Social Pratique, Nr. 370, S. 16.
327 Laborde, S. 76.
328 Zur Rolle der Verwaltung: Verdier/Cœuret/Souriac, S. 475; Chaumette, S. 71ff.
329 Martin, S. 5; Zumfelde, NZA 1994, 59.
330 Verdier/Cœuret/Souriac, S. 476: Cette loi a „fait rentrer le juge dans l'entreprise“.
331 Ahrendt, S. 103f.
332 Reinecke, ZIAS 2000, 19.

scheiden, was das Beste für sein Unternehmen ist. Andererseits wird auch eine gewisse Kontrolle der Unternehmerentscheidung für erforderlich gehalten, um die Arbeitnehmer vor willkürlichen Kündigungen zu schützen. Die Richter haben also die schwierige Aufgabe zu prüfen, ob die Kündigung gerechtfertigt ist, ohne sich dabei in die Unternehmensführung einzumischen.

Das Gericht kontrolliert, ob die vom Arbeitgeber behaupteten kündigungsbegründenden Umstände wirklich vorliegen und ob sie kausal miteinander verbunden sind. Der Wahrheitsgehalt der Angaben des Unternehmers ist vom Gericht voll überprüfbar: Gemäß art. L. 122-14-3 Cdt prüfen die Richter sowohl, ob die Voraussetzungen von art. L. 321-1 Cdt tatsächlich vorliegen, als auch die Ernsthaftigkeit des Kündigungsgrundes (*le caractère réel et sérieux des motifs*).

Zunächst prüfen die Richter, ob – auf Unternehmensebene[333] – ein Arbeitsplatz abgebaut etc. wurde. Dies wird selbst bei einer Geschäftsaufgabe überprüft, obwohl es dort regelmäßig der Fall sein wird. Die Richter prüfen weiter, ob die vom Arbeitgeber behaupteten technologischen Veränderungen oder wirtschaftlichen Schwierigkeiten tatsächlich existieren[334]. Bei Prüfung der wirtschaftlichen Schwierigkeiten berücksichtigen sie die finanzielle Situation des gesamten Unternehmens[335].

Wie in Deutschland wird aber auch in Frankreich nicht die der Kündigung zugrunde liegende unternehmerische Entscheidung überprüft; insbesondere findet keine Zweckmäßigkeitsprüfung statt. Schon im Jahre 1956 entschied die *Cour de cassation* für den Fall einer Geschäftsaufgabe, der Arbeitgeber sei der alleinige Richter bei der Einschätzung der wirtschaftlichen Lage seines Unternehmens, die ihn zur Geschäftsaufgabe bewegt habe[336].

bb. Ausnahme: Umorganisierungs- und Umstrukturierungsmaßnahmen

Bei Umorganisierungs- und Umstrukturierungsmaßnahmen hat die *Cour de cassation* allerdings eine gewisse Ausnahme von dem Grundsatz gemacht, dass die unternehmerische Entscheidung gerichtlich nicht überprüfbar ist[337]. Solche Unternehmerentscheidungen werden zunehmend auf ihre Zweckmäßigkeit überprüft. Zunächst verlangte die *Cour de cassation*, der Arbeitgeber müsse mit der Umstrukturierungsmaßnahme im Interesse des Unternehmens gehandelt ha-

---

[333] Francis Lefebvre, Nr. 151.

[334] Cass. soc. 06.07.1999, Bull. Cass. 99-V-328.

[335] Cass. soc. 17.06.1992, Bull. Cass. 92-V-403; Cass. soc. 07.10.1998, Bull. Cass. 98-V-405.

[336] So bereits Cass. soc. 31.05.1956, Bull. Cass. 56-IV-499: „l'employeur est seul juge des circonstances qu'ils déterminent à cesser son exploitation".

[337] Ahrendt, S. 104.

ben[338] und später, dass die Umstrukturierungsmaßnahmen erforderlich sein müssten, um die Wettbewerbsfähigkeit des Unternehmens zu erhalten[339]. Als der *Conseil constitutionnel* die Regelung des art. 107 des Sozialmodernisierungsgesetzes bezüglich der Umstrukturierungen für verfassungswidrig erklärte, erkannte er gleichzeitig die Formulierung der *Cour de cassation* als verfassungsgemäß an[340]. Diese Formulierung aber, nach der die Umstrukturierungsmaßnahmen zum Erhalt der Wettbewerbsfähigkeit erforderlich sein müssen, begründet eine gerichtliche Kontrolle des Ziels, das mit der Umstrukturierung verfolgt wird, sowie der zur Erreichung dieses Ziel geeigneten Mittel[341]. Dies führt wiederum dazu, dass der Arbeitgeber faktisch in seiner Entscheidungsfreiheit beschränkt wird. Durch das Kriterium der Erforderlichkeit wird er daran gehindert, durch Umstrukturierungen, die Entlassungen zur Folge haben, jedoch aus Wettbewerbsgründen nicht erforderlich sind, eine expansive Unternehmenspolitik zu betreiben[342].

Bei Umstrukturierungen unterliegt die Unternehmerentscheidung also doch einer gerichtlichen Kontrolle, obwohl dies dem Grundsatz widerspricht, wonach der Richter die Entscheidung des Unternehmers nicht durch eine eigene ersetzen darf. Diese Einschränkung der Unternehmerfreiheit wird jedoch als erforderlich angesehen, da die Frage, ob Umstrukturierungsmaßnahmen als anderer wirtschaftlicher Grund iSd art. L. 321-1 Cdt tatsächlich existieren, allein vom Willen des Arbeitgebers abhänge. Eine Zweckmäßigkeitsprüfung der Umstrukturierungsmaßnahmen sei daher unerlässlich[343].

Im **Ausgangsfall Nr. 4** wird das Gericht keinen wirksamen Kündigungsgrund anerkennen. Von dem Grundsatz der Unüberprüfbarkeit der Unternehmerentscheidung machen die Arbeitsgerichte bei Umstrukturierungsmaßnahmen eine Ausnahme. Diese sollen auch auf ihre Zweckmäßigkeit überprüft werden. Voraussetzung soll sein, dass die Maßnahmen zur Erhaltung der Wettbewerbsfähigkeit erforderlich sind. Hier stellte sich jedoch heraus, dass die von U durchgeführten Maßnahmen ungeeignet waren, die Wettbewerbsfähigkeit zu erhalten. Seine Unternehmerentscheidung war deshalb unzweckmäßig. Das Arbeitsgericht wird den Kündigungsgrund als nicht wirksam erachten.

---

[338] Cass. soc. 01.04.1992, Bull. Cass. 92-V-223.

[339] Cass. soc. 05.04.1995, Bull. Cass. 95-V-123; Cass. soc. 08.12.2000, Le Dalloz 2001, 1125 ; Cass. soc. 07.04.1998, RJS 5/98, Nr. 580; Cass. soc. 05.10.1999, RJS 11/99, Nr. 1361.

[340] Lyon-Caen, DS 2002, 261f.

[341] Lyon-Caen, DS 2002, 262.

[342] Bien, NZA 2000, 986.

[343] Pélissier/Supiot/Jeammaud, S. 513.

Unterliegt die Unternehmerfreiheit in Frankreich zumindest im Fall von Umstrukturierungsmaßnahmen also stärkeren Restriktionen als in Deutschland? Das Kriterium „Erhalt der Wettbewerbsfähigkeit" scheint den französischen Arbeitgeber stärker in seiner Unternehmerfreiheit einzuschränken als den deutschen. Entschließt sich der deutsche Arbeitgeber dazu, seinen Betrieb umzustrukturieren, so kann diese Tatsache als innerbetriebliche Ursache allein einen Rechtfertigungsgrund darstellen. Allerdings wird die unternehmerische Freiheit in Deutschland dann im Rahmen der Verhältnismäßigkeit dadurch eingeschränkt, dass eine Kündigung nur dann gerechtfertigt sein kann, wenn sie unvermeidbar war. Es wird also letztendlich doch kontrolliert, ob die Organisationsentscheidung tatsächlich notwendig war. Wirklich „frei" ist daher weder der französische noch der deutsche Arbeitgeber. Ihre jeweilige Entscheidungsfreiheit wird lediglich an unterschiedlichen Stellen eingeschränkt. Für den Fall aber, dass kein milderes Mittel in Betracht kommt, ist der deutsche Arbeitgeber tatsächlich freier. Seine Entscheidung unterliegt dann keiner weiteren Kontrolle durch die Gerichte.

2. Spanien[344]

Das Arbeitsrecht wurde in Spanien wiederholt umfassend reformiert. Die Reform von 1994[345] führte zu zahlreichen Änderungen unter anderem des *Estatuto de los Trabajadores* (Arbeitnehmerstatut – ET). Bedeutende Änderungen brachte auch die Reform aus dem Jahre 1997 mit sich[346]. Beide hatten erhebliche Auswirkungen auf das Recht der wirtschaftlichen Kündigung.

Verschiedene Gründe können zum Erlöschen des Arbeitsvertrages führen. Sie sind in art. 49.1. ET aufgezählt. Dabei hat der Arbeitgeber drei verschiedene Möglichkeiten, das Arbeitsverhältnis aufzulösen: Die Disziplinarkündigung aus Gründen im Verhalten des Arbeitnehmers (*despido disciplinario*, geregelt in art. 54 ET), die Auflösung aus objektiven Gründen (*extinción por causas objetivas* gem. art. 52 ET) und die Massenentlassung (*despido colectivo*, geregelt in art. 51 ET).

In art. 52 ET sind verschiedene objektive Gründe geregelt. Eine Unterscheidung in personen- und betriebsbedingte Gründe wird – anders als in Deutschland – in Spanien nicht vorgenommen. Sie können jeweils objektive Gründe darstellen.

Art. 52. a) ET etwa sieht als objektiven Kündigungsgrund die Ungeeignetheit eines Arbeitnehmers vor: Die Kündigung eines Arbeitnehmers kann gerechtfer-

[344] Ein allgemeiner Überblick zum spanischen Arbeitsrecht findet sich bei Calle.
[345] Gesetz 11/94 vom 19. Mai 1994; zur Arbeitsrechtsreform 1994 vgl. Senra Biedma, S. 247ff; Meyer, S. 201ff.
[346] zur Arbeitsrechtsreform 1997 vgl. Meyer, S. 230ff.

tigt sein, wenn sich erst nach seiner Einstellung im Unternehmen seine Ungeeignetheit für die zu verrichtende Arbeit herausstellt oder auftritt.

Auch die wiederholte, obwohl gerechtfertigte, Abwesenheit vom Arbeitsplatz innerhalb eines bestimmten Zeitraums stellt gem. art. 52. d) ET einen objektiven Kündigungsgrund dar. Das ist typischerweise der Fall bei häufig wiederkehrenden Kurzerkrankungen. Allerdings sind bestimmte Abwesenheitsgründe, wie z.B. Streik, lange Erkrankung, Urlaub, Mutterschaft, als Kündigungsgrund ausgenommen.

a. Kündigungsgrund bei Kündigungen aus wirtschaftlichen Gründen

Möchte der Arbeitgeber aus wirtschaftlichen Gründen die Anzahl seiner Arbeitnehmer reduzieren, so hat er zwei Möglichkeiten. Ist eine größere Anzahl von Arbeitnehmern betroffen, so kann er Massenentlassungen aussprechen. Dieser *despido colectivo* ist in art. 49.1 i) ET vorgesehen und in art. 51.1 ET genauer geregelt. Liegt die Zahl der gekündigten Arbeitnehmer hingegen unterhalb der Schwelle der Massenentlassungen, so sieht art. 49.1 l) ET eine Auflösung der Arbeitsverhältnisse aus objektiven Gründen vor. Diese *extinción por causas objetivas* ist in art. 52 ET geregelt.

Das Gesetz verwendet hier anders als in Deutschland und Frankreich nicht den Begriff „Kündigung" (*despido*), sondern hat den Begriff „Auflösung" gewählt (*extinción*). Es handelt sich dabei um die Auflösung des Arbeitsverhältnisses, die allein auf die Entscheidung des Arbeitgebers zurückzuführen ist. Dies entspricht in Deutschland einer arbeitgeberseitigen Kündigung. Der Einfachheit halber wird daher im folgenden auch die *extinción* als Kündigung bezeichnet.

Der typische Fall einer wirtschaftlichen Kündigung, bei der es um die Reduzierung von Arbeitsplätzen geht, ist in art. 52. c) ET geregelt. Danach stellt auch die Notwendigkeit, Arbeitsplätze abzubauen einen objektiven Grund dar.

Art. 52. c) ET: *El contrato podrá extinguirse: Cuando exista la necesidad objetivamente acreditada de amortizar puestos de trabajo por alguna de las causas previstas en el artículo 51.1 de esta Ley y en número inferior al establecido en el mismo. A tal efecto, el empresario acreditará la decisión extinctiva en causas económicas, con el fin de contribuir a la superación de situaciones económicas negativas, o en causas técnicas, organizativas o de producción, para superar las dificultades que impidan el buen funcionamiento de la empresa, ya sea por su posición competitiva en el mercado o por exigencias de la demanda, a través de una mejor organización de los recursos.*

Die Regelung der Einzelkündigung aus wirtschaftlichen Gründen gem. art. 52. c) ET kann danach in drei Punkte untergliedert werden:

1. Zunächst ist die wirtschaftliche Einzelentlassung von der Kollektiventlassung abzugrenzen.
2. Um gerechtfertigt zu sein, müssen bestimmte wirtschaftliche Gründe vorliegen.
3. Diese Gründe wiederum müssen den Abbau von Arbeitsplätzen notwendig gemacht haben.

aa. Abgrenzung zur Kollektivkündigung

Art. 52. c) ET verweist auf art. 51.1 ET. Voraussetzung für eine individuelle wirtschaftliche Kündigung ist daher zunächst, dass die Zahl der von der Kündigung betroffenen Arbeitnehmer unter dem in art. 51.1 ET festgelegten Minimum liegt. Ein *despido colectivo* liegt danach vor, wenn innerhalb von 90 Tagen mindestens 10 Arbeitnehmer in Unternehmen mit weniger als 100 Arbeitnehmern, 10% der Arbeitnehmer in Unternehmen mit 100-300 Arbeitnehmern oder 30 Arbeitnehmer in Unternehmen mit mindestens 300 Arbeitnehmern entlassen werden.

Zum Teil wird unterhalb dieser Grenze noch zwischen „kleinen Kollektivkündigungen" (*despido colectivo menor*), wenn mehrere Arbeitnehmer betroffen sind, und der eigentlichen Einzelkündigung nur eines einzelnen Arbeitnehmers unterschieden[347]. Das Gesetz allerdings unterscheidet, wie gesehen, lediglich zwischen der Kündigung aus objektiven Gründen, die hier im folgenden als Einzelkündigung bzw. individuelle wirtschaftliche Kündigung bezeichnet wird, und der Kollektivkündigung. Da die Einzelkündigung und die „kleine Kollektivkündigung" in ihren rechtlichen Konsequenzen keine Unterschiede aufweisen, ist eine weitere Differenzierung auch nicht erforderlich.

bb. Wirtschaftlicher Grund

Wie in Frankreich und anders als in Deutschland wird in Spanien bei den Kündigungsgründen nicht in inner- und außerbetriebliche Ursachen unterschieden. Vielmehr sind im Gesetz – ähnlich wie in Frankreich – verschiedene Gründe aufgezählt, die eine Kündigung aus wirtschaftlichen Gründen rechtfertigen können. Die Rechtfertigungsgründe bei wirtschaftlichen Einzelkündigungen decken sich dabei mit denen bei Massenentlassungen.

Diese Gründe liegen entweder in der wirtschaftlichen Situation des Unternehmens oder in seiner Produktivität. Auch bezüglich der Kündigungsgründe verweist art. 52. c) ET auf art. 51.1 ET. Gemäß art. 51.1 ET kommen vier Rechtfertigungsgründe in Betracht:

---

[347] Alonso Olea/Casas Baamonde, S. 420.

Art. 51.1 ET: *A efectos de lo dispuesto en la presente Ley se entenderá por despido colectivo la extinción de contratos de trabajo fundada en causas económicas, técnicas, organizativas o de producción,...*

Die wirtschaftliche Kündigung aus objektiven Gründen ist also möglich, wenn wirtschaftliche, technische, organisatorische oder produktionsbedingte Gründe (*causas económicas, técnicas, organizativas o de producción*) vorliegen.

(1) Causas económicas

Den häufigsten Kündigungsgrund bilden die *causas económicas* (wirtschaftliche Gründe). Es handelt sich dabei um solche Umstände, die sich auf das Gleichgewicht zwischen Einnahmen und Ausgaben auswirken und sich in einer für das Unternehmen negativen Situation niederschlagen[348]. Dabei ist erforderlich, dass sich die negative wirtschaftliche Situation auf das gesamte Unternehmen erstreckt und nicht nur auf einzelne Unternehmensteile oder Betriebe[349].

Für das Vorliegen wirtschaftlicher Gründe ist notwendig, dass sich das Unternehmen in einer Krise von gewisser Bedeutung befindet, die sich auf die unternehmerische Tätigkeit im Ganzen auswirkt und sich in einer negativen Bilanz niederschlägt[350]. Dabei ist es aber nicht erforderlich, dass die wirtschaftliche Situation des Unternehmens katastrophal und unumkehrbar ist, sondern es reicht, dass sich das Unternehmen in einer wirtschaftlich ungünstigen Situation befindet[351].

Die Rechtsprechung ist uneinheitlich in ihrer Beurteilung, unter welchen Voraussetzungen sich ein Unternehmen in einer solchen negativen Situation befindet. Zum Teil heißt es, ein bloßer Rückgang des Unternehmensgewinns sei nicht ausreichend. Vielmehr müsse das Unternehmen mit Verlusten konfrontiert sein[352]. Das alleinige Interesse des Arbeitgebers, den Unternehmensgewinn zu steigern, reiche als Kündigungsgrund nicht aus. Wirtschaftliche Gründe könnten vielmehr nur dann vorliegen, wenn die Ausgaben die Einnahmen zu übersteigen beginnen[353]. Andere Gerichte wiederum sehen bereits einen bloßen Gewinn-

---

[348] Memento Práctico, Rn. 3205.

[349] Ojeda Avilés/Gorelli Hernández/Rodriguez Ramos, S. 312.

[350] Martín Valverde, RdA 1998, S. 218.

[351] Ojeda Avilés/Gorelli Hernández/Rodriguez Ramos, S. 313; Molero Manglano, S. 791, m.w.N.

[352] Memento Práctico, Rn. 3205, unter Hinweis auf TSJ Cantabria 5-12-94, AS 4881; TSJ Murcia 23-10-95, AS 4050; TSJ Granada 3-7-95, AS 2976; Memento Práctico, Rn. 3212.

[353] Flägel, RIW 1998, S. 448 m.w.N.

rückgang als ausreichend an[354]. Auch der Verlust von Kundschaft kann eine negative Situation des Unternehmens belegen[355].

Die *causas económicas* kommen also als Rechtfertigungsgrund im wesentlichen dann in Frage, wenn es darum geht, eine bereits bestehende aktuelle schlechte wirtschaftliche Lage des Unternehmens zu überwinden[356]. Sie können aber auch dann vorliegen, wenn das Unternehmen (noch) mit keinerlei Verlusten zu kämpfen hat, nach den gegebenen Umständen aber mit erheblichen Verlusten zu rechnen ist[357].

Die negative wirtschaftliche Situation des Unternehmens kann einerseits auf solche Umstände zurückzuführen sein, die der höheren Gewalt recht nahe stehen. So führt etwa eine allgemeine wirtschaftlich schlechte Lage regelmäßig bei einer größeren Zahl von Unternehmen zu wirtschaftlichen Schwierigkeiten und ist für die Arbeitgeber weder vorhersehbar noch vermeidbar. Andererseits kann eine Krise durch Umstände aus dem Verantwortungsbereich des Arbeitgebers selbst hervorgerufen werden. Dies ist dann der Fall, wenn das Unternehmen erst aufgrund unternehmerischer Fehlentscheidungen in die negative wirtschaftliche Situation geraten ist oder wenn die Krise bei besserer Erfahrung des Unternehmers oder durch das Treffen von Vorsorgemaßnahmen hätte vermieden werden können[358]. Worauf die Krise letztlich zurückzuführen ist, spielt aber keine Rolle, es sei denn, der Unternehmer hat die Krise absichtlich herbeigeführt. Erforderlich und ausreichend ist, dass sich das Unternehmen tatsächlich in einer derartigen Krise befindet.

Die *causas económicas* entsprechen weitgehend den französischen *difficultés économiques*. Wie in Spanien ist auch in Frankreich erforderlich, dass das Unternehmen tatsächlich mit wirtschaftlichen Problemen konfrontiert ist. In Deutschland können wirtschaftliche Schwierigkeiten eine außerbetriebliche Ursache darstellen.

(2) Causas técnicas, organizativas o de producción

Während die wirtschaftlichen Gründe sich auf die gesamte unternehmerische Tätigkeit auswirken, beschränken sich die technischen, organisatorischen und

---

[354] Memento Práctico, Rn. 3205, unter Hinweis auf TSJ Castilla y León 13-2-96, AS 361; TSJ Cataluña 4-9-96, AS 3639.
[355] Memento Práctico, Rn. 3212, unter Hinweis auf TSJ Baleares 27-12-95, AS 4703.
[356] Ojeda Avilés/Gorelli Hernández/Rodriguez Ramos, S. 313.
[357] Alonso Olea/Casas Baamonde, S. 419; Molero Manglano, S. 786, m.w.N.
[358] Alonso Olea/Casas Baamonde, S. 420.

produktionsbedingten Gründe nur auf einen Teil des Unternehmens. Dabei betreffen die verschiedenen Gründe unterschiedliche Teilbereiche[359].

Bis zur Arbeitsrechtsreform von 1994 waren als objektive Rechtfertigungsgründe lediglich ökonomische und technologische Gründe vorgesehen. Seitdem sieht das Gesetz auch die Möglichkeit von Kündigungen aus organisatorischen und produktionsbedingten Gründen vor. Dadurch wurde der Anwendungsbereich des art. 52. c) ET erheblich erweitert und die Position des Arbeitgebers gestärkt.

(a) Technische Gründe

Causas técnicas liegen vor, wenn der Arbeitgeber den Produktionsprozess verändert oder erneuert, indem er neue Produktionsmethoden einführt. Wenn daraufhin eine Umstrukturierung der Arbeit erforderlich wird, können Kündigungen durch technische Gründe gerechtfertigt sein[360]. Die *causas técnicas* sind den *mutations technologiques* in Frankreich ähnlich. In Deutschland könnten sie als innerbetriebliche Ursache eine betriebsbedingte Kündigung rechtfertigen.

Es handelt sich bei den *causas técnicas* um Gründe, die die Zweckmäßigkeit der Arbeitsmittel betreffen[361]. Es geht um die Notwendigkeit, das Unternehmen umzustrukturieren oder an neue Gegebenheiten anzupassen, um unter besseren technischen Bedingungen produzieren und funktionieren zu können[362].

Bei den *causas técnicas*, im Unterschied etwa zu bloßen Änderungen der Betriebsorganisation (*causas organizativas*), investiert der Arbeitgeber in der Regel in die Erneuerung der Produktionsmittel, um die eigenen Unternehmensstrukturen zu erneuern und vor allem um im Verhältnis zu anderen Unternehmen wettbewerbsfähig zu bleiben[363].

Eine Kündigung, die sich auf *causas técnicas* stützt, ist unwirksam, wenn gar keine neuen Technologien eingeführt wurden, oder wenn diese nicht mehr aktuell sind, sondern bereits vor längerer Zeit eingeführt wurden[364].

(b) Organisatorische Gründe

Die *causas organizativas* treten oftmals infolge der beiden erstgenannten Rechtfertigungsgründe – also infolge wirtschaftlicher Schwierigkeiten oder technischer Veränderungen – auf. Es handelt sich dabei um solche Unternehmerent-

---

[359] Martín Valverde, RdA 1998, S. 218.
[360] Molero Manglano, S. 792, m.w.N.; Meyer, S. 208; Memento Práctico, Rn. 3205.
[361] Martín Valverde, RdA 1998, S. 218.
[362] Alonso Olea/Casas Baamonde, S. 419.
[363] Molero Manglano, S. 792, m.w.N.
[364] Memento Práctico, Rn. 3216.

scheidungen, die die Umgestaltung der betrieblichen Organisation betreffen[365]. Auch in Deutschland kommen organisatorische Maßnahmen als Kündigungsgrund, nämlich als innerbetriebliche Ursache in Betracht. In Frankreich handelt es sich dabei um Fälle von *réstructuration* oder *réorganisation*.

Causas organizativas betreffen die Leistungsfähigkeit der Arbeitsmittel oder die Arbeitsorganisation[366]. Dazu gehört z.B. die Entscheidung des Arbeitgebers, die Arbeitsmethoden im Unternehmen umzugestalten bzw. neue Arbeitsmethoden einzuführen, sei es durch bloße Umverteilung der Arbeitskräfte, sei es in Folge technologischer Neuerungen.

Ziel einer solchen Organisationsänderung ist in der Regel die Steigerung der Erträge bzw. gleichbleibende Erträge bei weniger Kosten[367]. Auch die unternehmerische Entscheidung Produktionsteile auszulagern, um so den Unternehmensgewinn zu steigern kann eine *causa organizativa* sein[368].

Eine Kündigung kann nicht aufgrund einer *causa organizativa* gerechtfertigt sein, wenn die Organisationsänderung bereits mehrere Jahre zurückliegt[369].

(c) Produktionsbedingte Gründe

Bei den *causas de producción* handelt es sich um Schwierigkeiten, die von außen auf die Produktionsfähigkeit des Unternehmens einwirken und die eine Änderung oder Reduzierung der Produktion erfordern[370].

Causas de producción sind also solche Umstände, die den Produktionsprozess selbst betreffen, z.B. Qualität, Entwurf und Kosten der Produkte[371]. Produktionsbedingte Gründe liegen etwa vor, wenn die Wirtschaftslage das Unternehmen dazu zwingt, weniger zu produzieren und infolgedessen auch die Belegschaft zu reduzieren, oder wenn eine Kostensenkung des Unternehmens wegen der (sinkenden) Nachfrage an den hergestellten Produkten erforderlich ist, um die Wettbewerbsfähigkeit des Unternehmens zu erhalten. Der Arbeitgeber, der sich entschließt, Stellen abzubauen, kann dann durch produktionsbedingte Gründe gerechtfertigt sein[372]. Da es also um die Anpassung des Unternehmens an veränderte Marktbedingungen geht, sind die *causas productivas* wohl am stärksten an die Wirtschaftslage geknüpft.

---

365 Memento Práctico, Rn. 3205.
366 Martín Valverde, RdA 1998, S. 218.
367 Molero Manglano, S. 793.
368 Meyer, S. 209.
369 Memento Práctico, Rn. 3220.
370 Memento Práctico, Rn. 3205.
371 Martín Valverde, RdA 1998, S. 218.
372 Molero Manglano, S. 793, m.w.N.; Meyer, S. 209f.

Die *causas productivas* haben keine direkte Entsprechung in Frankreich. Dort können aber produktionsbedingte Gründe *difficultés économiques* darstellen. In Deutschland würde es sich wiederum um einen Fall von außerbetrieblichen Ursachen handeln.

Das Gesetz fordert bei den *causas técnicas, organizativas* und *de producción* – anders als bei den *causas económicas* – nicht, dass sich diese in einer negativen Situation des Unternehmens niederschlagen. Daher ist für die Rechtfertigung einer wirtschaftlichen Kündigung auch nicht notwendig, dass das gesamte Unternehmen Verluste oder einen Gewinnrückgang zu verzeichnen hat[373].

Die Abgrenzung zwischen den verschiedenen Rechtfertigungsgründen ist nicht immer einfach, sie sind oft nicht voneinander trennbar. Andererseits ist eine solche Abgrenzung auch gar nicht zwingend erforderlich, da es letztlich lediglich darauf ankommt, dass überhaupt ein Rechtfertigungsgrund vorliegt und nicht auf dessen rechtliche Einordnung und Qualifikation[374].

(3) Zusätzliche Anforderungen an den Kündigungsgrund

Anders als in Deutschland reicht das Vorliegen einer der genannten Kündigungsgründe allein nicht für die Rechtfertigung einer Kündigung aus wirtschaftlichen Gründen. Während in Frankreich zusätzliche Anforderungen (nur) im Fall von Umstrukturierungen gelten (Erhalt der Wettbewerbsfähigkeit), werden in Spanien zusätzliche Anforderungen an jeden Kündigungsgrund gestellt.

(a) Causas económicas

Bei den *causas económicas* ist nicht nur Voraussetzung, dass sich das Unternehmen in einer Krise von gewisser Bedeutung befindet. Zusätzlich ist gemäß art. 52. c) ET erforderlich, dass die Kündigungen dazu *beitragen*, also helfen[375], die wirtschaftlich negative Situation des Unternehmens zu überwinden (*...contribuir a la superación de situaciones económicas negativas...*).

(b) Causas técnicas, organizativas o de producción

Bei den technischen, organisatorischen oder produktionsbedingten Gründen hingegen ist gemäß art. 52. c) ET zusätzlich erforderlich, dass die Entscheidung des Arbeitgebers dazu *führt*, Schwierigkeiten, die das gute Funktionieren des Unternehmens beeinträchtigen, sei es aus Wettbewerbsgründen oder aus Gründen der Nachfrage, zu *überwinden* (*...para superar las dificultades que impidan el buen*

---

373 Memento Práctico, Rn. 3205, unter Hinweis auf TSJ Murcia 17-7-95, AS 2827.
374 Molero Manglano, S. 786.
375 Ojeda Avilés/Gorelli Hernández/Rodriguez Ramos, S. 313f.

funcionamiento de la empresa, ya sea por su posición competitiva en el mercado o por exigencias de la demanda...).

Die zusätzlichen Anforderungen an eine Kündigung aus technischen, organisatorischen und produktionsbedingten Gründen sind daher strenger als an eine Kündigung aus wirtschaftlichen Gründen. Während bei letzterer lediglich gefordert wird, dass sie „dazu beiträgt“, Schwierigkeiten zu überwinden, ist bei den anderen erforderlich, dass sie die Schwierigkeiten tatsächlich überwinden. Jedoch ist zu berücksichtigen, dass sich bei wirtschaftlichen Gründen das gesamte Unternehmen in Schwierigkeiten befinden muss. Bei den technischen, organisatorischen und produktionsbedingten Gründen hingegen beziehen sich die Schwierigkeiten nur auf einen bestimmten Teil des Unternehmens. Da die Lage des Unternehmens in diesem Fall also insgesamt noch nicht so negativ ist, sind Kündigungen nur unter erschwerten Voraussetzungen möglich. In der Praxis ist es für den Arbeitgeber daher schwieriger, aus technischen, organisatorischen oder produktionsbedingten Gründen zu kündigen. Infolgedessen wird die Mehrzahl der Kündigungen nach art. 52 c) ET auf ökonomische Gründe gestützt.

(c) Unterschiede zur Massenentlassung

Bei Kündigungen aus ökonomischen Gründen gibt es keine Unterschiede zwischen Einzel- und Massenentlassungen. Sowohl art. 51.1 als auch art. 52 c) ET fordern, dass die Unternehmerentscheidung dazu *beiträgt* (*contribuir*), die negative wirtschaftliche Situation des Unternehmens zu überwinden.

Unterschiede gibt es aber bei Kündigungen aus technischen, organisatorischen und produktionsbedingten Gründen. Seit der ersten Arbeitsrechtsreform 1994 waren die Kündigungsgründe für Massenentlassungen in art. 51.1 ET und für die Einzelkündigung in art. 52. c) ET identisch. Unabhängig von der Zahl der betroffenen Arbeitnehmer war bei jeder Kündigung aus technischen, organisatorischen und produktionsbedingten Gründen erforderlich, dass eine auf diese Gründe gestützte Kündigung dazu beitrug, den künftigen Fortbestand des Unternehmens und den zukünftigen Erhalt von Arbeitsplätzen zu *gewährleisten*. Für eine Kündigung aus den genannten Gründen nach art. 51.1 ET (Massenentlassung) gilt dieses Erfordernis nach wie vor (*contribuya...a garantizar la viabilidad futura de la empresa y del empleo en la misma...*).

Mit der Arbeitsrechtsreform im Jahre 1997 wurden jedoch die Anforderungen an Kündigungen unterhalb der Schwelle des art. 51.1 ET aus technischen, organisatorischen oder produktionsbedingten Gründen erleichtert. Wie dargestellt reicht es nunmehr aus, dass die Kündigung dazu *führt*, Schwierigkeiten zu *überwinden*, damit das Unternehmen besser funktioniert. Insoweit sind die Kündigungsgründe in art. 51.1 und 52. c) ET nicht mehr identisch. Dem Arbeitgeber wird es dadurch erleichtert, wirtschaftliche Kündigungen aus technischen, organisatorischen oder produktionsbedingten Gründen auszusprechen, so lange es sich nicht um Massenentlassungen handelt.

Im **Ausgangsfall Nr. 1** sieht U sich wegen sinkender Nachfrage dazu gezwungen, seine Produktion zu verringern. Ein äußerer Umstand wirkt sich also auf die Produktion des Unternehmens aus. Die Kündigungen können daher durch *causas de producción* gerechtfertigt sein. Dabei ist nicht erforderlich, dass das Unternehmen bereits mit Verlusten zu kämpfen hat. Führen die Reduzierung der Produktion und die daraufhin ausgesprochenen Kündigungen dazu, die aktuellen Schwierigkeiten zu beseitigen, so liegt ein wirksamer Kündigungsgrund vor.

Im **Ausgangsfall Nr. 3** hat sich U dazu entschieden, die gleichbleibende Arbeit auf weniger Arbeitnehmer umzuverteilen, also die Arbeit zu verdichten, mit dem Ziel, Lohnkosten zu sparen und die Gewinne zu steigern. Die Umverteilung der Arbeitskräfte kann als *causa organizativa* eine Kündigung aus objektiven Gründen rechtfertigen. Allerdings ist bei Kündigungen aus organisatorischen Gründen zusätzlich erforderlich, dass die Unternehmerentscheidung dazu führt, Schwierigkeiten z.B. aus Wettbewerbsgründen zu überwinden. Die Kantine des U befindet sich jedoch in keinerlei Schwierigkeiten, im Gegenteil sie floriert. Ein wirksamer Kündigungsgrund liegt daher nicht vor.

(4) Geschäftsaufgabe

Auch die Entscheidung des Arbeitgebers, sein Unternehmen stillzulegen kann einen Rechtfertigungsgrund darstellen. Diese Möglichkeit ist zwar nicht in art. 52. c) ET vorgesehen. Sie ergibt sich aber aus art. 51.1 c) ET. Anders als in Deutschland und Frankreich ist also die Geschäftsaufgabe in Spanien bereits gesetzlich als möglicher Rechtfertigungsgrund für eine Kündigung vorgesehen.

Art. 51. 1 c) ET: *...Se entenderá igualmente como despido colectivo la extinción de los contratos de trabajo que afecten a la totalidad de la plantilla de la empresa, siempre que el número de trabajadores afectados sea superior a cinco, cuando aquél se produzca como consecuencia de la cesación total de su actividad empresarial fundada en las mismas causas anteriormente señaladas.*

Gemäß art. 51. c) ET liegt ein despido colectivo auch dann vor, wenn aufgrund einer Stilllegung die gesamte Belegschaft des Unternehmens entlassen wird, mindestens aber 5 Arbeitnehmer betroffen sind. Daraus ergibt sich im Umkehrschluss, dass eine individuelle wirtschaftliche Kündigung gem. art. 52. c) ET gerechtfertigt sein kann, wenn zwar die gesamte Belegschaft, nicht jedoch mehr als fünf Arbeitnehmer betroffen sind. Bei der Feststellung der Anzahl der beschäftigten und der von der Kündigung betroffenen Arbeitnehmer sind alle Arbeitnehmer des gesamten Unternehmens (nicht nur des Betriebs) mit einzubeziehen[376].

Der Stilllegungsbeschluss des Arbeitgebers muss sich auf einen der genannten Gründe stützen, also auf wirtschaftliche, technische, organisatorische oder produktionsbedingte Gründe (*fundada en las mismas causas anteriormente señaladas*).

Im **Ausgangsfall Nr. 2** hat die Tanzschule des U mit erheblichen Verlusten zu kämpfen und befindet sich daher in einer negativen wirtschaftlichen Situation. U könnte die Kündigungen auf *causas económicas* stützen. Bei einer Kündigung wegen *causas económicas* ist allerdings zusätzlich Voraussetzung, dass die Unternehmerentscheidung dazu beiträgt, die negative wirtschaftliche Situation des Unternehmens zu überwinden. Bei einer Stilllegung tragen die Kündigungen jedoch nicht zur Verbesserung der wirtschaftlichen Lage des Unternehmens bei. Doch auch der Stilllegungsbeschluss, der auf wirtschaftliche Schwierigkeiten gestützt wird, kann ein Rechtfertigungsgrund für eine Kündigung aus wirtschaftlichen Gründen sein. U möchte sein Geschäft aufgeben und daher die gesamte Belegschaft entlassen. Ein wirksamer wirtschaftlicher Kündigungsgrund liegt vor.

cc. Auswirkungen auf den Arbeitsplatz

Für die Rechtfertigung einer wirtschaftlichen Kündigung ist nicht nur erforderlich, dass einer der genannten Gründe vorliegt. Wie in Deutschland und Frankreich sind auch in Spanien bestimmte Auswirkungen auf den Arbeitsplatz erforderlich. Aus dem jeweils angeführten Grund muss gemäß art. 52. c) ET objektiv nachweisbar die Notwendigkeit bestehen, Arbeitsplätze abzubauen (*la necesidad objetivamente acreditada de amortizar puestos de trabajo*). Die Anzahl der Arbeitsplätze wird reduziert, da der Bedarf für die Weiterbeschäftigung eines Arbeitnehmers auf seinem bisherigen Arbeitsplatz nicht mehr besteht. Die Reduzierung kann auch die Gesamtheit der Arbeitsplätze betreffen, wenn das gesamte Unternehmen aufgegeben und geschlossen wird[377].

dd. Nichtanpassung des Arbeitnehmers an technologische Veränderungen

Ein weiterer Kündigungsgrund aus objektiven Gründen ist in art. 52. b) ET vorgesehen. In art. 52. b) ET ist die Nichtanpassung eines Arbeitnehmers an Veränderungen genannt. Danach kann einem Arbeitnehmer gekündigt werden, wenn der Arbeitgeber angemessene technische Veränderungen durchgeführt hat und der Arbeitnehmer auch noch zwei Monate nach Einführung dieser Veränderun-

[376] Meyer, S. 204.
[377] Martín Valverde/Rodríguez-Sañudo Gutiérrez/García Murcia, S. 728, m.w.N.

gen den neuen Anforderungen nicht gewachsen ist. Das gleiche gilt, wenn eine Anpassung des Arbeitnehmers an die technischen Veränderungen auch nach Umschulungskursen nicht gelingt[378].

Die mangelnde Anpassung nach art. 52. b) ET bietet einen Kündigungsgrund, der in der Person des Arbeitnehmers begründet liegt. Ziel der Vorschrift ist aber, die Einführung technologischer Änderungen, Umstrukturierungen des Unternehmens sowie Anpassungen des Unternehmens an technologische Neuerungen zu erleichtern[379]. Damit rückt die Kündigung nach art. 52. b) ET recht nah an eine wirtschaftliche Kündigung aus organisatorischen oder technischen Gründen nach art. 52. c) ET heran. Der entscheidende Unterschied zwischen beiden Kündigungsmöglichkeiten liegt aber in den Auswirkungen auf den Arbeitsplatz. Während bei einer Kündigung nach art. 52. b) ET die Anzahl der Arbeitsplätze unberührt bleibt, werden bei Kündigungen nach art. 52. c) ET die Arbeitsplätze reduziert.

Nach art. 52. b) ET besteht also die Möglichkeit zu kündigen, ohne dass die Zahl der benötigten Arbeitsplätze insgesamt reduziert wird. Diese Situation entspricht derjenigen in Frankreich, in der ein Arbeitsplatz nach Einführung neuer Technologien umgewandelt wird. Sowohl in Frankreich als auch in Spanien hat der Arbeitgeber die Möglichkeit solche Arbeitnehmer zu kündigen, die auch nach einer Fortbildung den neuen Anforderungen nicht gerecht werden.

b. Darlegungs- und Beweislast

Der Unternehmer trägt die Beweislast für das Vorliegen eines Kündigungsgrundes, gemäß art. 122. 1 LPL[380]. Der Umfang der Darlegungs- und Beweislast des Arbeitgebers variiert je nach dem Rechtfertigungsgrund, auf den er seine Kündigung stützt. Zudem kann die Stärke der Beweislast je nach Unternehmensgröße variieren. So sind die Arbeitgeber großer Unternehmen zu weitreichenderen und detaillierteren Angaben verpflichtet als etwa bei Kleinunternehmen[381].

---

378 Art. 52. b) ET: *El contrato podrá extinguirse: Por falta de adaptación del trabajador a las modificaciones técnicas operadas en su puesto de trabajo, cuando dichos cambios sean razonables y hayan transcurrido como mínimo dos meses desde que se introdujo la modificación. El contrato quedará en suspenso por el tiempo necesario y hasta el máximo de tres meses, cuando la empresa ofrezca un curso de reconversión o de perfeccionamiento profesional a cargo del organismo oficial o propio competente, que le capacite para la adaptación requerida. Durante el curso se abonará al trabajador el equivalente al salario medio que viniera percibiendo.*

379 TS 21.06.1988; Martín Valverde/Rodríguez-Sañudo Gutiérrez/García Murcia, S. 728 m.w.N.

380 LPL = *Ley de procedimiento laboral* – Gesetz über das arbeitsgerichtliche Verfahren.

381 Molero Manglano, S. 790f., m.w.N.

aa. Causas económicas

Behauptet der gekündigte Arbeitnehmer im Prozess, die Kündigung sei nicht wegen *causas económicas* gerechtfertigt, da sich das Unternehmen nicht in einer wirtschaftlich schlechten Lage befinde, so trifft den Arbeitgeber die Beweislast zur Widerlegung dieser Behauptung.

Das Vorliegen einer negativen wirtschaftlichen Situation wird als dem Beweis zugänglich angesehen[382]. Der Arbeitgeber hat umfassend darzulegen, dass sich sein Unternehmen in einer solchen Situation befindet. Er muss seine Umsätze offen legen und nachweisen, dass die Verluste bereits über einen längeren Zeitraum bestehen. Einige verlustreiche Monate genügen nicht[383]. Das bedeutet, dass er eine Unternehmenskrise belegen muss, die ausreicht, den Abbau von Arbeitsplätzen zu rechtfertigen. Allerdings ist kein Nachweis erforderlich, dass die Krise unbehebbar und von katastrophalem Ausmaß ist[384].

Desweiteren hat der Arbeitgeber darzulegen, dass seine Maßnahme dazu beitragen wird, die negative wirtschaftliche Situation des Unternehmens zu überwinden. Da es sich dabei gewissermaßen um einen Blick in die Zukunft handelt und ein sicherer Beweis daher nicht möglich ist, reicht es aus, dass der Arbeitgeber eine vernünftige Prognose abgibt[385]. Ausreichend ist, dass die von ihm ergriffenen Maßnahmen helfen, die wirtschaftliche Situation des Unternehmens zu verbessern. Nicht erforderlich ist es hingegen, dass der Arbeitgeber nachweist, dass die ergriffenen Maßnahmen für sich allein ausreichen, das Unternehmen komplett zu sanieren. Auch einen speziellen Plan zur Sicherung der Überlebensfähigkeit des Unternehmens muss er nicht aufstellen[386]. Anders ist es nur beim *despido colectivo* in Unternehmen mit mindestens 50 Arbeitnehmern. Dort ist ein derartiger Plan (*plan de viabilidad*) erforderlich.

Der Arbeitgeber hat zudem nachzuweisen, dass die *causas económicas* dazu geführt haben, dass der Abbau von Arbeitsplätzen erforderlich wurde. Im Fall einer Kündigung wegen *causas económicas* reicht jedenfalls der Abbau eines einzigen Arbeitsplatzes nicht aus, die wirtschaftlich negative Situation des Unternehmens zu verbessern[387].

[382] Memento Práctico, Rn. 3205.
[383] Ojeda Avilés/Gorelli Hernández/Rodriguez Ramos, S. 311.
[384] Memento Práctico, Rn. 3211.
[385] Memento Práctico, Rn. 3205.
[386] Memento Práctico, Rn. 3211.
[387] Memento Práctico, Rn. 3211.

bb. Causas técnicas, organizativas und de producción

Im Fall von *causas técnicas, organizativas* und *de producción* muss der Arbeitgeber zwar nicht die negative Situation des Unternehmens beweisen. Er hat aber darzulegen, dass ein technischer, organisatorischer oder produktionsbedingter Grund aufgetaucht ist. Desweiteren muss er nachweisen, dass wegen dieses Grundes der Abbau von Arbeitsplätzen notwendig war, und dass die von ihm ergriffenen Maßnahmen die Schwierigkeiten überwinden werden[388].

Bei den *causas técnicas* hat der Arbeitgeber nachzuweisen, dass er bestimmte Investitionen getätigt hat, die den Abbau von Arbeitsplätzen rechtfertigen. Dabei muss es sich um eine kürzlich getätigte Investition handeln. Der Arbeitgeber darf den Abbau von Arbeitsplätzen nicht mit alten Investitionen begründen[389].

Bei den *causas organizativas* obliegt es dem Arbeitgeber nachzuweisen, dass er seine Produktionsmittel und sein Personal umorganisiert hat und dass dadurch der Abbau von Arbeitsplätzen erforderlich wurde.

Im Fall von *causas de producción* ist darzulegen, dass bestimmte äußere Umstände auf die Unternehmenstätigkeit eingewirkt haben, wie etwa ein Auftragsrückgang, und den Abbau von Arbeitsplätzen erforderten[390].

cc. Geschäftsaufgabe

Führen die vom Arbeitgeber durchgeführten Maßnahmen zum Abbau aller Arbeitsplätze, wird also das Unternehmen stillgelegt, so kann die Maßnahme nicht dazu dienen, die Überlebensfähigkeit zu sichern. Der Arbeitgeber muss aber darlegen, dass sich sein Stilllegungsbeschluss auf wirtschaftliche, technische, organisatorische oder produktionsbedingte Gründe stützt[391].

c. Das Erfordernis einer behördlichen Genehmigung

Bis zur Arbeitsrechtsreform 1994 war für eine betriebsbedingte Kündigung grundsätzlich die Genehmigung der Arbeitsverwaltung erforderlich, die der Arbeitgeber im Rahmen des *expediente de regulación de empleo* (Verwaltungsverfahren zur Beschäftigungsregulierung) zu beantragen hatte. Die Arbeitsverwal-

---

388 Ojeda Avilés/Gorelli Hernández/Rodriguez Ramos, S. 316 m.w.N.; Martín Valverde, RdA 1998, S. 218.

389 Memento Práctico, Rn. 3216.

390 Memento Práctico, Rn. 3223.

391 Memento Práctico, Rn. 3211.

tung übte selbst das unternehmerische Ermessen aus. Sie legte dabei so strenge Maßstäbe an, dass Entlassungen zur Ausnahme wurden[392].

Mit der Reform wurde die Entscheidungsbefugnis der Verwaltung eingeschränkt. Das Kündigungsverwaltungsverfahren schließt sich heute nur noch an die Massenentlassung an. Neben der obligatorischen Beratung mit den Arbeitnehmervertretern ist der Arbeitgeber hier insbesondere verpflichtet, eine Genehmigung der Arbeitsverwaltung einzuholen[393]. Bei der wirtschaftlichen Einzelkündigung ist ein derartiges Verwaltungsverfahren nicht (mehr) vorgesehen. Hier hat der gekündigte Arbeitnehmer lediglich die Möglichkeit, die Rechtmäßigkeit der Kündigung nachträglich durch die Gerichte überprüfen zu lassen.

d. Gerichtliche Kontrolle

Der gekündigte Arbeitnehmer kann die Kündigungsentscheidung des Arbeitgebers gerichtlich angreifen, art. 53.3 ET, art. 120 LPL.

Das Gericht überprüft die gestaltende unternehmerische Entscheidung. Diese Kontrolle ist zwar nicht (mehr) umfassend; vielmehr wird die Entscheidung des Arbeitgebers nunmehr nur noch auf Ermessensfehler überprüft. Die Richter dürfen die unternehmerische Entscheidung nicht durch eine eigene ersetzen oder eine Bewertung der Unternehmensführung vornehmen. Die gerichtliche Kontrolle ist also etwas eingeschränkter als die frühere behördliche Prüfung; sie erstreckt sich lediglich auf die „Angemessenheit" und Nachvollziehbarkeit der Unternehmerentscheidung[394]. Damit wurden die Kündigungsmöglichkeiten des Arbeitgebers etwas erweitert. Allerdings geht die Kontrolle auf Ermessensfehler weiter als etwa eine bloße Missbrauchskontrolle[395].

Mit der Änderung des art. 52. c) ET in der Arbeitsrechtsreform im Jahre 1997 wurde die Kündigungsentscheidungsfreiheit des Arbeitgebers bei wirtschaftlichen Kündigungen, die unterhalb der Schwelle eines *despido colectivo* liegen, noch einmal erweitert. Es wird nicht mehr verlangt, dass die Kündigung den Erhalt weiterer Arbeitsplätze sichert. Zudem hat der Arbeitgeber nun auch die Möglichkeit, unrentable Teilbereiche eines im übrigen gewinnbringenden Unternehmens umzustrukturieren oder sogar zu schließen[396]. Dies gilt allerdings nicht bei ökonomischen Gründen; hier muss sich die negative Situation weiterhin auf das gesamte Unternehmen beziehen[397].

---

[392] Meyer, S. 196.
[393] Vgl. Alonso Olea/Casas Baamonde, S. 423ff.; Glosario Nr. 305.
[394] Alonso Olea/Casas Baamonde, S. 435; Selenkewitsch, ZIAS 2005, S. 42.
[395] Meyer, S. 258f.; 235.
[396] Meyer, S. 232.
[397] Meyer, S. 254.

Allerdings kann bei den *causas económicas* wohl nicht gefordert werden, dass die ergriffenen Maßnahmen allein ausreichen müssen, das Unternehmen komplett zu sanieren, noch darf die richterliche Einschätzung weiter gehen, als die Angemessenheit der Maßnahme zu überprüfen. Schließlich darf der Richter die unternehmerische Entscheidung bezüglich Unternehmensorganisation und – führung nicht durch eine eigene ersetzen.

Hat der Arbeitgeber durch die vorgebrachten Beweise den Richter davon überzeugen können, dass sich sein Unternehmen tatsächlich in einer wirtschaftlich schlechten Lage befindet, so wird die Kündigung als gerechtfertigt anerkannt.

Im **Ausgangsfall Nr. 4** hat sich U zu Umstrukturierungsmaßnahmen entschieden. Da infolgedessen der Abbau von Arbeitsplätzen notwendig wurde, können Kündigungen durch *causas organizativas* gerechtfertigt sein. Erforderlich ist allerdings, dass die Unternehmerentscheidung zur Überwindung von Schwierigkeiten z.B. aus Wettbewerbsgründen führt. Die Gerichte überprüfen die unternehmerische Entscheidung auf Ermessensfehler. Gelangen sie zu dem Schluss, die Unternehmerentscheidung war nicht angemessen, so werden sie den Kündigungsgrund nicht anerkennen. Konnten hier also die Umstrukturierungen ihr Ziel, nämlich die Erhaltung der Wettbewerbsfähigkeit, gar nicht erreichen, so werden die Gerichte die Entscheidung des U als unangemessen und daher ermessensfehlerhaft ansehen. Das Arbeitsgericht wird den Kündigungsgrund als nicht wirksam erachten.

3. Großbritannien[398]

Die Möglichkeiten einer Kündigung (*dismissal*) durch den Arbeitgeber sind in ERA (*Employment Rights Act*) 1996 section 98 geregelt. Voraussetzung einer jeden Kündigung ist ihre *fairness*, wie schon die Überschrift zu ERA 1996 section 98 erkennen lässt.

Wie in den anderen Mitgliedstaaten bedarf auch in Großbritannien jede Kündigung eines Rechtfertigungsgrundes. Eine Kündigung kann nur gerechtfertigt sein, wenn im Zeitpunkt des Ausspruchs der Kündigung ein Kündigungsgrund (*reason for the dismissal*) vorliegt gemäß ERA 1996 section 98 (1) (a).

a. Potentiell faire Kündigungsgründe

ERA 1996 section 98 (1)-(2) enthält fünf potentiell faire Kündigungsgründe, also solche Gründe, die grundsätzlich eine Kündigung rechtfertigen können: Gründe, die die Fähigkeiten oder Qualifikationen des Arbeitnehmers für die zu

[398] Ein allgemeiner Überblick zum Arbeitsrecht in Großbritannien findet sich bei Harth/Taggart.

verrichtende Arbeit betreffen, Gründe im Verhalten des Arbeitnehmers, Arbeitskräfteüberschuss, ein gesetzliches Arbeitsverbot und andere wesentliche Gründe.

Auch in Großbritannien stehen sich im Bereich der wirtschaftlichen Kündigung („*economic dismissal*“[399]) die gegenläufigen Arbeitnehmer- und Arbeitgeberinteressen gegenüber: Es besteht ein Konflikt zwischen der unternehmerischen Entscheidungsfreiheit auf der einen und dem Interesse des Arbeitnehmers am Bestandsschutz seines Arbeitsplatzes auf der anderen Seite. Das Recht der wirtschaftlichen Kündigung muss einen gerechten Ausgleich zwischen diesen Interessen finden. Die wirtschaftliche Kündigung ist in ERA 1996 section 98 (1) (b) und (2) (c) geregelt:

ERA 1996 section 98:

In determining for the purposes of this Part whether the dismissal of an employee is fair or unfair, it is for the employer to show –
(a) the reason (or, if more than one, the principal reason) for the dismissal, and
(b) that it is either a reason falling within subsection (2) or some other substantial reason of a kind such as to justify the dismissal of an employee holding the position which the employee held.
(2) A reason falls within this subsection if it –
(c) is that the employee was redundant...

Die für die Kündigung aus wirtschaftlichen Gründen bedeutsamen Kündigungsgründe sind danach:

1. *Redundancy* (Überschuss an Arbeitskräften) und
2. Ein anderer wesentlicher Grund, der die Arbeitgeber-Kündigung rechtfertigen kann (*SOSR – some other substantial reason*).

Die Gründe müssen in jedem Fall *substantial*, also wesentlich sein. Dies ergibt sich aus der Formulierung in ERA 1996 section 98 (1) (b), wonach auch ein „anderer wesentlicher Grund“ eine Kündigung rechtfertigen kann. Im Umkehrschluss folgt daraus, dass auch die davor genannten Gründe wesentlich sein müssen. Ein vollkommen trivialer Grund ist schon grundsätzlich nicht in der Lage, eine Kündigung zu rechtfertigen[400].

---

[399] Die Bezeichnung *economic dismissal* kann als Oberbegriff für die Kündigung aus wirtschaftlichen Gründen verwendet werden. Sie ist aber kein vom Gesetz verwendeter Rechtsbegriff.
[400] Deakin/Morris, S. 473.

aa. Abgrenzung zwischen redundancy und SOSR

Die Abgrenzung zwischen einer wirtschaftlichen Kündigung wegen *redundancy* und einer wegen *SOSR* kann sehr schwierig sein. Sie ist jedoch wegen unterschiedlicher Rechtsfolgen von erheblicher Bedeutung.

Der wesentlichste Unterschied besteht darin, dass, sobald eine *redundancy-situation* vorliegt, der Arbeitnehmer automatisch einen Anspruch auf eine Kündigungsabfindung (*redundancy payment*) hat, auch wenn die Kündigung gerechtfertigt war. Ist hingegen eine Kündigung wegen *SOSR* gerechtfertigt, so hat dies zur Folge, dass der Arbeitnehmer keinerlei Entschädigung erhält. Andererseits kann ein Arbeitnehmer bei ungerechtfertigter Kündigung unter Umständen umfangreichere Entschädigungszahlungen erreichen als bei Vorliegen von *redundancy*[401].

Während *redundancy* gesetzlich in ERA 1996 section 139 (1) definiert ist, wird *SOSR* lediglich durch die Rechtsprechung näher bestimmt. Die Frage ob eine Kündigung wegen *redundancy* oder *SOSR* gerechtfertigt ist, ist Gegenstand des umfangreichen *case law*. Sie kann hier nur auszugsweise und beispielhaft dargestellt werden.

bb. Redundancy

Redundancy ist in ERA 1996 section 139 (1) näher geregelt.

ERA 1996 section 139:

(1) For the purposes of this Act an employee who is dismissed shall be taken to be dismissed by reason of redundancy if the dismissal is wholly or mainly attributable to –
(a) the fact that his employer has ceased or intends to cease –
(i) to carry on the business for the purposes of which the employee was employed by him, or
(ii) to carry on that business in the place where the employee was so employed, or
(b) the fact that the requirements of that business –
(i) for employees to carry out work of a particular kind, or
(ii) for employees to carry out work of a particular kind in the place where the employee was employed by the employer,
have ceased or diminished or are expected to cease or diminish.

[401] Vgl. dazu Rebhahn, RdA 2002, S. 280.

Die Definition von *redundancy* ist kompliziert. Sie erfasst nicht einfach generell alle Kündigungen aus wirtschaftlichen Gründen, die nicht in der Person oder im Verhalten des Arbeitnehmers begründet sind. Von *redundancy* sind vielmehr drei vom Gesetz vorgesehene Fälle erfasst: Die (tatsächliche oder beabsichtigte) vollständige Stilllegung des *business*, der (tatsächliche oder beabsichtigte) Abbau eines Arbeitsplatzes und der (tatsächliche oder erwartete) Wegfall eines bestimmten Beschäftigungsbedürfnisses. Die Aufzählung der Fallkonstruktionen im Gesetz ist abschließend. Nur in diesen drei Situationen kann der Arbeitnehmer daher Anspruch auf eine Kündigungsabfindung haben. Haben neben *redundancy* noch andere Gründe den Arbeitgeber zu einer Kündigung bewogen, so ist ausreichend, dass *redundancy* die Hauptursache war (*...wholly or mainly attributable...*).

(1) Geschäftsstilllegung

Anders als in Deutschland und Frankreich aber wie in Spanien ist die Geschäftsstilllegung in Großbritannien gesetzlich geregelt. Die vollständige Stilllegung eines *business* durch den Arbeitgeber bringt wenige Probleme mit sich und führt in aller Regel zu *redundancy* mit der Folge, dass die betroffenen Arbeitnehmer Anspruch auf ein *redundancy-payment* haben[402]. Gem. ERA 1996 section 139 (6) reicht sogar eine nur vorrübergehende Schließung aus; es ist nicht erforderlich, dass der Arbeitgeber sein *business* dauerhaft schließt (*„either permanently or temporarily")*.

Der Begriff *business* ist in ERA 1996 section 235 (1) definiert[403]. Danach ist ganz allgemein jegliche Tätigkeit eines Arbeitgebers, sei es eine natürliche oder juristische Person, erfasst. Eine Unterscheidung wie etwa in Deutschland in Betrieb, Unternehmen, Konzern ist daher nicht erforderlich.

Aus welchen Gründen der Arbeitgeber sein *business* schließt, ist unerheblich. Im Fall *Moon v. Homeworthy Furniture (Northern) Ltd* waren die infolge der Stilllegung ausgesprochenen Kündigungen wegen *redundancy* gerechtfertigt[404]. Die Entscheidung, ein *business* komplett zu schließen kann nur *redundancy* sein. Anders könnte dies lediglich bei einer nur vorgetäuschten Stilllegung sein[405].

Im **Ausgangsfall Nr. 2** schließt U seine Tanzschule wegen anhaltend hoher Verluste. Schon das Gesetz bestimmt, dass bei einer tatsächlichen oder beabsichtigten Stilllegung des gesamten Geschäfts *redundancy* vorliegt. Die Gründe, die

---

[402] Carby-Hall, S. 404.

[403] ERA 1996 section 235 (1): *..."business" includes a trade or profession and includes any activity carried on by a body of persons (whether corporate or unincorporated),...*

[404] Moon v. Homeworthy Furniture (Northern) Ltd [1977] ICR 117 (EAT).

[405] Deakin/Morris, S. 503.

den Arbeitgeber zu der Schließung veranlasst haben, sind unerheblich. Entschließt sich U also, seine Tanzschule zu schließen, so führt dies zu *redundancy*. Ein wirksamer wirtschaftlicher Kündigungsgrund liegt vor.

(2) Abbau des Arbeitsplatzes, auf dem der Arbeitnehmer beschäftigt wurde („place where the employee was so employed")

Redundancy kann auch dann vorliegen, wenn der Arbeitgeber sein *business* nicht vollständig schließt, sondern nur den Teil (z.B. die bestimmte *factory, firm* oder *company*), in dem der Arbeitnehmer beschäftigt ist. Gem. ERA 1996 section 139 (1) (a) (ii) sind diejenigen Arbeitnehmer *redundant*, deren Arbeitsplatz abgebaut worden ist („*the place where the employee was so employed*"). *Redundancy* kann also selbst dann vorliegen, wenn nur ein Teil des *business* geschlossen wird, das *business* im übrigen aber floriert und expandiert[406].

Welches aber ist „*the place where the employee was so employed*", also der Platz, an dem der Arbeitnehmer beschäftigt ist? Handelt es sich dabei nur um den konkreten Ort an dem er tatsächlich arbeitet? Oder meint Arbeitsplatz jeden Ort an dem der Arbeitnehmer beschäftigt werden könnte, gegebenenfalls nach einer Versetzung?

Wenn der Arbeitsvertrag des betroffenen Arbeitnehmers allein eine Beschäftigung auf dem Platz vorsieht, auf dem der Arbeitnehmer auch tatsächlich seine Arbeit erledigt, so ist das Ergebnis eindeutig: Entfällt der Arbeitsplatz, so liegt *redundancy* vor, und der Arbeitnehmer hat Anspruch auf ein *redundancy-payment*. Anders könnte es aber sein, wenn der Arbeitsvertrag des Arbeitnehmers eine sog. Mobilitätsklausel (*mobility clause*) enthält.

Eine *mobility clause* verpflichtet den Arbeitnehmer, seine Arbeit auch an einem anderen Ort zu erbringen. Sie kann explizit oder konkludent im Arbeitsvertrag vereinbart sein, sie kann aber auch durch Kollektivvertrag oder sogar durch Gewohnheitsrecht (*custom*) Inhalt des Arbeitsvertrages geworden sein[407].

Die Rechtsprechung[408] hatte zunächst entschieden, bei Bestimmung des „*place where the employee was so employed*" komme es nicht darauf an, wo der Arbeitnehmer tatsächlich beschäftigt ist, sondern darauf, wo der Arbeitnehmer nach seinem Arbeitsvertrag überall eingesetzt werden darf. Präzisiert also der Arbeitsvertrag nicht, an welchem Ort der Arbeitnehmer seine Arbeitsleistung erbringen soll (z.B. in London), sondern sieht eine Beschäftigung etwa in ganz Großbritannien vor, so ist der von der Betriebsschließung in London betroffene

---

406 Carby-Hall, S. 406.
407 Carby-Hall, S. 407 m.w.N.
408 Z.B. United Kingdom Atomic Energy Authority v. Claydon [1974] ICR 128, (NIRC).

Arbeitnehmer nicht *redundant*, wenn der Arbeitgeber ihn an einen anderen Betrieb irgendwo in Großbritannien versetzt. In dem Fall entfiele dann auch der Anspruch auf die Abfindung. Andererseits scheint nach dieser Rechtsprechung der Arbeitgeber wohl auch zur Versetzung des betroffenen Arbeitnehmers verpflichtet zu sein. Bei Verletzung dieser Pflicht wäre eine Kündigung nicht gerechtfertigt und der Arbeitnehmer hätte Anspruch auf eine Entschädigung wegen *unfair dismissal*, die höher sein könnte als die Kündigungsabfindung bei *redundancy*.

In neueren Entscheidungen[409] allerdings wird bezweifelt, ob allein der Arbeitsvertrag für die Frage ausschlaggebend ist, wo der Arbeitnehmer beschäftigt ist. Ungeachtet einer *mobility clause* im Arbeitsvertrag müsse es vielmehr darauf ankommen, wo der Arbeitnehmer tatsächlich seine Arbeitsleistung erbringt. Wird dieser Betriebsteil geschlossen, so seien die betroffenen Arbeitnehmer selbst dann *redundant*, wenn sie an einen anderen Ort versetzt werden könnten. Sie erhalten also auch dann eine Abfindung, wenn sie einer Versetzung nicht zustimmen. Der Arbeitgeber hingegen ist trotz *mobility clause* nicht verpflichtet, den betroffenen Arbeitnehmer auch wirklich zu versetzen. Er kann sich die für ihn günstigere Variante auswählen: Zahlung einer Abfindung wegen *redundancy* oder Versetzung des Arbeitnehmers.

Für die Arbeitgeber ist die Zahlung einer Kündigungsabfindung meist der einfachste und wohl auch finanziell günstigste Weg, sich eines Arbeitnehmers zu entledigen. Die (neuere) Rechtsprechung scheint daher eher den Arbeitgeber zu begünstigen. Sie eröffnet ihm die Möglichkeit (bzw. die Wahl), den Arbeitnehmer im Falle einer Betriebsteilstilllegung (bei einem Rückgang eines Beschäftigungsbedürfnisses) – gegen Zahlung einer Abfindung – zu kündigen, anstatt ihn an einen anderen Ort zu versetzen.

Zwar erhalten die wegen *redundancy* gekündigten Arbeitnehmer so auf jeden Fall die Kündigungsabfindung. Aus Sicht der betroffenen Arbeitnehmer aber erscheint es finanziell oft vorteilhafter eine Klage wegen *unfair dismissal* einzureichen, um eine über die Kündigungsabfindung hinausgehende Entschädigung zu erhalten. Zudem stellt sich die Frage nach dem Sinn von vertraglich vereinbarten *mobility clauses*, wenn der Arbeitgeber nicht an sie gebunden ist[410].

(3) Rückgang oder Wegfall eines bestimmten Beschäftigungsbedürfnisses

Während in Deutschland, Frankreich und Spanien zu den Voraussetzungen für die wirtschaftliche Kündigung bestimmte Auswirkungen auf den Arbeitsplatz gehören (Wegfall eines Beschäftigungsbedürfnisses in Deutschland; Abbau ei-

---

[409] Z.B. High Table Ltd v. Horst [1997] IRLR 513, (CA).
[410] Carby-Hall, S. 410.

nes Arbeitsplatzes in Frankreich; Notwendigkeit, Arbeitsplätze abzubauen in Spanien), stellen in Großbritannien der Rückgang oder Wegfall eines bestimmten Beschäftigungsbedürfnisses bereits den Rechtfertigungsgrund selbst dar: Gemäß ERA 1996 section 139 (1) (b) ist eine Kündigung wegen *redundancy* gerechtfertigt, wenn die bestimmte Arbeit, die der betroffene Arbeitnehmer ausübt, entfallen ist. Für diesen Arbeitnehmer ist dann das Beschäftigungsbedürfnis (*„requirements for employees to carry out work of a particular kind"*) weggefallen.

Gründe für den Wegfall eines Beschäftigungsbedürfnisses wiederum können wirtschaftliche Schwierigkeiten sein, technische Änderungen oder Umstrukturierungen[411]. So kann z.B. aufgrund von Umstrukturierungen zur Modernisierung oder Effizienzsteigerung des Unternehmens das Beschäftigungsbedürfnis für einen oder mehrere Arbeitnehmer wegfallen[412]. *Redundancy* kann auch vorliegen, wenn der Arbeitgeber Arbeitnehmer entlässt und stattdessen Selbständige (*self-employed persons*) einstellt und sogar bei Ablauf eines befristeten Arbeitsvertrages, auch wenn bereits im Zeitpunkt des Vertragsschlusses feststand, dass nach Ablauf der Befristung ein Beschäftigungsbedürfnis weggefallen sein würde[413].

(a) Rückgang des Bedarfs an Arbeitskräften

Voraussetzung ist aber stets, dass insgesamt weniger Arbeitnehmer benötigt werden. Bleibt etwa der Bedarf an Arbeitnehmern trotz Umstrukturierung oder Einführung neuer Technologien derselbe, so liegt nicht *redundancy* vor[414]. Ebenso wenig kann der Arbeitgeber wegen *redundancy* kündigen, wenn Arbeitnehmer nicht in der Lage sind, sich an ändernde Arbeitsbedingungen anzupassen, der Bedarf an Arbeitskräften aber unverändert bleibt[415]. Folge ist, dass die Arbeitnehmer keinen Anspruch auf eine Abfindung haben. Der Arbeitgeber hingegen wird in diesen Fällen in der Regel dennoch Kündigungen aussprechen können. Die Umstrukturierungen etc. stellen dann einen anderen wesentlichen Grund dar. Damit wird dem Arbeitgeber umfassend die Möglichkeit eingeräumt, aus Effizienzgründen seinen Betrieb umzuorganisieren, ohne die Kosten von Abfindungen tragen zu müssen.

Im **Ausgangsfall Nr. 1** hat U wegen sinkender Nachfrage die Produktion reduziert und benötigt daher weniger Arbeitnehmer zur Verrichtung der verbleiben-

---

[411] Deakin/Morris, S. 504.
[412] Carby-Hall, S. 411.
[413] Carby-Hall, S. 412 m.w.N.
[414] Deakin/Morris, S. 505; Chapman v. Coonvean and Rostowrack China Clay Co Ldt [1973] ICR 310.
[415] North Riding Garages Ltd v. Butterwick [1967] 2 QB 56 (QBD).

den Arbeit. Das Beschäftigungsbedürfnis für einen oder mehrere in der Produktion beschäftigte Arbeitnehmer ist also weggefallen. Ein wirksamer Kündigungsgrund liegt vor.

Im Fall *Delanair Ltd v. Mead* befasste sich das EAT mit dem Problem der Leistungsverdichtung[416]. In dem betroffenen Betrieb wurde die Belegschaft um 10% reduziert, und nach einer Änderung der Arbeitsmethoden wurde die Arbeit auf die verbleibende Belegschaft verteilt. Das Arbeitsvolumen blieb dasselbe, der Bedarf an Arbeitskraft jedoch wurde verringert. Das EAT entschied, der Arbeitgeber könne eine Einschätzung vornehmen, in welchem Maß ein betriebliches Bedürfnis an Arbeitskraft bestehe. Wenn einer solchen Einschätzung die Entscheidung des Arbeitgebers folge, die bisher vom gekündigten Arbeitnehmer erledigte Arbeit könne auch auf den Rest der Belegschaft verteilt werden, dann liege *redundancy* vor. *Redundancy* liege andererseits dann nicht vor, wenn der Arbeitgeber lediglich entscheidet, die Belegschaft zu reduzieren, ohne jedoch zu berücksichtigen, inwieweit die (gleichbleibende) Arbeitsmenge auf die verbleibende Belegschaft verteilt werden kann[417].

Im **Ausgangsfall Nr. 3** möchte U aus Kostenersparnisgründen die Belegschaft reduzieren, indem er die Arbeit auf weniger Arbeitnehmer verteilt. Das Arbeitsvolumen bleibt also dasselbe, der Bedarf an Arbeitskraft wurde jedoch verringert. Kommt U nach Einschätzung der Lage zu der Einsicht, die anfallende Arbeit könne durch Umverteilung auch von den restlichen Arbeitnehmern erledigt werden, so kann er seine Kündigungen auf *redundancy* stützen. Ein wirksamer Kündigungsgrund liegt dann vor.

(b) Möglichkeit einer funktionellen Versetzung

Es kann schwierig sein festzustellen, wann das Beschäftigungsbedürfnis für einen Arbeitnehmer tatsächlich weggefallen ist. Hieran könnte es fehlen, wenn der betroffene Arbeitnehmer mit einer anderen Tätigkeit beschäftigt werden kann bzw. muss. Das Problem stellt sich ähnlich wie beim Abbau des Arbeitsplatzes auf dem der Arbeitnehmer beschäftigt war: Ging es dort um die Möglichkeit einer örtlichen Versetzung (z.B. von London nach Edingburgh), so geht es hier darum, ob eine funktionelle Versetzung in Betracht kommt. Kann etwa eine Reinigungskraft in einer Kantine auch als Kantinenkoch beschäftigt werden[418]?

In Deutschland würde dieses Problem nicht beim Kündigungsgrund, sondern erst bei der Frage der Verhältnismäßigkeit der Kündigung auftauchen. Die Kün-

[416] Delanair Ltd v. Mead, [1976] ICR 522 (EAT); zur Leistungsverdichtung vgl. auch McCrea v. Cullen & Davison Ltd [1988] IRLR 30 (Northern Ireland Court of Appeal).
[417] Vgl. auch Pitt, S. 341.
[418] Carby-Hall, S. 413.

digung wäre nicht ultima ratio, wenn der Arbeitnehmer in anderer Funktion weiterhin beschäftigt werden könnte. In Großbritannien jedoch ist der Anknüpfungspunkt ein anderer. Hier ist die Möglichkeit einer funktionellen Versetzung bereits im Rahmen des Kündigungsgrundes *redundancy* und nicht erst bei der Verhältnismäßigkeit zu erörtern. Unterlässt es nämlich der Arbeitgeber, den Arbeitnehmer in anderer Funktion weiterzubeschäftigen, obwohl er dazu verpflichtet ist, so führt dies bereits dazu, dass die Kündigung nicht wegen *redundancy* gerechtfertigt sein kann. Daher ist zunächst zu klären, ob der Arbeitgeber zu einer solchen funktionellen Versetzung verpflichtet ist.

Es stellt sich also die Frage, wie eigentlich *„work of a particular kind"* genau zu definieren ist. Dabei bieten sich zwei Möglichkeiten an: Entweder man stellt auf den Arbeitsvertrag oder auf die tatsächliche Beschäftigung ab, die zwar oft, aber nicht zwangsläufig mit der im Arbeitsvertrag umschriebenen Tätigkeit zusammenfallen wird.

Stellte man allein auf den Arbeitsvertrag ab, müsste man das Kantinenbeispiel wie folgt lösen: Entfällt das Beschäftigungsbedürfnis für eine Reinigungskraft, sieht aber der Arbeitsvertrag des betroffenen Arbeitnehmers auch eine Beschäftigung als Kantinenkoch oder eine sonstige Beschäftigung vor, so wäre die Reinigungskraft trotz Wegfall des Beschäftigungsbedürfnisses für Reinigungskräfte nicht *redundant*, wenn sie auch als Koch beschäftigt werden könnte.

Wäre hingegen allein die tatsächliche Funktion des betroffenen Arbeitnehmers entscheidend, so wäre in unserem Beispiel der Arbeitnehmer *redundant*, weil er tatsächlich als Reinigungskraft arbeitete, und der Bedarf an Reinigungskräften weggefallen ist.

Worauf ist nun aber abzustellen – auf den Arbeitsvertrag oder auf die tatsächliche Funktion? Zur Beantwortung dieser Frage wurden zwei Tests entwickelt: der „Funktionstest" (*„job function test"*) und der „Vertragstest" (*„contract test"*).

Beim *job function test*[419] muss geprüft werden, welche Funktion der betroffene Arbeitnehmer tatsächlich ausführt, und ob ein Arbeitnehmer in genau dieser Funktion nicht mehr benötigt wird. Ist ein Arbeitnehmer als Kantinenkoch tätig und wird künftig ein Kantinenkoch weniger benötigt, dann ist ein Kantinenkoch „überflüssig" und daher *redundant*. Eine Regelung im Arbeitsvertrag, wonach der Koch auch als Reinigungskraft einsetzbar wäre, ist nach dem *job function test* unbeachtlich.

[419] z. B. Lesney Products Limited v. Nolan [1977] ICR 235 (CA).

Nach dem *contract test*[420] hingegen kommt es allein auf die Bestimmungen im Arbeitsvertrag an. In Arbeitsverträgen können sog. Flexibilitätsklauseln (*flexibility clauses*)[421] verschiedene Beschäftigungsmöglichkeiten für den Arbeitnehmer vorsehen. Darin kann etwa bestimmt werden, dass die Arbeitnehmer einer Kantine je nach Bedarf als Koch oder auch als Reinigungskraft eingesetzt werden. Ein Fall von *redundancy* liegt dann vor, wenn nach der Beschreibung der Beschäftigung im Arbeitsvertrag weniger Arbeitnehmer benötigt werden. Danach wäre also der „überflüssige" Kantinenkoch nicht *redundant*, wenn er laut Arbeitsvertrag auch als Reinigungskraft beschäftigt werden kann.

In neueren Entscheidungen schließlich kam das EAT zu dem Schluss, weder *job function* noch *contract test* seien mit ERA 1996 section 139 vereinbar. Die einzig relevante und mit dem Gesetz vereinbare Frage sei, ob der Bedarf des Arbeitgebers an Arbeitnehmern zur Ausführung einer bestimmten Arbeit weggefallen oder verringert wurde bzw. ob ein solcher Wegfall/eine solche Verringerung künftig bevorstehe. Der Arbeitsvertrag spiele – wenn überhaupt – nur eine nachgeordnete Rolle[422].

Diese neuere Rechtsprechung des EAT wurde schließlich durch das *House of Lords* bestätigt. Auch in *Murray v. Foyle Meats Ltd*[423] heißt es, es käme weder allein auf den Arbeitsvertrag noch auf die Funktion des Arbeitnehmers an. Es müssten vielmehr zwei Fragen gestellt werden: Erstens, ob ein Beschäftigungsbedürfnis weggefallen ist, und wenn ja, ob dies auch der Grund für die Kündigung war. Ist dies der Fall, so liege *redundancy* vor. Es ist also ein Kausalitätstest (*causation test*) durchzuführen.

Zusammenfassend bleibt festzustellen, dass sowohl *mobility* als auch *flexibility clauses* zunehmend nicht berücksichtigt werden bei der Frage, ob *redundancy* vorliegt. Entscheidend scheint allein, ob der Gesetzeswortlaut von ERA 1996 section 139 (1) erfüllt ist, ob also die Zahl der benötigten Arbeitnehmer insgesamt zurückgegangen ist. Nur dann kann eine Kündigung wegen *redundancy* gerechtfertigt sein und nur dann haben die Arbeitnehmer einen Anspruch auf *redundancy payment.*

---

[420] z. B. North Riding Garages v. Butterwick [1967] 2 QB 56 (QBD = Queen's Bench Division); Nelson v. B.B.C. [1977] ICR 649; [1977] IRLR 148 (CA); Cowen v. Haden Ldt [1983] ICR 1, [1982] IRLR 314 (CA).

[421] In Cowen v. Haden Ltd [1983] ICR 1; [1982] IRLR 314 (CA) etwa maß der CA der *flexibility clause* eine erhebliche Bedeutung zu.

[422] Safeway Stores plc v. Burrell, [1997] IRLR 200, ICR 523 (EAT).

[423] Murray v. Foyle Meats Ltd [1999] ICR 827; [1999] IRLR 56 (HL).

(c) „bumped redundancies"

Nach dem Kausalitätstest ist ein Beschäftigungsbedürfnis auch im Fall von sog. *„bumped redundancies"*[424] weggefallen. Dazu folgendes Beispiel: Ein Arbeitgeber beschäftigt die drei Arbeitnehmer X, Y und Z. X wird entlassen, seinen Arbeitsplatz übernimmt Y, dessen Arbeitsplatz wiederum von Z ausgefüllt wird. Z's alter Arbeitsplatz hingegen entfällt. X wurde also praktisch von seinem Arbeitsplatz „geschubst" (*„bumped"*)[425]. Obwohl das Beschäftigungsbedürfnis für den Arbeitsplatz von X weiterhin besteht – nun ausgefüllt durch Y – wird X als *redundant* angesehen, mit der Folge, dass er einen Anspruch auf eine Kündigungsabfindung hat. Denn ein Beschäftigungsbedürfnis ist weggefallen, zwar nicht für die Arbeit, die ursprünglich von X erledigt wurde, aber für jene, die Z ausführte. Bei *„requirements...to carry out work of a particular kind"* kommt es also nicht darauf an, ob die konkrete Arbeit desjenigen Arbeitnehmers, der gekündigt wurde, weggefallen ist (die Arbeit von X ist nicht weggefallen, sie wird nunmehr von Y ausgeführt), sondern darauf, ob überhaupt eine Beschäftigungsmöglichkeit entfallen ist (im Beispielsfall war dies der Fall, hier entfiel eine Beschäftigungsmöglichkeit, nämlich die des Z)[426].

(d) Änderungen der Arbeitsbedingungen

Der Arbeitsvertrag darf allerdings nicht vollkommen außer acht gelassen werden. Nimmt der Arbeitgeber einseitige Änderungen der Arbeitsbedingungen vor (z.B. Änderungen der Arbeitszeiten, des Entgeltes, der Arbeitsbeschreibung), so kann dies selbst dann zu *redundancy* führen, wenn die Zahl der Beschäftigten insgesamt gleich bleibt: Dies ist dann der Fall, wenn die Änderungen so erheblich sind, dass faktisch der alte Arbeitsplatz weggefallen ist, und ein neuer geschaffen wurde[427]. Auch in dem Fall, in dem die Funktionen zweier Arbeitneh-

---

[424] Vgl. dazu z.B. Safeway Stores plc v. Burrell [1997] ICR 523; [1997] IRLR 200 (EAT), mit Verweis auf W. Gimber & Sons Ltd v. Spurrett [1967] 2 ITR 308 (D.C.).

[425] Solch eine Verdrängung ist z.B. möglich, wenn im Rahmen der Kündigungsauswahl das *LIFO*-Prinzip angewendet wird, und daher derjenige Arbeitnehmer mit der kürzesten Betriebszugehörigkeit entlassen wird; s. dazu das Kapitel zur Sozialauswahl.

[426] Dies wurde später vom EAT angezweifelt, vgl. Carby-Hall, S. 429 unter Hinweis auf Church v. West Lancashire NHS Trust [1998] IRLR 4 (EAT): Laut EAT sollte *„work of a particular kind"* nur die konkrete Arbeit des von der Kündigung betroffenen Arbeitnehmers sein; *„bumped redundancies"* würden danach also nicht unter ERA 1996 section 139 (1) (b) fallen. Diese Auffassung ist allerdings mit Murray v. Foyle Meats Ltd [1999] ICR 827; [1999] IRLR 56 (HL) nicht mehr haltbar. Nach dieser Entscheidung sind wohl auch *„bumped redundancies"* von der gesetzlichen Definition umfasst, da auch diese Art der Kündigung letztlich auf *redundancy* zurückzuführen ist (der *causation-test* ist also erfüllt).

[427] Murphy v. Epsom College [1984] IRLR 271 (CA); Safeway Stores plc v. Burrell [1997] ICR 523; [1997] IRLR 200 (EAT).

mer durch Umstrukturierungen abgeschafft wurden und stattdessen ein neuer Arbeitsplatz mit völlig neuer Funktion geschaffen wurde, wurde *redundancy* angenommen[428].

(e) Kein redundancy trotz Wegfall eines Beschäftigungsbedürfnisses

Problematisch können allerdings diejenigen Fälle sein, in denen zwar objektiv eine *redundancy-situation* vorliegt, der Arbeitgeber aber subjektiv aus einem anderen Grund gekündigt hat, etwa weil der Arbeitnehmer zu langsam und daher ineffizient arbeitete. Wird der Arbeitnehmer entlassen und die von ihm bisher erledigte Arbeit von einem anderen Arbeitnehmer übernommen, so stellt sich die Frage, ob er Anspruch auf eine Kündigungsabfindung hat. Objektiv gesehen liegt also *redundancy* vor, subjektiv aus Sicht des Arbeitgebers nicht. Die Mehrheit des CA urteilte in einem solchen Fall[429], entscheidend sei die subjektive Überzeugung des Arbeitgebers. Dieser habe allein darzulegen, dass die Kündigung nicht auf *redundancy* beruhe, sondern er den Arbeitnehmer aus einem anderen Grund entlassen habe. Allerdings dürfen keine Anhaltspunkte dafür vorliegen, dass der Arbeitgeber einen falschen Grund vorgeschoben hat, um der Abfindungszahlung zu entgehen oder dass – entgegen der Überzeugung des Arbeitgebers – nicht doch der Wegfall eines Beschäftigungsbedürfnisses der Kündigungsgrund war. Damit kommt es letztlich doch nicht allein auf die subjektive Überzeugung des Arbeitgebers an, sondern es findet eine gewisse objektive Kontrolle statt.

cc. SOSR

Kann eine Kündigung aus betrieblichen Gründen nicht auf *redundancy* gestützt werden, z.B. im Fall von Umstrukturierungen, so muss der Arbeitgeber diese Kündigung auf einen anderen Grund stützen. In Betracht kommt eine Kündigung wegen eines anderen wesentlichen Grundes (*some other substantial reason – SOSR*). Während die Fälle von *redundancy* nach der gesetzlichen Definition einigermaßen klar eingrenzbar sind, ist der Anwendungsbereich von *SOSR* sehr weit. Praktisch alle Kündigungen aus wirtschaftlichen Gründen, die nicht unter *redundancy* fallen, können wegen eines anderen wesentlichen Grundes gerechtfertigt sein. Für die betroffenen Arbeitnehmer bedeutet dies allerdings, dass sie – anders als bei *redundancy* – keinen automatischen Anspruch auf eine Abfindung haben. Sie haben lediglich die Möglichkeit gegen die Kündigung vorzugehen, in der Hoffnung, wegen *unfair dismissal* eine noch höhere Entschädigung als die Abfindung zu erhalten. Sie tragen dann allerdings das Risiko, dass die Kündigung wegen *SOSR* als gerechtfertigt anerkannt wird und sie daher leer ausgehen.

---

[428] Robinson v. British Island Airways Ltd, [1978] ICR 304.
[429] Hindle v. Percival Boats Ltd. [1969] 5 KIR 462 (CA); Carby-Hall, S. 478ff.

Voraussetzung für die Rechtmäßigkeit einer Kündigung wegen *SOSR* ist *„a sound good business reason"*[430]. *SOSR* kann z.B. bei einer Umstrukturierung des Betriebs (*reorganisation*) vorliegen. Führt *reorganisation* nicht zu einer Reduzierung der Belegschaft, so liegt in aller Regel nicht *redundancy* vor. *SOSR* erfasst in erster Linie solche Fälle, in denen der Arbeitgeber die Arbeitsbedingungen seiner Arbeitnehmer ändert und diese mit der Änderung nicht einverstanden sind, der Bedarf an Arbeitskräften jedoch unverändert bleibt. *SOSR* kann etwa vorliegen, wenn der Arbeitgeber im betrieblichen Interesse Arbeitszeiten oder Arbeitsschichten ändert und die Arbeitnehmer dieser Änderung nicht zustimmen[431].

Selbst wenn ein Arbeitsplatz abgebaut wurde, ist aber eine Kündigung dann nicht wegen *redundancy* gerechtfertigt, wenn dem Arbeitnehmer nicht wegen des Wegfalls, sondern wegen seiner Weigerung, an einem anderen ihm zugewiesenen Arbeitsplatz zu arbeiten, gekündigt wurde. Dann käme vielmehr eine Kündigung wegen *SOSR* in Betracht. Auch wenn der letzte in einer Folge von befristeten Arbeitsverträgen ausläuft, wurde *SOSR* angenommen[432].

Die Möglichkeiten für den Arbeitgeber aus wirtschaftlichen Gründen zu kündigen, sei es wegen *redundancy* oder wegen *SOSR*, sind also sehr weit. Nur vollkommen unbegründete oder missbräuchliche Kündigungen fallen aus dem Anwendungsbereich des *economic dismissal* heraus.

b. Automatisch unfaire Gründe

Neben den Gründen, die eine Kündigung rechtfertigen können, gibt es solche Gründe, die *automatically unfair* sind und deshalb eine Kündigung nicht rechtfertigen können. Dabei geht es insbesondere um solche Arbeitnehmer, die besonders vor Kündigungen geschützt werden. Unzulässig sind daher Kündigungen, die sich beispielsweise auf folgende Gründe beziehen: Gewerkschaftsmitgliedschaft und –arbeit, Schwangerschaft und Geburt, Beschwerden wegen mangelnder Gesundheitsschutz- und Sicherheitsvorkehrungen, Durchsetzung von gesetzlich vorgegebenen Arbeitnehmerrechten[433].

---

[430] Hollister v. National Farmers' Union [1979] ICR 542 (CA).

[431] Deakin/Morris, S. 514; Lesney Products Ltd v. Nolan [1977] ICR 235.

[432] Deakin/Morris, S. 514 m.w.N.

[433] vgl. ERA 1996, section 105; zu den geschützten Arbeitnehmern vgl. ERA 1996, section 99 bis 104.

c. Darlegungs- und Beweislast

In seinem Kündigungsschreiben hat der Arbeitgeber auf Verlangen des Arbeitnehmers gemäß ERA 1996 section 92 schriftlich die Gründe für die Kündigung anzugeben.

Geht es um den Anspruch auf ein *redundancy-payment*, so wird gemäß ERA 1996 section 163 (2) bei einer Kündigung durch den Arbeitgeber vermutet, dass es sich um eine Kündigung wegen *redundancy* handelt, es sei denn, das Gegenteil wird bewiesen[434]. Die Arbeitnehmer müssen lediglich den Beweis erbringen, dass sie tatsächlich gekündigt wurden, und nicht etwa das Arbeitsverhältnis durch eine Arbeitnehmerkündigung[435] oder eine einverständliche Auflösung[436] beendet wurde. Ein Arbeitgeber, der ein *redundancy-payment* vermeiden möchte, müsste also die *redundancy*-Vermutung widerlegen. Ihn trifft die Beweislast, dass der Arbeitnehmer nicht wegen *redundancy*, sondern wegen eines anderen Grundes, etwa verhaltens- oder personenbedingt, gekündigt wurde.

In einem Kündigungsprozess gegen ein *unfair dismissal* hingegen wird nicht etwa vermutet, dass die Kündigung wegen *redundancy* gerechtfertigt ist. Vielmehr hat der Arbeitgeber gem. ERA 1996 section 98 (1) zu beweisen, dass die angegebenen Kündigungsgründe die wirklichen Gründe sind. Die Darlegungslast liegt hier also beim Arbeitgeber. Sie ist aber leicht zu erfüllen. Der Arbeitgeber hat lediglich darzulegen, dass er die Kündigung auf Gründe im Sinne von ERA 1996 section 98 (1) stützte, nicht jedoch, dass diese Gründe die Kündigung letztlich auch rechtfertigten.

Ist ein Beschäftigungsbedürfnis noch nicht weggefallen, wird dies aber voraussichtlich geschehen, so kann schon wegen dieser Erwartung eine Kündigung wegen *redundancy* gerechtfertigt sein. Dabei kommt es aber nicht allein auf die subjektive Einschätzung des Arbeitgebers an. Dieser muss vielmehr darlegen, dass die wirtschaftlichen Umstände, in denen sich sein *business* befindet, objektiv den Wegfall eines Beschäftigungsbedürfnisses erwarten lassen[437].

Die Darlegungslast kehrt sich um, wenn ein automatisch unfairer Grund behauptet wird. In einem solchen Fall obliegt es den Arbeitnehmern, den Beweis zu

---

[434] ERA 1996 section 163 (2): *...an employee who has been dismissed by his employer shall, unless the contrary is proved, be presumed to have been so dismissed by reason of redundancy.*

[435] Dies war z.B. der Fall in: Morton Sundour Fabrics Ltd v. Shaw [1966] ITR 327 (QBD).

[436] Eine einvernehmliche Auflösung wurde z.B. in Burton Allton & Johnson v. Peck [1975] ICR 193 (QBD) diskutiert aber letztlich abgelehnt.

[437] Carby-Hall, S. 423.

erbringen, dass ein *automatically unfair reason* Grundlage für die Kündigung war[438].

Eine wirtschaftliche Kündigung, die nicht auf *redundancy* gestützt werden kann, ist in der Regel wegen *SOSR* fair. Der Anwendungsbereich von *SOSR* ist sehr weit: Er ist nicht begrenzt auf ähnliche Gründe wie in ERA 1996 section 98 (2), sondern erstreckt sich auf jeglichen wesentlichen Grund[439]. Bei *SOSR* reicht es, wenn der Arbeitgeber vorbringt, es liege *a sound, good business reason* vor[440]. Nur eine offensichtlich willkürliche oder vollkommen unbegründete Kündigung wäre als von vornherein *unfair* anzusehen.

d. Gerichtliche Kontrolle

Auch in Großbritannien kann der Arbeitgeber weitgehend frei über seine Unternehmenspolitik entscheiden und unterliegt insoweit grundsätzlich keiner gerichtlichen Kontrolle[441]. Es soll ihm möglich sein, sein Unternehmen aus Effizienzgründen umzuorganisieren und dabei der Belegschaft neue Arbeitsbedingungen anzubieten, und – wenn nötig – Arbeitnehmer zu entlassen[442].

Aus welchen Gründen der Arbeitgeber seinen Betrieb z.B. umstrukturiert oder schließt, ist unerheblich. So stellte das EAT z.B. im Falle einer Betriebsschließung fest, es sei nicht Aufgabe des Gerichts, die Motive des Arbeitgebers auszuforschen. Es reiche aus, dass objektiv erkennbar eine Stilllegung vorliege. Die Gründe, die den Arbeitgeber zu dieser Stilllegung bewegt haben bzw. die zum Rückgang geführt haben, seien vom Gericht nicht überprüfbar[443]. Der Arbeitgeber kann also vollkommen frei entscheiden, ob und wann er seinen Betrieb stilllegen möchte.

In einem Kündigungsprozess gegen ein *unfair dismissal* wird gem. ERA 1996 section 98 die *fairness* der Kündigung überprüft.

Hat bei *SOSR* der Arbeitgeber dargelegt, dass *a sound, good business reason* für seine Kündigung vorliegt, so hat das Gericht zwar das Recht und die Möglichkeit festzustellen, ein *good business reason* liege nicht vor. Es darf jedoch nicht entscheiden, was es an Stelle des Arbeitgebers selbst getan hätte[444]. Nur eine of-

[438] Deakin/Morris, S. 465.
[439] Deakin/Morris, S. 514; Wenn allerdings tatsächlich jeder wesentliche Grund *SOSR* darstellt, dann stellt sich die Frage, ob nicht die Aufzählung bestimmter potentiell fairer Gründe in section 98 (2) überflüssig ist, vgl. dazu Deakin/Morris, S. 475.
[440] Deakin/Morris, S. 514.
[441] Deakin/Morris, S. 502.
[442] Johnson v. Nottinghamshire Combined Police Authority, [1974] ICR 170 (CA).
[443] Moon v. Homeworthy Furniture (Northern) Ltd [1977] ICR 117 (EAT).
[444] Deakin/Morris, S. 514.

fensichtlich willkürliche oder vollkommen unbegründete Kündigung wäre als von vornherein *unfair* anzusehen.

Der britische Arbeitgeber unterliegt also nur wenigen Beschränkungen, wenn es um Entscheidungen geht, die Größe, Umfang und Führung seines Betriebs betreffen.

4. Schweden[445]

Kündigungsschutzvorschriften sind in Schweden im Anstellungsschutzgesetz (*Lag om anställningsskydd - LAS*) geregelt. Die Einführung dieses Gesetzes im Jahre 1974 bedeutete erhebliche Veränderungen im Bereich des Arbeitsrechts. War in der ersten Hälfte des 20. Jahrhunderts der Arbeitgeber noch vollkommen frei, jederzeit Kündigungen ohne Grund auszusprechen, so wurde diese absolute Freiheit nach und nach eingeschränkt. Dies erfolgte zunächst durch Kollektivvereinbarungen, die vorschrieben, dass sich jede Kündigung auf einen Kündigungsgrund stützen muss. Erst 1974 wurde auch gesetzlich festgeschrieben, was traditionellerweise den Sozialpartnern in Kollektivvereinbarungen vorbehalten war[446]. Kollektivvereinbarungen spielen im schwedischen Arbeitsrecht aber weiterhin eine wichtige Rolle, da viele Regelungen des LAS nicht zwingend sind und durch Kollektivvereinbarungen von ihnen abgewichen werden kann bzw. sie ergänzt werden können. Das Gesetz von 1974 wurde 1982 durch das heute geltende LAS ersetzt.

Für jede ordentliche Kündigung seitens des Arbeitgebers (*uppsägning*) ist ein sachlicher Grund (*saklig grund*) erforderlich, § 7 I LAS. Liegt ein sachlicher Grund nicht vor, dann ist die Kündigung nichtig und das Beschäftigungsverhältnis ist fortzusetzen. Daneben kann der zu Unrecht gekündigte Arbeitnehmer Anspruch auf Schadenersatz haben[447].

§ 7 I LAS: *Uppsägning från arbetsgivarens sida skall vara sakligt grundad.*

Das Gesetz definiert aber nicht, was „sachlicher Grund“ meint. Es bleibt also den Gerichten überlassen, zu bestimmen, unter welchen Voraussetzungen ein sachlicher Grund vorliegen soll. Jedoch unterscheidet das LAS zwischen zwei Gründen, die eine Kündigung rechtfertigen können: Gründe, die die persönlichen Verhältnisse des Arbeitnehmers betreffen (§§ 7 IV, 30 I S. 1 LAS) und Arbeitsmangel (*uppsägning på grund av arbetsbrist*, §§ 22 I, 25 I S. 1, 29 LAS). Die Unterscheidung ist sehr folgenreich, da Arbeitsmangel (*arbetsbrist*) per se

---

[445] Ein allgemeiner Überblick zum schwedischen Arbeitsrecht findet sich bei Nordlöf.
[446] van Peijpe, S. 68.
[447] Numhauser-Henning, S. 362; Sigeman, S. 267.

einen sachlichen Grund darstellt. Gegen Kündigungen aus persönlichen Gründen hingegen ist der Schutz der Arbeitnehmer weitaus größer[448].

a. Kündigungsgrund bei Kündigungen aus wirtschaftlichen Gründen

Im schwedischen wie überhaupt im skandinavischen Recht sind Kündigungen aus wirtschaftlichen Gründen grundsätzlich umfassend möglich. Es gilt das Prinzip, dass es dem Arbeitgeber möglich sein soll, Modernisierungsmaßnahmen zur Effizienzsteigerung durchzuführen, um langfristig sein Überleben zu sichern[449].

Wirtschaftliche Kündigungen können gerechtfertigt sein, wenn Arbeitsmangel (*arbetsbrist*) vorliegt. Wie in Deutschland und Frankreich ist auch in Schweden eine Kündigung aus wirtschaftlichen Gründen immer dann möglich, wenn der Arbeitgeber seine Kündigung nicht auf Gründe in der Person oder im Verhalten des Arbeitnehmers stützt: *Arbetsbrist* liegt vor, wenn der Arbeitgeber seine ordentliche Kündigung nicht mit den persönlichen Verhältnissen des Arbeitnehmers begründet, vielmehr die Zahl der Beschäftigten aus wirtschaftlichen, organisatorischen o.ä. Gründen reduzieren will[450]. Ähnlich wie in Großbritannien ist auch in Schweden die Auswirkung auf den Arbeitsplatz selbst, nämlich Arbeitsmangel, der Rechtfertigungsgrund und nicht davor liegende Gründe, die zum Arbeitsmangel geführt haben.

Der typische Fall von Arbeitsmangel ist der Fall, in dem mehr Arbeitnehmer beschäftigt werden als benötigt und die Zahl der Arbeitnehmer insgesamt daher reduziert werden soll. Anders als etwa in Großbritannien oder Spanien ist die Geschäftsstilllegung nicht ausdrücklich per Gesetz geregelt. Sie kann aber Arbeitsmangel darstellen. Der Begriff von *arbetsbrist* ist sehr weit. Erfasst ist etwa der Entschluss des Arbeitgebers, einen Betriebsteil oder den ganzen Betrieb zu schließen oder auch nur einen oder einige wenige Arbeitsplätze abzubauen[451]. Arbeitsmangel liegt auch vor, wenn fehlende Mittel die Fortführung einer Arbeit unmöglich machen[452].

Arbeitsmangel ist aber nicht nur dann gegeben, wenn der Betrieb aus finanziellen Gründen gezwungen ist, die Produktion zu reduzieren oder sogar einzustellen. Entgegen seiner wörtlichen Bedeutung wird Arbeits*mangel* allgemein als Begriff für alle wirtschaftlichen Kündigungsgründe verwendet, auch wenn tatsächlich gar kein Mangel an Arbeit besteht, das heißt auch, wenn die Zahl der

---

[448] Fahlbeck, S. 52.
[449] Sigeman, S. 268.
[450] Fahlbeck, S. 52; Heilmann, S. 772f.
[451] Numhauser-Henning, S. 362.
[452] Heilmann, S. 774.

insgesamt benötigten Arbeitnehmer unverändert bleibt. Erfasst sind etwa auch Kündigungen infolge von Umstrukturierungen, wenn sich also der Arbeitgeber entscheidet, seinen Betrieb aus wirtschaftlichen, organisatorischen oder ähnlichen Gründen umzugestalten, ohne dass der Arbeitsbedarf zurückgeht[453]. So können etwa im Rahmen von Umstrukturierungen bestimmte Arbeitsplätze wegfallen, die Gesamtarbeitsmenge aber sogar erhöht werden. Trotzdem soll Arbeitsmangel vorliegen.

Zwar sind wirtschaftliche Schwierigkeiten – wie in den übrigen Mitgliedstaaten auch – der wohl häufigste Grund, der den Arbeitgeber dazu veranlasst, organisatorische Entscheidungen zu treffen und letztlich zu kündigen. Auch technische Änderungen, Umstrukturierungen, Umorganisationen können den Arbeitgeber dazu bewegen, Kündigungen wegen *arbetsbrist* auszusprechen[454]. Die Motive des Arbeitgebers sind aber unbeachtlich. Neben Effizienzerwägungen kann auch einfach mangelndes Interesse an der Fortführung des Betriebes Ursache für den Arbeitsmangel sein[455]. Nicht selten kann *arbetsbrist* wirtschaftliche Kündigungen auch in sehr profitablen Betrieben rechtfertigen[456].

Im **Ausgangsfall Nr. 1** benötigt U wegen sinkender Nachfrage weniger Arbeitnehmer. Entschließt er sich, seine Belegschaft zu reduzieren, so liegt Arbeitsmangel als Rechtfertigungsgrund vor. Die Tatsache, dass finanzielle Erwägungen ihn dazu bewegt haben, seine Produktion zu reduzieren, ist unerheblich. Es kommt allein darauf an, dass Arbeitsmangel besteht. Ein wirksamer Kündigungsgrund liegt daher vor.

Im **Ausgangsfall Nr. 2** möchte U seine Tanzschule vollständig schließen. Da er seine Arbeitnehmer aufgrund der Schließung nicht mehr beschäftigen kann, liegt – unabhängig von den Gründen, die den U zu seinem Stilllegungsbeschluss bewogen haben – Arbeitsmangel und daher ein wirksamer Kündigungsgrund vor.

Im **Ausgangsfall Nr. 3** möchte U Lohnkosten sparen und daher Arbeitnehmer entlassen, obwohl sich seine Kantine in keinerlei wirtschaftlichen Schwierigkeiten befindet. Wirtschaftliche Schwierigkeiten sind aber für die Rechtfertigung einer wirtschaftlichen Kündigung auch nicht erforderlich. Entscheidend ist allein, ob Arbeitsmangel als Kündigungsgrund vorliegt. U entscheidet sich aus Gründen der Kostenersparnis, das (gleichbleibende) Arbeitsvolumen auf weniger Arbeitnehmer zu verteilen (Arbeitsverdichtung). Obwohl seine Kantine floriert, liegt Arbeitsmangel vor. Ein wirksamer Kündigungsgrund ist gegeben.

---

[453] Numhauser-Henning, S. 362; Sigeman, S. 269.
[454] Rönnmar, S. 124.
[455] Heilmann, S. 772.
[456] Rönnmar, S. 124.

Die unternehmerische Entscheidungsfreiheit wird also umfassend gewährt. Praktisch jeder Grund, der in irgendeiner Form auf unternehmerischen Belangen beruht, kann eine wirtschaftliche Kündigung rechtfertigen. Unabhängig davon, ob sein Unternehmen profitabel wirtschaftet oder nicht, kann sich der Arbeitgeber zur Geschäftsaufgabe entschließen. Er kann Größe und Ort seines Unternehmens frei bestimmen und auch selbst entscheiden, welche Technologien er nutzen möchte[457]. Schließlich sollen Unternehmen uneingeschränkt moderne Methoden anwenden können, um langfristig überleben zu können[458].

Der Arbeitsmangel muss noch nicht zum Zeitpunkt des Ausspruchs der Kündigung eingetreten sein. Der Arbeitgeber kann bereits kündigen, wenn aufgrund seiner umfassenden Prognose und Abwägung am Ende der Kündigungsfrist Arbeitsmangel vorliegen wird. Um „vorbeugende“ Kündigungen weitestgehend zu vermeiden, wird allerdings gefordert, dass die Umstände, die der Arbeitgeber in seiner Prognose zu berücksichtigen hat, mit an Sicherheit grenzender Wahrscheinlichkeit am Ende der Kündigungsfrist zu Arbeitsmangel führen werden. Zudem darf die Kündigungsfrist nicht schon vor dem vorausgesagten Arbeitsmangel abgelaufen sein. Stellt sich die Prognose als falsch heraus, so kommt ein Wiedereinstellungsanspruch in Betracht[459].

b. Darlegungs- und Beweislast

Die Beweislast für den sachlichen Grund, also für Arbeitsmangel, liegt beim Arbeitgeber. Die Kündigung wegen Arbeitsmangels kann nur dann gerechtfertigt sein, wenn dieser sorgfältig und ernsthaft die Gründe darlegt, die zu seiner Organisationsentscheidung und zum Arbeitsmangel geführt haben[460]. Die Darlegungslast ist jedoch grundsätzlich leicht zu erfüllen[461].

Behauptet allerdings der betroffene Arbeitnehmer, der Arbeitsmangel sei nur vorgetäuscht (*fingerad arbetsbrist*), in Wirklichkeit habe der Arbeitgeber aus anderen Gründen gekündigt, so hat der Arbeitnehmer seine Behauptung zusätzlich plausibel zu machen. Gelingt ihm dies, so geht die Beweislast auf den Arbeitgeber über. Je wahrscheinlicher es erscheint, dass die Kündigung nicht aus Arbeitsmangel sondern aus einem anderen Grund erfolgte, desto mehr muss der

[457] Fahlbeck, S. 52.
[458] Sigeman, S. 269.
[459] Heilmann, S. 777.; Gotthardt,. S. 251.; Fahlbeck, S. 56; van Peijpe, S. 82.
[460] van Peijpe, S. 82.
[461] Adlercreutz, S. 118.

Arbeitgeber darlegen, dass der Arbeitsmangel der für die Kündigung entscheidende Grund war. Bleiben Zweifel, so gehen diese zulasten des Arbeitgebers[462].

c. Gerichtliche Kontrolle

Zwar erlaubt seine unternehmerische Entscheidungsfreiheit dem Arbeitgeber, allein zu entscheiden, ob und in welchem Umfang er die Belegschaft reduzieren möchte. Die Entscheidung, ob Arbeitsmangel vorliegt oder nicht, bleibt daher grundsätzlich dem Arbeitgeber überlassen. Die Arbeitnehmer und ihre Gewerkschaften können aber vor Gericht bestreiten, dass tatsächlich Arbeitsmangel vorliegt, und das Arbeitsgericht kann in einem Kündigungsverfahren untersuchen, ob in Wirklichkeit andere Gründe als Arbeitsmangel den Arbeitgeber zu der Kündigung veranlasst haben[463].

Die Gerichte prüfen dabei das Vorliegen von Arbeitsmangel nur sehr eingeschränkt. Sie geben dem Arbeitgeber das einseitige Recht zu entscheiden, ob Arbeitsmangel gegeben ist. Schließlich sei es nicht Aufgabe des Gerichts, wirtschaftliche Erwägungen des Unternehmers, sowie die Führung des Betriebs in Frage zu stellen[464]. Der AD überprüft zwar, ob die vom Arbeitgeber vorgebrachten Gründe, also Arbeitsmangel, tatsächlich vorliegen[465]. Er überprüft hingegen nicht die Organisationsentscheidung des Arbeitgebers auf ihre wirtschaftliche Zweckmäßigkeit oder Notwendigkeit. Er überprüft auch nicht die Motive, die den Arbeitgeber zu dieser Entscheidung veranlasst haben. Kündigungen wegen Arbeitsmangel seien zu sehr mit der unternehmerischen Entscheidungsfreiheit verknüpft, als dass sie von den Gerichten überprüft werden könnten[466].

Der schwedische Arbeitgeber kann also grundsätzlich frei entscheiden, wie er seinen Betrieb führen und wie viele Arbeitnehmer er beschäftigen möchte. Entschließt er sich z.B. wegen fehlender Mittel seinen Betrieb stillzulegen, so rechtfertigt Arbeitsmangel als sachlicher Grund die daraufhin ergangenen Kündigungen[467]. Genauso liegt Arbeitsmangel vor, wenn er sich entscheidet, seinen Betrieb umzustrukturieren und Stellen abzubauen, um Kosten zu sparen[468]. Entschließt sich der Arbeitgeber zur Veränderung seines Unternehmens, so haben

---

462 Heilmann, S. 772 f.; Sigeman, S. 269; Gotthardt, ZIAS 1999, 354 (358); Gotthardt, S. 249f., 260, 263.; Glossary: Sweden, Nr. 180; Adlercreutz, S. 107.
463 Adlercreutz, S. 107.
464 Rönnmar, S. 124.; Adlercreutz, S. 107.
465 van Peijpe, S. 83.
466 van Peijpe, S. 82.
467 Gotthardt, S. 252f.
468 Gotthardt, S. 259.

die aufgrund von Arbeitsmangel gekündigten Arbeitnehmer kaum eine Chance, die Kündigung vor Gericht erfolgreich anzugreifen[469].

Es findet allerdings eine Missbrauchskontrolle statt: Die Entscheidung des Arbeitgebers darf nicht unsachlich sein, und es darf kein Fall des sog. vorgetäuschten Arbeitsmangels vorliegen. Liegt ein solcher Verdacht nahe, dann prüft der AD die vom Arbeitgeber behaupteten Gründe vertieft. Dies ist etwa der Fall, wenn ein begründeter Verdacht besteht, dass die Kündigung sich nicht auf wirtschaftliche Gründe sondern auf solche in der Person des gekündigten Arbeitnehmers stützt. Ein solcher Verdacht kann z.B. bestehen, wenn die Reduzierung der Belegschaft nur einen einzelnen Arbeitnehmer betrifft.

Im **Ausgangsfall Nr. 4** spricht U infolge Umstrukturierungsmaßnahmen Kündigungen aus, um mit seinem Konkurrenten mithalten zu können. Diese Entscheidung des Arbeitgebers wird nicht überprüft. Selbst wenn sich herausstellt, dass die durchgeführten organisatorischen Maßnahmen nicht zur Verbesserung der Wettbewerbsfähigkeit führen konnten, also unzweckmäßig waren, so schadet dies nicht. Das Arbeitsgericht wird trotzdem einen wirksamen Kündigungsgrund anerkennen.

5. Rechtsvergleich – Fazit und Bewertung

a. Das Erfordernis eines Rechtfertigungsgrundes

In allen untersuchten Rechtsordnungen hat der Arbeitgeber die Möglichkeit, Arbeitnehmer aus eigener Entscheidung zu kündigen. Dies darf er allerdings nicht grundlos tun. Vielmehr muss er seine Kündigung auf einen Rechtfertigungsgrund stützen. Insoweit genügen die untersuchten Mitgliedstaaten alle dem Art. 30 der Europäischen Grundrechtscharta, der vorschreibt, dass jede Arbeitnehmerin und jeder Arbeitnehmer vor ungerechtfertigten Kündigungen zu schützen sind. In den meisten Rechtsordnungen wird dies durch eine allgemeine, für jede Kündigung geltende Regelung deutlich. So ist etwa in Deutschland für die Wirksamkeit einer jeden Kündigung erforderlich, dass sie „sozial gerechtfertigt" ist, in Frankreich wird ein „tatsächlicher und ernsthafter Grund" vorausgesetzt, in Schweden muss ein sachlicher Grund vorliegen und auch in Großbritannien ist stets ein Kündigungsgrund erforderlich. In Spanien fehlt eine derartige allgemeine Regelung. Dennoch bedarf auch hier jede Kündigung eines Kündigungsgrundes.

---

[469] Sigeman, S. 273; Heilmann, S. 774 m.w.N.; Fahlbeck, S. 52.

b. Die Kündigung aus wirtschaftlichen Gründen

Überall besteht zudem die Möglichkeit, aus betriebsbedingten oder wirtschaftlichen Gründen zu kündigen, wenn auch die Begrifflichkeiten voneinander abweichen. Der betriebsbedingten Kündigung in Deutschland stehen die wirtschaftliche Kündigung in Frankreich (*licenciement économique*) und in Großbritannien („*economic dismissal*") gegenüber. In Spanien wiederum wird das Arbeitsverhältnis aus objektiven Gründen aufgelöst (*extinción por causas objetivas*) und in Schweden wird wegen Arbeitsmangel gekündigt (*uppsägning på grund av arbetsbrist*).

c. Wirtschaftlicher Grund und Anzahl der Arbeitnehmer

Typischerweise ist die Kündigung aus wirtschaftlichen Gründen eine Reaktion des Arbeitgebers darauf, dass im Zeitpunkt der Kündigung mehr Arbeitnehmer beschäftigt sind, als für das vorhandene Arbeitsvolumen benötigt werden. Eine betriebsbedingte Kündigung in Deutschland kann nur gerechtfertigt sein, wenn ein Beschäftigungsbedürfnis entfallen ist. In Frankreich ist erforderlich, dass ein Arbeitsplatz abgebaut wurde. In Großbritannien muss ein Arbeitskräfteüberschuss (*redundancy*) bestehen, in Schweden ein Arbeitsmangel (*arbetsbrist*) und in Spanien muss der Abbau von Arbeitsplätzen notwendig sein. Unterschiedliche Begrifflichkeiten bedeuten jedoch nicht auch unterschiedliche Ergebnisse. Letztendlich ist zur Rechtfertigung einer Kündigung überall Voraussetzung, dass die Gründe, auf die der Arbeitgeber die Kündigung stützt, dazu geführt haben, dass weniger Arbeitnehmer benötigt werden.

Wirtschaftliche Kündigungen können aber auch dann gerechtfertigt sein, wenn die Zahl der benötigten Arbeitnehmer insgesamt gleich bleibt, bestehende Arbeitsplätze aber umgewandelt oder die Arbeitsbedingungen bestimmter Arbeitnehmer geändert werden. Sind die betroffenen Arbeitnehmer mit diesen Änderungen nicht einverstanden bzw. sind sie den neuen Anforderungen nicht gewachsen, so besteht in allen untersuchten Rechtsordnungen für den Arbeitgeber die Möglichkeit zu kündigen. In Deutschland ist auch in diesen Fällen ein Beschäftigungsbedürfnis weggefallen: Da der umgewandelte Arbeitsplatz mit dem alten nicht mehr identisch ist, ist das Beschäftigungsbedürfnis für den auf dem alten Arbeitsplatz beschäftigten Arbeitnehmer entfallen. Stimmt ein Arbeitnehmer seiner Weiterbeschäftigung zu geänderten Arbeitsbedingungen nicht zu, so ist das Beschäftigungsbedürfnis für die Weiterbeschäftigung zu den bisherigen Bedingungen entfallen. In Frankreich ist der Abbau von Arbeitsplätzen nur eine von drei möglichen Auswirkungen eines wirtschaftlichen Grundes. Daneben sieht das Gesetz auch die Umwandlung eines Arbeitsplatzes und eine Änderung der Arbeitsvertragsbedingungen vor. In Spanien ist neben der Notwendigkeit, Arbeitsplätze abzubauen, die mangelnde Anpassung an neue Arbeitsbedingungen als eigenständiger Tatbestand, der eine Kündigung aus objektiven Gründen rechtfertigen kann, gesetzlich geregelt. Auch in Großbritannien kann der Arbeitgeber wirtschaftliche Kündigungen aussprechen, wenn zwar kein Arbeitskräfteüberschuss, aber ein anderer wesentlicher Grund vorliegt, wie zum Beispiel Umwandlung von Arbeitsplätzen und Änderung der Arbeitsbedingungen infolge Umstrukturierungen. In Schweden schließlich soll Arbeitsmangel (*arbetsbrist*) entgegen seinem Wortlaut nicht nur bei einem tatsächlichen Mangel an Arbeit vorliegen, sondern immer, wenn der Arbeitgeber unternehmerische Maßnahmen trifft, auch wenn der Arbeitsbedarf insgesamt gar nicht zurückgeht. Selbst wenn die Gesamtarbeitsmenge erhöht wird, kann Arbeitsmangel vorliegen.

d. Ausgestaltung der Rechtfertigungsgründe

Die Gründe für eine wirtschaftliche Kündigung sind in Deutschland wie auch in Frankreich, Spanien und Großbritannien in einer speziellen Vorschrift geregelt. Nur in Schweden gibt es keine Spezialregelung für die wirtschaftliche Kündigung. Es gilt die allgemeine Regel, dass ein sachlicher Grund vorliegen muss. Allerdings ergibt sich aus anderen Vorschriften, dass zwischen Kündigungen wegen der persönlichen Verhältnisse und wegen Arbeitsmangels unterschieden wird, wobei Arbeitsmangel alle wirtschaftlichen Kündigungen erfasst.

Bezüglich der wirtschaftlichen Rechtfertigungsgründe ist der Gesetzeswortlaut in Deutschland sehr viel allgemeiner gefasst als in Frankreich, Spanien und auch Großbritannien. In Deutschland ist lediglich Voraussetzung, dass „dringende betriebliche Erfordernisse" vorliegen, wobei die Rechtsprechung bezüglich der Gründe eine Unterteilung in inner- und außerbetriebliche Ursachen vornimmt. Eine solche Unterscheidung kennt man in Frankreich und Spanien nicht. Sie ist dort auch nicht erforderlich, da der jeweilige Gesetzeswortlaut die denkbaren Rechtfertigungsgründe selbst benennt (*difficultés économiques* und *mutations technologiques* in Frankreich; *causas económicas, técnicas, organizativas o de producción* in Spanien) bzw. zusätzliche Gründe von der Rechtsprechung anerkannt sind (*réorganisation, réstructuration* in Frankreich). Eine Gemeinsamkeit zwischen der deutschen, französischen und spanischen Regelung besteht aber darin, dass der wirtschaftlichen Kündigung stets wirtschaftliche Ursachen zugrunde liegen müssen.

In Großbritannien und Schweden hingegen ist der Anknüpfungspunkt für eine wirtschaftliche Kündigung ein anderer. Hier kommt es nicht auf die der Kündigung vorausgehenden Ursachen an, sondern allein auf die Auswirkungen der Kündigung. In Großbritannien kann Arbeitskräfteüberschuss (*redundancy*) ein Rechtfertigungsgrund sein, wobei drei verschiedene Fallkonstruktionen von *redundancy* im Gesetz aufgezählt sind (nämlich Geschäftsstilllegung, Abbau des Arbeitsplatzes, auf dem der Arbeitnehmer beschäftigt wurde, und Wegfall eines

Beschäftigungsbedürfnisses). Diese Aufzählung ist abschließend. Die Gründe, die zu *redundancy* geführt haben, sind unbeachtlich. Genauso ist es in Schweden bei *arbetsbrist*. Auch dort sind die Motive, die den Arbeitgeber zu seiner organisatorischen Unternehmerentscheidung veranlasst haben, unerheblich. Zwar werden in der Regel wie in Deutschland, Frankreich und Spanien auch wirtschaftliche Schwierigkeiten, Umstrukturierungen oder technologische Erneuerungen der Grund für die Stilllegung, den Abbau von Arbeitsplätzen und den Wegfall eines Beschäftigungsbedürfnisses bzw. für *arbetsbrist* sein. Diese Gründe spielen jedoch für die Rechtfertigung der Kündigung keine Rolle. Erforderlich und ausreichend ist allein, dass ein Arbeitskräfteüberschuss bzw. ein Arbeitsmangel besteht. Dieser Aspekt spielt zwar auch in Deutschland, Frankreich und Spanien eine Rolle, nämlich bei den Auswirkungen, die der Kündigungsgrund auf den Arbeitsplatz hat. Dort sind sie jedoch lediglich Folge des Kündigungsgrundes und stellen nicht den Rechtfertigungsgrund selbst dar.

Darüber hinaus kann der britische Arbeitgeber selbst in den Fällen, in denen ein Arbeitskräfteüberschuss nicht besteht, ein *economic dismissal* aussprechen, nämlich wegen eines anderen wesentlichen Grundes, mit der Folge, dass er noch nicht einmal eine Kündigungsabfindung zu zahlen hat.

e. Vom Rechtfertigungsgrund erfasste wirtschaftliche Situationen

Es stellt sich die Frage, ob die unterschiedlichen Regelungen auch zu unterschiedlichen Ergebnissen führen, oder ob letztendlich dennoch überall aus den gleichen Gründen gekündigt werden kann.

Befindet sich das Unternehmen bzw. der Betrieb etwa wegen Auftragsrückgangs und anhaltender Verluste in ernsthaften Schwierigkeiten, so kann in Deutschland der Auftragsrückgang eine außerbetriebliche Ursache darstellen, in Frankreich kann eine Kündigung wegen *difficultés économiques* und in Spanien wegen *causas económicas* gerechtfertigt sein.

Führt der Arbeitgeber neue Technologien oder Produktionsverfahren ein, so wäre dies in Deutschland als Maßnahme technischer Art eine innerbetriebliche Ursache, in Spanien eine *causa técnica* und in Frankreich eine *mutation technologique*.

Entscheidet sich der Arbeitgeber zu Umstrukturierungs- oder Umorganisierungsmaßnahmen (Beispiel Arbeitsverdichtung), so handelt es sich in Deutschland wiederum um eine innerbetriebliche Ursache, nämlich um eine Maßnahme organisatorischer Art, in Frankreich um einen Fall von *réstructuration* oder *réorganisation* und in Spanien um eine *causa organizativa*.

In Spanien gibt es schließlich noch die *causas de producción*, also die Fälle, in denen sich die schlechte Wirtschaftslage auf die Produktion auswirkt. In Deutschland entspräche dies etwa dem Fall, in dem der Arbeitgeber z.B. wegen Absatzschwierigkeiten (außerbetriebliche Ursache) sich entscheidet, die Produktion zu verringern. In Frankreich befände sich das Unternehmen etwa wegen Umsatzrückgangs in *difficultés économiques*.

Im Ergebnis kann also in Deutschland, Frankreich und Spanien aus den gleichen Gründen gekündigt werden. Alle genannten Gründe können schließlich auch in Großbritannien und in Schweden eine wirtschaftliche Kündigung rechtfertigen, wenn sie zu einem Arbeitskräfteüberschuss bzw. Arbeitsmangel führen.

Unterschiede zeigen sich im Fall einer Betriebs- bzw. Unternehmensstilllegung. Nur in Spanien und Großbritannien (dort stellt die Stilllegung einen Fall von Arbeitskräfteüberschuss dar) ist sie bereits gesetzlich geregelt. Grundsätzlich möglich ist sie aber auch in Deutschland, Frankreich und Schweden. Allerdings ist der Arbeitgeber nur in Großbritannien, Schweden und Deutschland vollkommen frei in der Entscheidung, seinen Betrieb stillzulegen und die gesamte Belegschaft betriebsbedingt zu kündigen. Zwar kann sich auch der Arbeitgeber in Frankreich und Spanien zur Stilllegung seines Unternehmens entschließen. Die Stilllegungsentscheidung rechtfertigt hier aber nicht zwangsläufig die daraufhin erfolgenden Kündigungen. In Spanien ist vielmehr erforderlich, dass die Stilllegung aufgrund eines der genannten Gründe erfolgt. In Frankreich scheint die Rechtsprechung noch unentschlossen, ob die Stilllegung auf wirtschaftlichen Schwierigkeiten beruhen muss, oder ob sie nicht doch per se einen Rechtfertigungsgrund darstellen kann.

f. Einschränkungen der Kündigungsmöglichkeiten

Wie gesehen, besteht in allen untersuchten Mitgliedstaaten grundsätzlich die umfassende Möglichkeit, aus betriebsbedingten bzw. wirtschaftlichen Gründen zu kündigen. Während es allerdings in Deutschland ausreicht, dass die Kündigung durch inner- oder außerbetriebliche Ursachen gerechtfertigt ist, in Großbritannien, dass Arbeitskräfteüberschuss oder ein anderer wesentlicher Grund vorliegt und in Schweden, dass Arbeitsmangel gegeben ist, werden in Spanien und zum Teil auch in Frankreich zusätzliche Anforderungen an den Rechtfertigungsgrund gestellt. So ist in Frankreich im Fall von Umstrukturierungsmaßnahmen zusätzliche Voraussetzung für die Rechtfertigung, dass diese Maßnahmen für den Erhalt der Wettbewerbsfähigkeit erforderlich waren. Noch weitergehende Einschränkungen bestehen in Spanien. Dort gibt es neben dem Vorliegen einer der Kündigungsgründe zusätzliche Anforderungen an die Rechtfertigung einer jeden Kündigung: Im Fall von *causas económicas* muss die Kündigung zur Überwindung der wirtschaftlich negativen Situation des Unternehmens beitragen, im Fall von *causas técnicas, organizativas o de producción* müssen etwa Wettbewerbsschwierigkeiten überwunden werden.

Diese zusätzlichen Anforderungen führen z.B. dazu, dass die Fälle, in denen der Arbeitgeber die Arbeit mit dem Ziel der Gewinnsteigerung verdichtet, obwohl sich sein Betrieb/Unternehmen in keinerlei wirtschaftlichen Schwierigkeiten etwa aus Wettbewerbsgründen befindet, in Frankreich und Spanien keine wirtschaftlichen Kündigungen rechtfertigen können. Als Kündigungsgrund kämen zwar eine *causa organizativa* (Spanien) bzw. Umstrukturierungsmaßnahmen (Frankreich) in Betracht. Die zusätzlichen Anforderungen (Überwindung von Schwierigkeiten in Spanien, Erhalt der Wettbewerbsfähigkeit in Frankreich) führen jedoch dazu, dass Kündigungen allein zur Gewinnsteigerung nicht gerechtfertigt sein können. Anders ist es in Deutschland, Großbritannien und Schweden. Dort ist lediglich erforderlich, dass die Arbeit von den verbleibenden Arbeitnehmern erledigt werden kann und die betroffenen Arbeitnehmer daher nicht mehr benötigt werden. Die Arbeitsverdichtung an sich kann also bereits einen Kündigungsgrund darstellen. Dies kann dazu führen, dass selbst in wirtschaftlich profitablen Betrieben wirtschaftliche Kündigungen möglich sind.

Letztlich sind also die Kündigungsmöglichkeiten in Deutschland, Großbritannien und Schweden weitreichender als in Frankreich und Spanien. Am stärksten eingeschränkt ist der spanische Arbeitgeber. Nicht nur im Fall von Umstrukturierungen, also bei organisatorischen Gründen, wie in Frankreich, sondern bei jedem Kündigungsgrund müssen zusätzliche Anforderungen erfüllt sein.

g. Anknüpfungspunkt des Rechtfertigungsgrundes

Weitere Unterschiede in bezug auf den Umfang der Unternehmerfreiheit zeigen sich im Anknüpfungspunkt des Rechtfertigungsgrundes. In Deutschland ist Anknüpfungspunkt stets der Betrieb (daher betriebsbedingte Kündigung). Es reicht z.B., dass sich ein Auftragsrückgang im Betrieb auswirkt, aber keine Auswirkungen auf das gesamte Unternehmen hat. Anders ist es hingegen in Frankreich und Spanien. Hier wird etwa gefordert, dass sich die wirtschaftlichen Gründe bzw. Schwierigkeiten – die häufigsten Kündigungsgründe! – auf das gesamte Unternehmen auswirken. Ebenso ist im Fall von Umstrukturierungen in Frankreich der Erhalt der Wettbewerbsfähigkeit des Unternehmens erforderlich. Lediglich im Fall von technischen, organisatorischen und produktionsbedingten Gründen reicht es in Spanien, wenn sich nur ein Teil des Unternehmens in Schwierigkeiten befindet. In Großbritannien ist Anknüpfungspunkt das *business* des Arbeitgebers, der Umfang der Unternehmerfreiheit ist also – wie wohl auch in Schweden – arbeitgeberbezogen ausgestaltet.

h. Behördliche Genehmigung

In keinem der untersuchten Mitgliedstaaten benötigt der Arbeitgeber für die Wirksamkeit einer wirtschaftlichen Kündigung heute noch eine behördliche Genehmigung. Eine gewisse Ausnahme bildet Spanien. Dort ist der Arbeitgeber im Fall von Massenentlassungen weiterhin verpflichtet, eine Genehmigung der Arbeitsverwaltung einzuholen. Bei wirtschaftlichen Einzelkündigungen ist aber auch der spanische Arbeitgeber an keine behördlichen Genehmigungen mehr gebunden.

i. Umfang der gerichtlichen Kontrolle

In allen Rechtsordnungen kann sich der seiner Ansicht nach zu Unrecht gekündigte Arbeitnehmer nachträglich (ex post) vor Gericht gegen seine Kündigung wehren. Bei der gerichtlichen Kontrolle gibt es allerdings erhebliche Unterschiede.

In Deutschland, Spanien und Schweden hat der Arbeitgeber vor Gericht zu beweisen, dass die Gründe, auf die er die Kündigung stützt, vorliegen. In Großbritannien reicht es in der Regel sogar aus, dass der Arbeitgeber behauptet, es liege *redundancy* bzw. *SOSR* vor. In Frankreich ist die Beweislast zwischen Arbeitgeber und Arbeitnehmer aufgeteilt. Verbleibende Zweifel gehen aber zugunsten des Arbeitnehmers. Letztlich trifft also doch überall den Arbeitgeber die Beweislast für das Vorliegen der Kündigungsgründe. Dies trägt dem Umstand Rechnung, dass diese Gründe regelmäßig aus der Sphäre des Arbeitgebers stammen und sich dem Einflussbereich und der Kenntnis der Arbeitnehmer entziehen. Ob die vorgebrachten Kündigungsgründe tatsächlich vorliegen, wird von den Gerichten – außer in Großbritannien – überprüft.

Die der Kündigung zugrunde liegende organisatorische Entscheidung des Arbeitgebers hingegen unterliegt grundsätzlich keiner Kontrolle durch die Gerichte. Zur Vermeidung von willkürlichen Kündigungen wird jedoch eine Missbrauchskontrolle vorgenommen. In Deutschland, Frankreich, Großbritannien und Schweden gilt, dass die Gerichte die Unternehmerentscheidung nicht durch eine eigene ersetzen dürfen, da dies ein Eingriff in die unternehmerische Entscheidungsfreiheit wäre. Die Zweckmäßigkeit oder Notwendigkeit der vom Arbeitgeber ergriffenen Maßnahmen bleibt daher bei der gerichtlichen Kontrolle außer Betracht.

Erheblich weiter geht die gerichtliche Kontrolle nur in Spanien. Dort wird die organisatorische Unternehmerentscheidung selbst überprüft. Die Gerichte kontrollieren, ob die Entscheidung des Arbeitgebers „angemessen“ war oder ob sie ermessensfehlerhaft war. Ausnahmsweise gehen die französischen Gerichte noch weiter und kontrollieren die Unternehmerentscheidung doch auf ihre

Zweckmäßigkeit, nämlich wenn der Arbeitgeber sein Unternehmen umstrukturiert.

j. Fazit

Wie gesehen, sind Kündigungen aus wirtschaftlichen Gründen grundsätzlich überall umfassend möglich. Die Gründe, die eine wirtschaftliche Kündigung rechtfertigen können, sind – von verschiedenen Begrifflichkeiten abgesehen – insgesamt sehr ähnlich. Allerdings sind die Anforderungen an einen wirksamen Kündigungsgrund in Spanien und zum Teil auch in Frankreich erheblich strenger als in Deutschland, Großbritannien und Schweden, so dass die französischen und spanischen Arbeitgeber (romanischer Rechtskreis) auf der Ebene des Kündigungsgrundes in ihrer Kündigungsfreiheit erheblich stärker eingeschränkt sind als der deutsche, der britische und der schwedische Arbeitgeber.

Dies lässt allerdings noch nicht den Schluss zu, die spanischen und französischen Arbeitgeber seien in ihrer unternehmerischen Entscheidungsfreiheit insgesamt stärker eingeschränkt. Schließlich ist die wirtschaftliche Kündigung neben dem Erfordernis eines Kündigungsgrundes an weitere Voraussetzungen gebunden. So wird im nächsten Kapitel zu untersuchen sein, ob und in welchem Umfang in den ausgewählten Mitgliedstaaten die zunächst recht umfassend erscheinende Kündigungsmöglichkeit durch das Gebot der Verhältnismäßigkeit eingeschränkt wird.

IV. Verhältnismäßigkeit

1. Frankreich

a. Ultima-ratio-Prinzip

Wie in Deutschland reicht es auch in Frankreich für die Rechtfertigung einer Kündigung aus wirtschaftlichen Gründen nicht, dass der Arbeitgeber sich auf einen wirtschaftlichen Grund und den Abbau eines Arbeitsplatzes beruft. Die Auswirkungen auf Arbeitsplatz oder Arbeitsvertrag können vielmehr nur dann gerechtfertigt sein, wenn sie unvermeidbar und zwangsläufige Folge der wirtschaftlichen Schwierigkeiten oder anderer wirtschaftlicher Gründe sind. Die Kündigung aus wirtschaftlichen Gründen darf daher nur ultima ratio sein, also letztes und mildestes mögliches Mittel[470].

Art. 107 des Sozialmodernisierungsgesetzes sah eine Änderung der Definition der Kündigung aus wirtschaftlichen Gründen dahingehend vor, dass im Fall von wirtschaftlichen Schwierigkeiten eine Kündigung nur dann gerechtfertigt sein

---

[470] Waquet, DS 2002, S. 270.

kann, wenn diese Schwierigkeiten durch kein anderes Mittel überwunden werden können. Der *Conseil constitutionnel* hielt diese Regelung jedoch für verfassungswidrig, da sie dazu führen würde, dass der Richter seine Einschätzung an die Stelle des Unternehmers setzen würde, wenn es um die Wahl der zur Erreichung des verfolgten Ziels geeigneten Mittel gehe[471]. Ob dies aber als Angriff auf das ultima-ratio-Prinzip angesehen werden kann, erscheint fraglich. Schließlich ist in Frankreich – wie in Deutschland – auch ohne gesetzliche Regelung allgemein anerkannt, dass jede Kündigung aus wirtschaftlichen Gründen nur ultima ratio sein darf[472]. Zuzugestehen ist allerdings, dass art. 107 des Sozialmodernisierungsgesetzes insoweit unglücklich formuliert war, als er den ultima-ratio-Grundsatz lediglich auf die Fälle der wirtschaftlichen Schwierigkeiten und nicht allgemein auf alle wirtschaftlichen Gründe zu beziehen schien.

Der Begriff „ultima ratio" wird in Frankreich nicht mit derselben Selbstverständlichkeit verwendet wie etwa in Deutschland. Anstatt von ultima ratio oder Verhältnismäßigkeit zu sprechen, wird auch gesagt, die Kündigung müsse „sozialverträglich" sein[473]. Abgesehen von der Wahl der Begriffe ist aber allgemein anerkannt, dass der Arbeitgeber vor Ausspruch der Kündigung verpflichtet ist, bestimmte kündigungsvermeidende Maßnahmen zu ergreifen. Bevor der Arbeitgeber kündigen darf, muss er alle Möglichkeiten der Weiterbeschäftigung prüfen[474]. Diese Pflicht ist nunmehr durch das Sozialmodernisierungsgesetz in art. L. 321-1 Abs. 3 Cdt auch gesetzlich geregelt[475].

b. Kündigungsvermeidende Maßnahmen

Art. L. 321-1 Abs. 3 S. 1 Cdt: *Le licenciement pour motif économique d'un salarié ne peut intervenir que lorsque tous les efforts de formation et d'adaptation ont été réalisés et que le reclassement de l'intéressé sur un emploi relevant de la même catégorie que celui qu'il occupe ou sur un emploi équivalent ou, à défaut, et sous réserve de l'accord exprès du salarié, sur un emploi d'une catégorie inférieure ne peut être réalisé dans le cadre de l'entreprise ou, le cas échéant, dans les entreprises du groupe auquel l'entreprise appartient.*

Vor Ausspruch einer Kündigung ist der Arbeitgeber verpflichtet, sich um eine Weiterbeschäftigung des Arbeitnehmers auf einem anderen Arbeitsplatz zu bemühen (*obligation de reclassement*), gegebenenfalls nach einer Schulung (*for-*

---

471 Lyon-Caen, DS 2002, S. 262 ; Waquet, DS 2002, S. 267.
472 Lyon-Caen, DS 2002, S. 262 ; Waquet, DS 2002, S. 270; Cass. soc. 17.05.1998, RJS 5/98, n. 579; Ahrendt S. 95f.
473 Laborde, S. 85.
474 Social Pratique, Nr. 370, S. 32.
475 Art. 108 des Sozialmodernisierungsgesetzes; Art. 108 des Sozialmodernisierungsgesetzes war auch nicht suspendiert, wie sich aus Art. 1 des Gesetzes vom 3. Januar 2003 ergibt.

mation) oder Weiterbildung (*adaptation*). Sobald der Unternehmer vorhat, eine Kündigung aus wirtschaftlichen Gründen auszusprechen, spätestens aber mit Ausspruch der Kündigung, hat er eine Weiterbeschäftigungsmöglichkeit zu prüfen und dem betroffenen Arbeitnehmer anzubieten[476]. Nach ständiger Rechtsprechung gilt dies selbst in den Fällen, in denen der Arbeitnehmer einer Änderung seines Arbeitsvertrages widersprochen hat[477].

aa. Weiterbeschäftigung nach Umsetzung

Der Arbeitsplatzabbau etc. muss kausal für die Kündigung gewesen sein. Ein solcher Kausalzusammenhang ist nur gegeben, wenn der Arbeitgeber dem betroffenen Arbeitnehmer keinen anderen Arbeitsplatz zuweisen kann.

Die Pflicht zur Weiterbeschäftigung nach Umsetzung (*obligation de reclassement*) war bisher gesetzlich nicht geregelt, jedoch von der *Cour de cassation* in zahlreichen Entscheidungen anerkannt[478]. Das Prinzip der Weiterbeschäftigung nach Umsetzung ist damit bereits seit Jahren einer der Pfeiler des Rechts der wirtschaftlichen Kündigungen[479]. Mit dem Sozialmodernisierungsgesetz wurde es schließlich auch in das Gesetz aufgenommen, art. L. 321-1 Abs. 3 Cdt. Die Gesetzesformulierungen sind denen der Rechtsprechung sehr ähnlich.

Die Umsetzungspflicht ist wie die Definition der wirtschaftlichen Kündigung in art. L. 321-1 Cdt geregelt. Sie ist jedoch nicht Teil der Definition, vielmehr geht es in Abs. 3 dieses Artikels um Sanktionen. Die Rechtsprechung sanktionierte die Nichterfüllung der Umsetzungspflicht bisher damit, dass es an einem tatsächlichen und ernsthaften Grund fehlte[480], die Kündigung aber dennoch wirksam war. Der Gesetzeswortlaut regelt die Rechtsfolge nicht, sondern stellt lediglich fest, dass bei Nichterfüllung die Kündigung nicht vorgenommen werden darf (*„le licenciement ne peut intervenir"*). Der *Conseil constitutionnel* hat entschieden, dass jedenfalls die Nichtigkeit der Kündigung mit der Folge der Wiedereinstellung nicht in Betracht komme[481]. Es scheint angebracht, der *Cour de*

---

476 Francis Lefebvre, Nr. 191.

477 Cass. soc. 30.09.1997, Bull. Cass. 97-V-290; Cass. soc. 07.03.2000, Bull. Cass. 00-V-88; Waquet, DS 2002, S. 273.

478 Cass. soc. 15.05.1991, Bull. Cass. 91-V- 238; Cass. soc. 22.01.1992, Bull. Cass. 92-V-31; Cass. soc. 19.02.1992, Bull. Cass. 92-V-100; Cass. soc. 25.02.1992, Bull. Cass. 92-V-122; Cass. soc. 01.04.1992, Bull. Cass. 92-V-228; Cass. soc. 05.04.1995, Bull. Cass. 95-V-123; Cass. soc. 31.03.1998, RJS 5/98, Nr. 578; Cass. soc. 16.12.1998, DS 1999, 196 mit Anmerkung François Gaudu; Cass. soc. 17.03.1999, DS 1999, 503.

479 Antonmattei, DS 2002, S. 274.

480 Flichy, Nr. 415; Waquet, DS 2002, S. 273; Antonmattei, DS 2002, S. 275.

481 12. Januar 2002, Nr. 2001-455 DC, Nr. 21, www.conseil-constitutionnel.fr/decision/2002/2001455/2001455dc.htm.

cassation zu folgen, da sich der Gesetzestext auch im übrigen an die Entscheidungen der *Cour de cassation* anlehnt[482].

Während in Deutschland die Weiterbeschäftigungspflicht lediglich unternehmensbezogen ist, hat der französische Arbeitgeber nicht nur zu prüfen, ob der betroffene Arbeitnehmer auf einem anderen Arbeitsplatz irgendwo im Unternehmen weiterbeschäftigt werden kann. Unter Umständen ist auch eine Umsetzung innerhalb eines Konzerns zu prüfen. Dies wird zwar als problematisch angesehen, da – wie auch in Deutschland – die Unternehmen eines Konzerns grundsätzlich rechtlich selbständig sind[483]. Der *Conseil constitutionnel* hatte diese konzernweite Weiterbeschäftigungspflicht dennoch bereits früher angenommen[484]. Die Rechtsprechung der *Cour de cassation* hingegen hat die konzernweite Prüfung einer Weiterbeschäftigungsmöglichkeit zunehmend als zu umfassend angesehen. Für den Unternehmer sei es unmöglich, dieser Pflicht stets nachzukommen, etwa wenn es um die mögliche Weiterbeschäftigung in einem Unternehmen im Ausland geht[485]. Das Sozialmodernisierungsgesetz scheint dieser Rechtsprechung der *Cour de cassation* zu widersprechen. Zwar gilt gem. art. L. 321-1 Cdt in seiner aktuellen Fassung auch, dass die Weiterbeschäftigungsmöglichkeit grundsätzlich – wie in Deutschland auch – unternehmensbezogen zu prüfen ist (*dans le cadre de l'entreprise*). Daher ist auch eine Weiterbeschäftigung in Betrieben in anderen Regionen zu prüfen. Für den Fall, dass eine Weiterbeschäftigung im selben Unternehmen nicht möglich ist, ist nach dem Gesetzeswortlaut aber auch zu prüfen, ob eine Weiterbeschäftigung nach Umsetzung in ein anderes Unternehmen derselben Unternehmensgruppe in Betracht kommt (*dans les entreprises du groupe*). Unter Umständen sind sogar andere Arbeitsplätze im Ausland mit einzubeziehen[486]. Die Arbeitnehmer eines Unternehmens haben aber vorrangig Anspruch auf Weiterbeschäftigung in ihrem Unternehmen vor den Arbeitnehmern anderer Unternehmen im Konzern[487].

Der Unternehmer hat zunächst zu prüfen, ob der Arbeitnehmer auf einem anderen Arbeitsplatz die gleiche Tätigkeit wie bisher ausführen kann (*emploi de la même catégorie*)[488]. Ist dies nicht möglich, so muss er seit dem Sozialmodernisierungsgesetz einen gleichwertigen Arbeitsplatz (*emploi équivalent*) anbie-

---

482 Antonmattei, DS 2002, S. 276.
483 Laborde, S. 85.
484 Vgl. Dondoux zu CE 18.01.1980, DS 1980, S. 323; Waquet, DS 2002, S. 272.
485 Cass. soc. 23.05.1995, DS 1995, 678 mit Anmerkung Françoise Favennec; Cass. soc. 07.10.1998, RJS 11/98, Nr. 1352; CE 15.06.1998, RJS 8-9/98, Nr. 1016; Cass. soc. 05.10.1999, DS 1999, 1112, mit Anmerkung Gérard Couturier.
486 Cass. soc. 07.10.1998, Bull. Cass. 98-V-407; Waquet, DS 2002, S. 272.
487 Francis Lefebvre, Nr. 190; Social Pratique, Nr. 370, S. 35.
488 Cass. soc. 08.04.1992, Bull. Cass. 92-V-258.

ten[489]. Das Anbieten eines gleichwertigen Arbeitsplatzes ist also subsidiär und erst dann geboten, wenn ein identischer Arbeitsplatz nicht in Betracht kommt[490]. Ist auch kein gleichwertiger Arbeitsplatz frei, so sieht der neue art. L. 321-1 Abs. 3 Cdt auch die Weiterbeschäftigung auf einem weniger qualifizierten (*catégorie inférieure*) und ggf. weniger bezahlten Arbeitsplatz vor. Dem entspricht die Pflicht des deutschen Arbeitgebers, den betroffenen Arbeitnehmer unter geänderten Arbeitsbedingungen weiterzubeschäftigen.

Die Möglichkeit der Weiterbeschäftigung auf einem geringerwertigen Arbeitsplatz war bereits von der Rechtsprechung der *Cour de cassation* entwickelt worden[491]. Wo genau die Grenzen einer geringerwertigen Beschäftigung liegen ist unklar. Muss etwa der Unternehmer einem von einer wirtschaftlichen Kündigung bedrohten Computerspezialisten eine Beschäftigung als Putzkraft anbieten? Es erscheint vernünftig, die Weiterbeschäftigungspflicht nur auf der ursprünglichen Beschäftigung nahe liegende Beschäftigungen zu beziehen[492].

Bei Umsetzung auf einen geringerwertigen Arbeitsplatz fordert das Gesetz das ausdrückliche Einverständnis des Arbeitnehmers (*l'accord exprès du salarié*). Wie bei der deutschen betriebsbedingten Änderungskündigung hat der Arbeitnehmer damit die Wahl, ob er zu weniger vorteilhaften Bedingungen weiter arbeiten möchte, oder ob er den Verlust seines Arbeitsplatzes vorzieht[493].

Allerdings scheint die Gesetzesformulierung hier etwas unglücklich, ja sogar überflüssig. Schließlich bietet der Unternehmer dem betroffenen Arbeitnehmer mit dem geringerwertigen Arbeitsplatz eine Änderung seines Arbeitsvertrages an. Ein Angebot zur Vertragsänderung aber erfordert immer die Annahme des Arbeitnehmers, also sein Einverständnis. Zudem ist das arbeitnehmerseitige Einverständnis nicht nur für die Umsetzung auf einen geringerwertigen, sondern auf jeden anderen Arbeitsplatz Voraussetzung. Der Unternehmer kann dem betroffenen Arbeitnehmer nicht einfach aufgrund seines Direktionsrechts einen anderen Arbeitsplatz aufzwingen. Vielmehr bietet er ihm lediglich einen anderen Arbeitsplatz an, den der Arbeitnehmer annehmen kann oder auch nicht. Jede Umsetzung ist daher nur mit dem Einverständnis des betroffenen Arbeitnehmers möglich[494].

---

[489] Waquet, DS 2002, S. 271.
[490] Waquet, DS 2002, S. 272.
[491] Cass. soc. 25.02.1992, Bull. Cass. 92-V-122; Cass. soc. 19.11.1992, Bull. Cass. 92-V-563; Cass. soc. 08.04.1992, Bull. Cass. 92-V-258; Cass. soc. 22.01.1992, Bull. Cass. 92-V-31.
[492] Waquet, DS 2002, S. 272.
[493] Waquet, DS 2002, S. 272.
[494] Antonmattei, DS 2002, S. 277.

Wie in Deutschland kommt auch in Frankreich eine Weiterbeschäftigung auf einem anderen Arbeitsplatz zudem nur in Betracht, wenn ein freier Arbeitsplatz vorhanden ist. Auch ein erst noch im Entstehen begriffener Arbeitsplatz ist zu berücksichtigen[495]. Der Unternehmer ist aber nicht verpflichtet, einen Arbeitnehmer in die Frührente zu entlassen oder zu kündigen, um dessen Arbeitsplatz frei zu machen und damit die Umsetzung eines anderen Arbeitnehmers zu ermöglichen[496].

Eine Umsetzung ist dann nicht möglich, wenn kein anderer freier Arbeitsplatz vorhanden ist, oder wenn der Arbeitnehmer eine Umsetzung ablehnt[497].

Im **Ausgangsfall Nr. 5** hätte A daher auf einem anderen freien Arbeitsplatz im Betrieb, Unternehmen oder sogar im Konzern weiterbeschäftigt werden müssen.

Der Arbeitgeber ist auch dann verpflichtet den Arbeitnehmer auf einen anderen Arbeitsplatz umzusetzen, wenn dessen Weiterbeschäftigung erst nach einer Weiterbildung (*adaptation*) oder einer Vertragsänderung im Sinne des art. L. 321-1 Abs. 1 Cdt möglich ist[498].

bb. Weiterbeschäftigung nach Weiterbildung oder Schulung

So wie der deutsche Arbeitgeber zu prüfen hat, ob eine Weiterbeschäftigung nach Umschulungs- oder Fortbildungsmaßnahmen in Betracht kommt, so ist gem. art. L. 321-1 Abs. 3 Cdt auch der französische Arbeitgeber verpflichtet, dem betroffenen Arbeitnehmer eine Schulung (*formation*) oder Weiterbildung (*adaptation*) anzubieten, um ihm dadurch eine Weiterbeschäftigung zu ermöglichen und Kündigungen zu vermeiden. Der Gesetzgeber vermischt hier Umsetzung, Schulung und Weiterbildung. Die Pflicht zu Schulungs- und Weiterbildungsmaßnahmen ist eigentlich nichts anderes als ein Teil der Pflicht zur Umsetzung. Da sie aber gesondert im Gesetz genannt ist, ist es sinnvoll, sie auch gesondert zu untersuchen. Schließlich sind die verschiedenen Pflichten auch nicht identisch, insbesondere werden sie zu unterschiedlichen Zeitpunkten relevant[499].

Plant der Unternehmer wirtschaftliche Kündigungen, so hat er zu diesem Zeitpunkt die Umsetzungsmöglichkeit zu prüfen. Er muss also nach freien Arbeitsplätzen suchen und diese den betroffenen Arbeitnehmern anbieten. Sind freie Arbeitsplätze vorhanden, so kommt die Weiterbildungs- bzw. Schulungspflicht

---

495 Francis Lefebvre, Nr. 185.
496 Francis Lefebvre, Nr. 187; Social Pratique, Nr. 370, S. 36.
497 Antonmattei, DS 2002, S. 277.
498 Francis Lefebvre, Nr. 187 ; Waquet, DS 2002, S. 272.
499 Antonmattei, DS 2002, S. 276.

ins Spiel. Bei seiner Suche nach geeigneten Arbeitsplätzen hat der Unternehmer diese Pflicht zu berücksichtigen[500]. Die *Cour de cassation* sanktioniert die Fälle, in denen der Unternehmer sich gar nicht um eine Weiterbildung bemüht hat. Die Pflicht muss also stets erfüllt werden. Der Umfang der Weiterbildung kann aber für einen gleichen Arbeitsplatz weniger stark sein, als etwa für einen geringerwertigen Arbeitsplatz[501].

Während die Pflicht zur Umsetzung erst in dem Zeitpunkt entsteht, in dem der Unternehmer wirtschaftliche Kündigungen plant, besteht die Weiterbildungs- und Schulungspflicht schon früher. Im Jahre 1992 entschied die *Cour de cassation* in der *Expovit*-Entscheidung erstmalig, dass es dem Unternehmer obliege, seine Arbeitnehmer an die Entwicklung ihrer Arbeit anzupassen: *„L'employeur, tenu d'exécuter de bonne foi le contrat de travail, a le devoir d'assurer l'adaptation des salariés à l'évolution de leurs emplois"*[502]. Seitdem ist dies ständige Rechtsprechung[503] und wurde schließlich – leicht verändert – in art. L. 932-1 Cdt aufgenommen: *„L'employeur a l'obligation d'assurer l'adaptation de ses salariés à l'évolution de leurs emplois."* Diese Pflicht der ständigen Anpassung der Arbeitnehmer an ihre Arbeit gilt nicht nur im Fall einer wirtschaftlichen Kündigung. Vielmehr hat der Unternehmer während der gesamten Vertragsdauer dafür Sorge zu tragen, dass die Kenntnisse seiner Arbeitnehmer etwa an neue Technologien angepasst werden. Damit soll verhindert werden, dass die Arbeitnehmer eines Tages nicht mehr in der Lage sind, ihre Arbeit auszuführen[504]. Allerdings gilt dies nur dann, wenn die Weiterbildung den Fähigkeiten des betroffenen Arbeitnehmers entspricht[505].

Es handelt sich bei der Weiterbildungs- und Schulungspflicht in Frankreich also um eine Pflicht sowohl für die Zukunft als auch für die Vergangenheit[506]. Hat der Unternehmer diese Pflicht in der Vergangenheit nicht erfüllt, so ist eine wirtschaftliche Kündigung deswegen jedoch nicht unwirksam, wenn er dem betroffenen Arbeitnehmer dennoch einen anderen Arbeitsplatz anbieten kann[507]. Andererseits hat er seine Pflicht erfüllt, wenn der Arbeitnehmer sich jeglicher

---

[500] Antonmattei, DS 2002, S. 276.
[501] Antonmattei, DS 2002, S. 277.
[502] Cass. soc. 25.02.1992, Bull. Cass. 92-V-122.
[503] Cass. soc. 19.11.1992, Bull. Cass. 92-V-564; Cass. soc. 23.09.1992, Bull. Cass. 92-V-472; Cass. soc. 17.02.1998, Bull. Cass. 98-V-86; Cass. soc. 19.10.1994, Bull. Cass. 94-V-279; Conseil constitutionnel 12.01.2002, Nr. 2001-455 DC.
[504] Waquet, DS 2002, S. 271.
[505] Cass. soc. 15.10.1992, Bull. Cass. 92-V-513; Cass. soc. 17.02.1998, Bull. Cass. 98-V-86; Cass. soc. 03.04.2001, Bull. Cass. 01-V-114, mit Anm. Reynes in Le Dalloz 2001, 3010.
[506] Antonmattei, DS 2002, S. 277.
[507] Antonmattei, DS 2002, S. 277.

Weiterbildungsmaßnahme verweigert hat, bzw. trotz Weiterbildung den neuen Anforderungen nicht gewachsen ist[508].

Im Rahmen der Umsetzung muss der Unternehmer dem betroffenen Arbeitnehmer schließlich auch eine Schulung anbieten, um die für den neuen Arbeitsplatz notwendigen Kenntnisse zu erwerben[509]. Zur Durchführung einer solchen Schulung ist der Unternehmer aber nur verpflichtet, wenn eine einfache Schulung von kurzer Dauer ausreicht, damit der Arbeitnehmer die für den anderen Arbeitsplatz erforderlichen Fähigkeiten erwirbt. Erforderlich ist auch hier, dass der Arbeitnehmer bereits entsprechende Fähigkeiten besitzt. Eine lang andauernde, völlig neue Ausbildung muss der Arbeitgeber jedenfalls nicht anbieten[510]. Bei der Frage, in welchem Umfang der Unternehmer in der Vergangenheit Schulungen hätte anbieten müssen, kommt es darauf an, inwieweit die Weiterentwicklung des Arbeitsplatzes vorhersehbar war. Je mehr die Entwicklung vorhersehbar war, desto mehr hätte sich der Unternehmer darum kümmern müssen, den Arbeitnehmern eine Anpassung an die neuen Aufgaben zu ermöglichen. Hat er dies versäumt, so hat er im Fall einer wirtschaftlichen Kündigung seine Pflicht nicht ausreichend erfüllt[511].

In der **Abwandlung von Fall Nr. 5** hätte U dem A auch eine einfache Weiterbildung von kurzer Dauer ermöglichen müssen.

cc. Andere mildere Mittel

Es stellt sich die Frage, ob der Unternehmer zur Vermeidung von Kündigungen aus wirtschaftlichen Gründen neben der Weiterbeschäftigung auf einem anderen Arbeitsplatz auch andere Mittel ergreifen muss. In bestimmten Fällen hat die Reduzierung der wöchentlichen Arbeitszeit Vorrang vor einer Kündigung aus wirtschaftlichen Gründen. Unternehmen, in denen die wöchentliche Arbeitszeit über der gesetzlichen Arbeitszeit von 35 Stunden liegt, sind gem. art. L. 321-4-1, Abs. 2 Cdt verpflichtet, mit der im Unternehmen vertretenen Gewerkschaft über eine Reduzierung der wöchentlichen Arbeitszeit auf 35 Stunden oder weniger zu verhandeln. Dies gilt allerdings nicht in kleinen Unternehmen und nicht bei Einzelentlassungen, sondern nur für Unternehmen mit mindestens 50 Beschäftigten, die innerhalb von 30 Tagen mindestens 10 Arbeitnehmer entlassen wollen[512]. Auch der Plan zur Sicherung von Beschäftigung (*plan de sauvegarde*

---

[508] Waquet, DS 2002, S. 272.
[509] Waquet, DS 2002, S. 271.
[510] Francis Lefebvre, Nr. 189; Social Pratique, Nr. 370, S. 20, 36 ; Antonmattei, DS 2002, S. 277; Cass. soc. 03.04.2001, Bull. Cass. 01-V-114.
[511] Antonmattei, DS 2002, S. 277.
[512] Social Pratique, Nr. 370, S. 37f.

de l'emploi[513]) gilt nicht für Einzelkündigungen und wird daher an dieser Stelle nicht näher betrachtet.

c. Darlegungs- und Beweislast

Der Arbeitgeber hat alle Maßnahmen zu prüfen, um eine Kündigung zu vermeiden. Scheitert die Weiterbeschäftigung, so hat der Arbeitgeber in einem Prozess darzulegen und zu beweisen, dass trotz seiner Bemühungen eine Weiterbeschäftigung nicht möglich war[514]. Er muss nachweisen, dass entweder keine freien Arbeitsplätze vorhanden sind, dass der Arbeitnehmer sich geweigert hat, auf einen anderen Arbeitsplatz umgesetzt zu werden bzw. er sich geweigert hat, an Fortbildungs- oder Umschulungsmaßnahmen teilzunehmen, oder dass trotz erfolgter Fortbildung/Umschulung der Arbeitnehmer den Anforderungen an dem anderen Arbeitsplatz nicht gewachsen ist[515].

Seit dem Sozialmodernisierungsgesetz ist der Unternehmer verpflichtet, dem Arbeitnehmer die Umsetzungsangebote schriftlich zu unterbreiten, art. 321-1 Abs. 3 S. 2 Cdt: *Les offres de reclassement proposées au salarié doivent être écrites et précises.* Dadurch wird es für ihn etwas leichter, seine Beweislast zu erfüllen, da er jedenfalls nicht mehr Behauptungen eines Arbeitnehmers ausgesetzt sein kann, nach denen er gar keine derartigen Angebote erhalten habe. Auch die Bedingungen der Weiterbeschäftigung sind schriftlich leichter nachzuweisen[516]. Allerdings war es aus Beweisgründen auch bisher schon üblich, die Umsetzungsangebote schriftlich zu fixieren[517]. Das Schriftformerfordernis kann zudem zu neuen Problemen führen. Es könnte die Rechtsprechung dazu bewegen, schon bei fehlender Schriftform das Fehlen eines tatsächlichen und ernsthaften Grundes festzustellen. Zudem fordert die neue Gesetzesfassung, dass die Angebote „genau“ (*précise*) sein müssen, wobei die Frage offen bleibt, unter welchen Voraussetzungen ein Angebot „genau“ ist. Jedenfalls ist der Unternehmer gut beraten, die Umsetzungsangebote so umfassend wie möglich zu beschreiben[518].

d. Gerichtliche Kontrolle

Das Gericht überprüft, ob der Arbeitgeber seiner Umsetzungspflicht und darüber hinaus auch seiner Pflicht zur Fortbildung nachgekommen ist[519].

---

513 früher Sozialplan (*plan social*).
514 Flichy, Nr. 415.
515 Francis Lefebvre, Nr. 194; Social Pratique, Nr. 370, S. 35f.
516 Waquet, DS 2002, S. 272.
517 Antonmattei, DS 2002, S. 278.
518 Antonmattei, DS 2002, S. 278.
519 Chaumette, S. 89ff.

Strittig ist hingegen, ob und in welchem Umfang die Richter überprüfen dürfen, ob der Arbeitgeber eine Kündigung hätte vermeiden können, wenn er andere (mildere) Mittel gewählt hätte[520].

Die *Cour de cassation* hatte einen Fall zu entscheiden, in dem es um Umstrukturierungsmaßnahmen zur Erhaltung der Wettbewerbsfähigkeit ging. Dem Arbeitgeber standen drei verschiedene Umstrukturierungsmöglichkeiten zur Verfügung, die alle dem Erhalt der Wettbewerbsfähigkeit dienten. Er entschloss sich schließlich für diejenige Möglichkeit, die seinen Vorstellungen am ehesten entsprach, jedoch die meisten Kündigungen zur Folge hatte. Die *Cour de cassation* bestätigte zunächst ihre bisherige Rechtsprechung, indem sie betonte, Umstrukturierungen könnten Kündigungen rechtfertigen, soweit sie dazu dienten, die Wettbewerbsfähigkeit des Unternehmens zu erhalten. Liege aber ein derartiger Rechtfertigungsgrund vor, so dürften sich die Richter nicht weiter in die Unternehmensführung einmischen. Insbesondere dürften sie nicht die Entscheidung, die der Arbeitgeber zwischen mehreren zulässigen Möglichkeiten getroffen hat, in Frage stellen[521]. Selbst wenn also eine andere Umstrukturierungsmaßnahme milder wäre, da sie zu weniger Kündigungen führen würde, liegt die Entscheidung, welche Maßnahme getroffen wird, letztlich allein beim Arbeitgeber.

2. Spanien

a. Ultima-ratio-Prinzip

Wie in Frankreich und Deutschland gilt auch in Spanien das ultima-ratio-Prinzip, das der Arbeitgeber bei jeder geplanten Kündigung zu berücksichtigen hat. So hat auch der spanische Arbeitgeber bestimmte Maßnahmen zu ergreifen, um Kündigungen so weit wie möglich zu vermeiden.

b. Kündigungsvermeidende Maßnahmen

Wurde der Arbeitsplatz eines Arbeitnehmers abgebaut, so stellt sich die Frage, ob der Arbeitgeber verpflichtet ist, eine Weiterbeschäftigungsmöglichkeit für den betroffenen Arbeitnehmer auf einem anderen Arbeitsplatz zu prüfen.

aa. Weiterbeschäftigung auf einem anderen Arbeitsplatz

Vor der Arbeitsrechtsreform im Jahre 1994 war die Verpflichtung des Arbeitgebers, nach Weiterbeschäftigungsmöglichkeiten (*la recolocación*) zu suchen, ausdrücklich gesetzlich geregelt[522]. In art. 52. c) ET a.F. hieß es, ein Arbeitneh-

---

[520] vgl. zum Streitstand Ahrendt, S. 102.

[521] Francis Lefebvre, Nr. 821; Social Pratique, Nr. 370, S. 18 unter Verweis auf Cass. soc. 08.12.2000.

[522] Dazu Senra Biedma, S. 256.

mer dürfe nur dann wegen Wegfall eines Arbeitsplatzes gekündigt werden, wenn er nicht mit anderen Aufgaben im Betrieb am gleichen Ort oder auch in einem an einem anderen Ort gelegenen Betrieb betraut werden könne[523]. Dieses Erfordernis wurde aus dem Gesetzeswortlaut gestrichen: Art. 52. c) ET in seiner aktuellen Fassung schweigt zu dieser Pflicht. Das Recht der Arbeitnehmer auf Weiterbeschäftigung wurde durch die Neuregelung abgeschafft. Allerdings wird trotz Wegfalls der Weiterbeschäftigungspflicht von den Arbeitgebern oftmals weiterhin geprüft, ob der betroffene Arbeitnehmer anstelle einer Kündigung an einem anderen Arbeitsplatz weiterbeschäftigt werden kann.

Im **Ausgangsfall Nr. 5** war der Arbeitgeber nicht dazu verpflichtet, den von einer Kündigung bedrohten Arbeitnehmer weiterzubeschäftigen, obwohl ein freier Arbeitsplatz vorhanden war, der den Fähigkeiten des A entsprach. U hätte A nicht weiterbeschäftigen müssen.

bb. Weiterbeschäftigung nach Umschulungs- und Fortbildungsmaßnahmen/ unter geänderten Arbeitsbedingungen

Auch zur Durchführung von Umschulungs- und Fortbildungsmaßnahmen ist der spanische Arbeitgeber – anders als der deutsche und der französische Arbeitgeber – nicht verpflichtet. Ebenso wenig ist eine Weiterbeschäftigungsmöglichkeit unter geänderten Arbeitsbedingungen zu prüfen.

In der **Abwandlung von Fall Nr. 5** war U daher nicht verpflichtet, den A auf einem anderen Arbeitsplatz weiterzubeschäftigen.

cc. Sonstige mildere Mittel

Auf einen Rückgang der Arbeit kann der Arbeitgeber nicht nur mit Entlassungen reagieren. Daneben besteht auch noch die Möglichkeit der Kurzarbeit (*suspensión parcial del contrato de trabajo*) und der Vertragsaussetzung (*suspensión del contrato de trabajo*), ein in Deutschland und Frankreich unbekanntes Institut.

Bei der Vertragsaussetzung werden die gegenseitigen arbeitsvertraglichen Pflichten zeitweise suspendiert, d.h. der Arbeitnehmer erhält keinen Lohn, ist aber seinerseits auch nicht verpflichtet, seine Arbeitsleistung zu erbringen[524]. Der Arbeitgeber kann die *suspensión del contrato de trabajo* einseitig anordnen, wenn solche Gründe vorliegen, die auch eine Kündigung aus wirtschaftlichen

---

[523] Art. 52 c) ET a.F.: *(El contrato podrá extinguirse...)..., cuando no proceda utilizar los servicios del trabajador afectado en otras tareas de la empresa en la misma localidad. Si la empresa contase con un puesto vacante en otro centro de trabajo en distinta localidad, el trabajador podrá ocuparlo,...*

[524] Glosario, Nr. 663.

Gründen rechtfertigen würden. Art. 47 ET ermöglicht die Vertragsaussetzung u.a. wegen *causas económicas, técnicas, organizativas o de producción*. Sie ist allerdings nur mit Genehmigung der Arbeitsverwaltung und nach Beratung mit den Arbeitnehmervertretern erlaubt.

Wird eine objektive Kündigung auf *causas organizativas* gestützt, so ist sie dann ungerechtfertigt (*improcedente*), wenn anstelle einer Organisationsänderung andere weniger einschneidende Mittel in Betracht gekommen wären, wie zum Beispiel die Verkürzung der Arbeitszeit (*reducción de jornada*)[525].

c. Darlegungs- und Beweislast

Bei den *causas económicas* hat der Arbeitgeber nachzuweisen, dass eine vernünftige Verbindung zwischen der Kündigung und dem mit ihr verfolgten Ziel besteht[526]. Er muss also beweisen, dass die Wahl der Maßnahmen nicht außer Verhältnis zum Ziel, nämlich Überwindung der wirtschaftlich negativen Situation, steht[527]. Behaupten hingegen die Arbeitnehmer, die Maßnahme sei unverhältnismäßig gewesen, so liegt es an ihnen, nachzuweisen, welche mildere Maßnahme möglich gewesen wäre.

d. Gerichtliche Kontrolle

Zwar gebietet das ultima-ratio-Prinzip, Kündigungen weitgehend zu vermeiden. Eine Kontrolle, ob mildere Mittel in Betracht gekommen wären, findet allerdings kaum statt.

3. Großbritannien

a. Ultima-ratio-Prinzip

Eine Kündigung kann nur dann *fair* sein, wenn ein wirksamer Kündigungsgrund vorliegt. Anders als in den anderen Mitgliedstaaten findet sich in Großbritannien kein Verweis auf das Verhältnismäßigkeitsprinzip. Insbesondere ist nicht erforderlich, dass die Kündigung ultima ratio war. Gemäß ERA 1996 section 98 (4) ist aber erforderlich, dass der Arbeitgeber vernünftig gehandelt hat.

ERA 1996 section 98 (4):

---

[525] Selenkewitsch, ZIAS 2005, S. 42; Memento Práctico, Rn. 3220, mit Hinweis auf TSJ Castilla y León, 28-11-95, AS 4138.

[526] Ojeda Avilés/Gorelli Hernández/Rodriguez Ramos, S. 312.

[527] Memento Práctico, Rn. 3211, unter Hinweis auf TS 14-6-96, RJ 5162.

Where the employer has fulfilled the requirements of subsection (1), the determination of the question whether the dismissal is fair or unfair (having regard to the reason shown by the employer) –

(a) depends on whether in the circumstances (including the size and administrative resources of the employer's undertaking) the employer acted reasonably or unreasonably in treating it as a sufficient reason for dismissing the employee, and

(b) shall be determined in accordance with equity and the substantial merits of the case.

Eine Kündigung ist nur dann *fair*, wenn ein vernünftiger Arbeitgeber den Kündigungsgrund im konkreten Einzelfall als ausreichend für die Rechtfertigung der Kündigung ansehen durfte. Dies gilt bei jeder Kündigung durch den Arbeitgeber. Wann eine Kündigung *reasonable* ist und welche Umstände den Arbeitgeber in seiner Kündigungsentscheidungsfreiheit einschränken, ist, da gesetzlich nicht geregelt, Gegenstand des *case law*.

Nicht nur bei *redundancy*, sondern auch bei *SOSR* ist erforderlich, dass der Arbeitgeber *reasonably* gehandelt hat. Dabei stehen sich oftmals ein „vernünftiges" Interesse des Arbeitgebers an einer Vertragsänderung (z.B. Einführung von Überstunden zur Produktivitätssteigerung) und ein „vernünftiges" Interesse der Arbeitnehmer, diese Vertragsänderung abzulehnen (z.B. Unvereinbarkeit von Überstunden mit der Familie) gegenüber. Die Tatsache allein, dass die Vertragsänderung Nachteile für den Arbeitnehmer mit sich bringt, bedeutet noch nicht, dass die Änderung *unreasonable* war. Allerdings scheinen regelmäßig die Interessen des Arbeitgebers zu überwiegen. Bietet der Arbeitgeber aus gutem (betrieblichem) Grund den Arbeitnehmern eine Vertragsänderung an und lehnen die Arbeitnehmer diese ab, so kann der Arbeitgeber in aller Regel rechtmäßige Kündigungen wegen *SOSR* aussprechen. Die Interessen der Arbeitnehmer hingegen müssen zumeist hinten anstehen. Dies haben die Gerichte z.B. so gesehen im Fall von Vertragsänderungen infolge von Umstrukturierungen[528], Änderungen zur Anpassung der Verträge der bei einem Betriebsübergang übergegangenen Arbeitnehmer an die Arbeitsverträge des übernehmenden Betriebs[529] und zur Abwehr einer drohenden Insolvenz nach einem Betriebsübergang[530].

Diese Entscheidungen machen deutlich, welche Bedeutung der unternehmerischen Entscheidungsfreiheit beigemessen wird, wenn es darum geht, den Betrieb/das Unternehmen umzuorganisieren. Wird dabei die Zahl der Beschäftigten insgesamt nicht reduziert, so liegt in aller Regel nicht *redundancy* vor. Lehnen

---

[528] Hollister v. National Farmers'Union [1979] ICR 542 (CA).
[529] Richmond Precision Engineering Ltd v. Pearce [1985] IRLR 179 (EAT).
[530] Catamaran Cruisers Ltd v. Williams [1994] IRLR 384 (EAT).

die Arbeitnehmer aber die ihnen infolge der Umstrukturierungen angebotenen Änderungen der Arbeitsbedingungen ab, weil sie für sie nachteilig sind, so wird die Rechtfertigung einer Kündigung wegen *SOSR* auch nicht an ERA 1996 section 98 (4) scheitern. Die Unternehmerfreiheit wird also umfassend gewährt.

Im Rahmen des ERA 1996 section 98 (4) unterliegt der Arbeitgeber aber dennoch einigen Einschränkungen: Zu einem vernünftigen Verhalten gehört auch, dass der Arbeitgeber Kündigungen möglichst vermeidet. Zum vernünftigen Verhalten des Arbeitgebers kann – je nach Einzelfall – gehören, dass er sich im Vorfeld einer Kündigung mit der Gewerkschaft berät, die betroffenen Arbeitnehmer von bevorstehenden Kündigungen unterrichtet und mit ihnen berät, nach einer Weiterbeschäftigungsmöglichkeit forscht oder eine Sozialauswahl durchführt[531]. Dabei sind an Arbeitgeber kleinerer Betriebe geringere Anforderungen zu stellen als an Arbeitgeber großer Unternehmen[532].

Unterlässt es etwa der Arbeitgeber, vor Ausspruch einer wirtschaftlichen Kündigung den Arbeitnehmer zu unterrichten und mit ihm zu beraten, so kann dies dazu führen, dass der Arbeitnehmer einen Anspruch auf Entschädigung wegen *unfair dismissal* erlangt[533]. Der Entschädigungsanspruch kann aber trotz *unfairness* etwa wegen fehlender Unterrichtung und Beratung entfallen, wenn sich herausstellt, dass auch eine ordnungsgemäße Unterrichtung nichts an der Situation des Arbeitnehmers geändert hätte. Dieses Prinzip wurde zunächst von der Rechtsprechung in *Polkey v. A.E. Dayton Services Ltd* entwickelt[534]. In ERA 1996 section 98 A wurde schließlich gesetzlich sogar bestimmt, dass das Verhalten eines Arbeitgebers, der sich nicht an das erforderliche Verfahren hält, dann nicht als unvernünftig im Sinne von ERA 1996 section 98 (4) anzusehen ist, wenn der Arbeitgeber den Arbeitnehmer auch bei ordnungsgemäß durchgeführtem Verfahren entlassen hätte[535]. Da der Arbeitgeber regelmäßig nachweisen kann, dass

---

531 Williams v Compair Maxam Ltd [1982] ICR 156 (EAT); Deakin/Morris, S. 517.

532 Deakin/Morris, S. 517 m.w.N.

533 Williams v Compair Maxam [1982] ICR 156 (EAT).

534 Polkey v A.E. Dayton Services Ltd [1988] ICR 142 (HL).

535 ERA 1996 section 98A:

(1) An employee who is dismissed shall be regarded for the purposes of this Part as unfairly dismissed if-

(a) one of the procedures set out in Part 1 of Schedule 2 to the Employment Act 2002 (dismissal and disciplinary procedures) applies in relation to the dismissal,

(b) the procedure has not been completed, and

(c) the non-completion of the procedure is wholly or mainly attributable to failure by the employer to comply with its requirements.

(2) Subject to subsection (1), failure by an employer to follow a procedure in relation to the dismissal of an employee shall not be regarded for the purposes of section 98 (4)(a) as by itself making the employer's action unreasonable if he shows that he would have decided to dismiss the employee if he had followed the procedure.

die Kündigung unvermeidbar war, egal ob der Arbeitnehmer unterrichtet wurde oder nicht, ist das Unterrichtungserfordernis für die Arbeitgeber kaum ein Hindernis. Der Gegenbeweis wird dem Arbeitnehmer regelmäßig nicht gelingen, so dass der Schutz der Arbeitnehmer insoweit weitgehend ausgehöhlt scheint.

b. Kündigungsvermeidende Maßnahmen

aa. Weiterbeschäftigung auf einem anderen Arbeitsplatz

Generell trifft den britischen – wie auch den deutschen und den französischen – Arbeitgeber die Pflicht, sich um die Weiterbeschäftigung des zu kündigenden Arbeitnehmers zu bemühen. In *Vokes Ltd v. Bear*[536] wurde ein Arbeitnehmer entlassen, ohne dass der Arbeitgeber vorher nachgeforscht hatte, ob in den 299 übrigen *companies* der *group of companies* eine Beschäftigungsmöglichkeit für den betroffenen Arbeitnehmer bestand. Obwohl eine *redundancy-situation* vorlag, war die Kündigung wegen Verstoßes gegen ERA 1996 section 98 (4) ungerechtfertigt. Der Umfang der Weiterbeschäftigungspflicht ist nicht generell derartig weit wie in *Vokes Ltd v. Bear*. Das EAT entschied aber in *Williams v. Compair Maxam Ltd*[537], zu einem angemessenen Verhalten des Arbeitgebers gehöre es jedenfalls, dass dieser sich bemüht, den Arbeitnehmer an anderer Stelle weiterzubeschäftigen anstatt ihm zu kündigen.

Der Arbeitnehmer, der ein Angebot auf Weiterbeschäftigung ablehnt, verliert – auch wenn an sich eine *redundancy-situation* vorliegt – seinen Anspruch auf die Kündigungsabfindung, gem. ERA 1996 section 141 (1) – (3). Voraussetzung ist allerdings, dass es sich um ein angemessenes (*suitable*) Weiterbeschäftigungsangebot handelte[538]. Bei der Frage der Angemessenheit eines solchen Angebots können etwa die Höhe des Gehalts[539] oder geringere berufliche Anforderungen[540] eine Rolle spielen. Den Anspruch auf Abfindung verliert der Arbeitnehmer darüber hinaus nur dann, wenn er unvernünftigerweise (*unreasonably*) das Angebot auf Weiterbeschäftigung ablehnt, gem. ERA 1996 section 141 (2). Angemessenheit des Weiterbeschäftigungsangebots und die Umstände, unter denen der Arbeitnehmer vernünftigerweise dieses Angebot ablehnen darf, können oft nicht klar voneinander getrennt werden[541].

Im **Ausgangsfall Nr. 5** hätte A daher auf dem freien Arbeitsplatz weiterbeschäftigt werden müssen.

---

536 Vokes Ltd v Bears, [1974] ICR 1 (National Industrial Relations Court).
537 Williams v Compair Maxam Ltd [1982] ICR 156 (EAT).
538 Dazu vgl. z.B. Taylor v Kent County Council [1969] 2 QB 560 (Queen´s Bench Division).
539 Hindes v Supersine Ltd [1979] ICR 517 (EAT).
540 Standard Telephones v Yates [1981] IRLR 21 (EAT).
541 Spencer v Gloucestershire County Council [1985] IRLR 393 (CA).

bb. Weiterbeschäftigung nach Umschulungs- und Fortbildungsmaßnahmen/unter geänderten Arbeitsbedingungen

Umschulungs- und Fortbildungsmaßnahmen muss der britische – im Gegensatz zum deutschen und zum französischen – Arbeitgeber den betroffenen Arbeitnehmern soweit ersichtlich nicht ermöglichen. Auch zur Weiterbeschäftigung unter geänderten Arbeitsbedingungen ist er nicht verpflichtet.

In der **Abwandlung zu Ausgangsfall Nr. 5** musste A also dann nicht weiterbeschäftigt werden, wenn dies nur nach einer Umschulung bzw. Fortbildung möglich war.

cc. Sonstige mildere Mittel

Eine Verpflichtung, Kurzarbeit (*short-time-working*) einzuführen – also verminderte Arbeitsleistung bei vermindertem Lohn[542] – besteht nicht. Der Arbeitgeber darf Kurzarbeit überhaupt nur dann einführen, wenn diese Möglichkeit – ausdrücklich oder konkludent – im Arbeitsvertrag vorgesehen ist. Ist dies der Fall, dann bieten ERA 1996 section 147 ff. den betroffenen Arbeitnehmern aber dennoch einen gewissen Schutz. So bestimmt etwa ERA 1996 section 148, dass für den Fall, dass über eine bestimmte Zeit Kurzarbeit eingeführt wurde, *redundancy* vorliegt und der Arbeitnehmer Anspruch auf *redundancy payment* hat. Ist die Möglichkeit, Kurzarbeit einzuführen im Arbeitsvertrag nicht vorgesehen, dann macht sich der Arbeitgeber mit Einführung von Kurzarbeit sogar vertragsbrüchig.

Das gleiche gilt für *lay-off*. Dabei wird der Arbeitsvertrag für eine gewisse Zeit ausgesetzt, so dass der Arbeitnehmer seine Arbeitsleistung gar nicht erbringen darf und im Gegenzug auch keinen Lohn erhält[543]. Auch *lay-off* ist nur zulässig, wenn dies durch eine ausdrückliche oder konkludente Klausel im Arbeitsvertrag erlaubt ist.

Weder Kurzarbeit noch die Vertragsaussetzung kommen daher als mildere, einer Kündigung vorgehende Mittel in Betracht.

c. Darlegungs- und Beweislast

Gem. ERA 1996 section 98 (4) hängt die *fairness* der Kündigung unter anderem davon ab, ob der Arbeitgeber vernünftig gehandelt hat. Die Beweislast liegt nicht (mehr) allein beim Arbeitgeber. Sie ist nun neutral ausgestaltet[544]. Das bedeutet, dass anders als beim Kündigungsgrund, für den der Arbeitgeber gem.

---

[542] Vgl. ERA 1996 section 147 (2).
[543] Vgl. ERA 1996 section 147 (1).
[544] Deakin/Morris, S. 476.

ERA 1996 section 98 (1) die Beweislast trägt, der Arbeitgeber die *fairness* nicht nachzuweisen hat. Vielmehr obliegt es gem. ERA 1996 section 98 (4) den Gerichten die *fairness* der Kündigung zu bewerten.

Der Arbeitgeber muss darlegen, dass sein Verhalten dem eines vernünftigen Arbeitgebers entsprach, als er den Kündigungsgrund als ausreichend für die Kündigung erachtete. War die Kündigungsentscheidung durch wirtschaftliche Gründe motiviert, muss er darlegen, dass ein *reasonable* Arbeitgeber aus diesen schließen konnte, es bestehe ein Bedarf an Änderungen im Betrieb, die zu *redundancy* bzw. *reorganisation* führten[545]. Es geht also um das Verhalten eines vernünftigen Arbeitgebers. *Reasonableness* liegt z.B. nicht vor, wenn die neuen Anforderungen des Arbeitgebers an die Arbeitnehmer übermäßig hoch (*excessive*) sind, z.B. eine unbestimmte Anzahl von unbezahlten Überstunden pro Woche[546].

Im Fall eines *automatically unfair reason* ist die Kündigung schon deswegen automatisch ungerechtfertigt. Der Arbeitgeber kann die Kündigung daher nicht mehr mit der Begründung rechtfertigen, er habe vernünftig gehandelt.

d. Gerichtliche Kontrolle

Ist der Arbeitgeber seiner Beweislast nachgekommen und hat gem. ERA 1996 section 98 (1) dargelegt, dass die angegebenen Kündigungsgründe die wirklichen Gründe sind, sowie dass sie *potentially fair* sind, so überprüft das Gericht, ob der Arbeitgeber vernünftig oder unvernünftig gehandelt hat, als er den angegebenen Grund als ausreichenden Kündigungsgrund angesehen hat, gem. ERA 1996 section 98 (4). Geht es im ersten Schritt um den *reason*, so geht es also im zweiten Schritt um die *reasonableness*.

Das Gericht überprüft etwa, ob der Arbeitgeber unter den gegebenen Umständen zum Zeitpunkt des Ausspruchs der Kündigung alles getan hat, um eine Kündigung zu vermeiden, z.B. ob er eine Weiterbeschäftigungsmöglichkeit an anderer Stelle ausreichend geprüft hat[547].

Bei Überprüfung der Frage, ob der Arbeitgeber *reasonably* gehandelt hat, steht den Gerichten ein weiter Spielraum zu. Die Urteile sollen keine Bindungswirkung für nachfolgende Gerichte haben, so dass keine Präzedenzfälle geschaffen werden. Auch wenn der EAT gewisse Richtlinien geschaffen hat, so sind die einfachen Gerichte nicht an diese gebunden. Zudem wird die *reasonableness* nur

---

545 Deakin/Morris, S. 515.

546 Deakin/Morris, S. 515.

547 Vokes v. Bear [1974] ICR 1 (NIRC).

in den seltensten Fällen von den Berufungsgerichten (*appelate courts*) erneut überprüft[548].

Dieser weite Spielraum der Arbeitsgerichte führt aber zu Rechtsunsicherheiten für den Arbeitgeber, da nur schwer vorhersehbar ist, ob ein Gericht sein Verhalten als *reasonable* ansehen wird. Es kann vorkommen, dass verschiedene Gerichte bei gleichen Sachverhalten unterschiedlich entscheiden[549].

Da das Gericht zu entscheiden hat, ob ein vernünftiger Arbeitgeber den Kündigungsgrund als ausreichend erachten durfte, wird das Verhalten des Arbeitgebers überprüft und nicht, ob Rechte des Arbeitnehmers verletzt wurden. Dabei kommen oft mehrere Möglichkeiten in Betracht, wie ein vernünftiger Arbeitgeber sich in der konkreten Situation verhalten könnte. Das Gericht darf nicht entscheiden, wie es selbst gehandelt hätte, sondern hat lediglich zu überprüfen, ob das konkrete Verhalten des Arbeitgebers einer der Möglichkeiten eines vernünftigen Arbeitgebers entsprach (sog. *reasonable responses test*)[550]. Dieser Test ist zwar nicht aus dem Gesetz zu entnehmen und schränkt auch den gesetzlichen Schutz der Arbeitnehmer ein. Daher erscheint fraglich, ob der *reasonable responses test* aufrecht erhalten werden darf[551]. In *Haddon v. Van den Bergh Foods*[552] etwa stellte das EAT fest, ein solcher Test sei gesetzeswidrig, da er letztlich dazu führen würde, dass die Entscheidung des Arbeitgebers nur in den seltenen Fällen eingeschränkt wird, in denen er sich so verhält, wie kein anderer vernünftiger Arbeitgeber es je tun würde. Der CA aber bestätigte den *reasonable responses test*[553] und das EAT folgte dieser Rechtsprechung[554].

Erbringt der Arbeitgeber keinen überzeugenden Nachweis dafür, dass er wie ein vernünftiger Arbeitgeber gehandelt hat, so kann das Gericht feststellen, dass die Kündigung ungerechtfertigt war[555].

Die unternehmerische betriebsgestaltende Entscheidung aber ist gerichtlich kaum überprüfbar. Auch deren Zweckmäßigkeit wird nicht etwa am Merkmal der *reasonableness* geprüft. Schließlich könne das Gericht die wirtschaftliche Situation eines Betriebs gar nicht beweisen[556]. Das Gericht darf die Einschät-

---

548 Deakin/Morris, S. 476.
549 Deakin/Morris, S. 477 m.w.N.
550 Deakin/Morris, S. 477.
551 Deakin/Morris, S. 479.
552 Haddon v. Van den Bergh Foods [1999] IRLR 672 (EAT), Nachweis bei Deakin/Morris, S. 478 m.w.N.
553 vgl. Deakin/Morris, S. 478, mit Hinweis auf Post Office v. Foley; HSBC Bank v. Madden [2000] IRLR 828 (CA).
554 vgl. Deakin/Morris, S. 478, mit Hinweis auf Beedell [2000] IRLR 650.
555 Deakin/Morris, S. 515.
556 Moon v. Homeworthy Furniture (Northern) Ltd., [1977] ICR 117 (EAT).

zung der betrieblichen Interessen durch den Arbeitgeber nicht durch eine eigene Einschätzung ersetzen. Es darf nur beurteilen, ob die Entscheidung des Arbeitgebers der eines *reasonable* Arbeitgebers entsprach[557].

Im **Ausgangsfall Nr. 4** kann U sich darauf berufen, dass aufgrund von Umstrukturierungsmaßnahmen das Beschäftigungsbedürfnis für mehrere Arbeitnehmer entfallen ist und daher redundancy vorliegt. Das Gericht prüft, ob der Arbeitgeber vernünftig gehandelt hat. Die Verbesserung der Wettbewerbsfähigkeit ist ein vernünftiger Grund. Dass die Kündigungen dieses Ziel gar nicht erreichen konnten, schadet nicht. Die Zweckmäßigkeit der Unternehmerentscheidung wird nicht überprüft. Daher wird das Arbeitsgericht einen wirksamen Kündigungsgrund anerkennen.

Im Fall eines *automatically unfair reason* entfällt die gerichtliche Prüfung, ob der Arbeitgeber vernünftig gehandelt hat.

4. Schweden

a. Ultima-ratio-Prinzip

Wie in den übrigen Mitgliedstaaten sollen auch in Schweden Kündigungen weitmöglichst vermieden werden. Bei jeder Kündigung durch den Arbeitgeber, also auch bei der Kündigung wegen Arbeitsmangel gilt daher in Schweden der ultima-ratio-Grundsatz: Die Kündigung soll als „letzter Ausweg“ nur dann möglich sein, wenn alle anderen milderen Mittel ausgeschöpft wurden[558]. Der Arbeitgeber ist allerdings nicht verpflichtet, die Kündigung um jeden Preis zu verhindern und seinen Betrieb nur deshalb zu erhalten, um die Arbeitnehmer weiterbeschäftigen zu können[559]. Die Kündigung ist also nicht reserviert für Extremfälle, in denen der Arbeitgeber etwa kurz vor der Insolvenz steht[560].

Gem. Art. 29 LAS ist der Arbeitgeber verpflichtet, im Fall von Arbeitsmangel mit den Gewerkschaften zu beraten, und zwar unabhängig von der Zahl der von der Kündigung betroffenen Arbeitnehmer, selbst wenn nur ein einzelner Arbeitnehmer gekündigt wird. Dies umfasst auch die Pflicht, mit den Gewerkschaften über Alternativen zu beraten, die eine Kündigung verhindern können[561].

---

[557] Deakin/Morris, S. 515.
[558] Numhauser-Henning, S. 362; Rönnmar, S. 125.
[559] Heilmann, S. 773.
[560] Sigeman, S. 271.
[561] van Peijpe, S. 82.

b. Kündigungsvermeidende Maßnahmen

Als Maßnahmen, die Kündigungen vermeiden sollen, kennt das LAS nur die Pflicht des Arbeitgebers, den betroffenen Arbeitnehmer auf einem anderen Arbeitsplatz weiterzubeschäftigen.

aa. Weiterbeschäftigung nach Umsetzung

§ 7 II LAS: *En uppsägning är inte sakligt grundad om det är skäligt att kräva att arbetsgivaren bereder arbetstagaren annat arbeite hos sig.*

Wie in Deutschland, Frankreich und Großbritannien trifft auch den schwedischen Arbeitgeber eine Pflicht, den betroffenen Arbeitnehmer möglichst auf einem anderen Arbeitsplatz weiterzubeschäftigen. Gem. § 7 LAS liegt ein die Kündigung rechtfertigender sachlicher Grund nicht vor, wenn vom Arbeitgeber in zumutbarer Weise erwartet werden kann, dass er dem betroffenen Arbeitnehmer eine andere Arbeit anbietet. Eine Kündigung durch den Arbeitgeber ist sachlich nicht gerechtfertigt, wenn die Umsetzung (*omplacering*) des betroffenen Arbeitnehmers auf einen anderen Arbeitsplatz möglich ist. Dies gilt sowohl für Kündigungen aufgrund der persönlichen Verhältnisse des Arbeitnehmers als auch für Kündigungen wegen Arbeitsmangels. Eine Kündigung kann also nur dann gerechtfertigt und wirksam sein, wenn kein anderer Arbeitsplatz frei ist oder wenn vom Arbeitgeber vernünftigerweise nicht verlangt werden kann, dass er sich um eine Weiterbeschäftigung auf einem anderen Arbeitsplatz bemüht[562]. Im Fall einer schweren Verfehlung des Arbeitnehmers etwa (Disziplinarkündigung), kann vom Arbeitgeber vernünftigerweise nicht verlangt werden, dass er den Arbeitnehmer weiterbeschäftigt[563]. Auch die Umsetzung von einem eigenständigen Unternehmensteil zu einem anderen kann unzumutbar sein[564].

Eine Umsetzung ist in größeren Betrieben normalerweise in größerem Umfang möglich als in kleineren[565]. Ob die Weiterbeschäftigung möglich und auch zumutbar ist, hängt von den Umständen des jeweiligen Einzelfalls ab. Den Arbeitgeber trifft jedenfalls die Pflicht, die Umsetzungsmöglichkeiten umfassend zu prüfen[566].

Die Umsetzungspflicht bezieht sich zunächst auf den bisherigen Arbeitsplatz, dann auf die betroffene Abteilung und den Betrieb und schließlich auf das Unternehmen. Dabei ist die Umsetzungspflicht arbeitgeberbezogen, ihr Umfang va-

---

562 Fahlbeck, S. 52.
563 Sigeman, S. 265.
564 Gotthardt, S. 225.
565 Adlercreutz, S. 107.
566 van Peijpe, S. 83; Heilmann, S. 778.

riiert also danach, ob der Arbeitgeber Unternehmer eines großen Unternehmens ist oder aber mehrerer kleiner selbstständiger Unternehmen[567]. Sie ist jedoch nicht konzernbezogen. Kollektivverträge oder Arbeitgeberrichtlinien können aber eine konzernübergreifende Umsetzungspflicht vorsehen.

Voraussetzung ist, dass ein freier Arbeitsplatz vorhanden ist – der Arbeitgeber ist nicht etwa zur Schaffung neuer Arbeitsplätze verpflichtet, um so Kündigungen zu vermeiden. Ferner wird vorausgesetzt, dass der betroffene Arbeitnehmer die für diese Stelle erforderlichen Qualifikationen erfüllt, ggf. nach einer gewissen Anlernzeit[568]. Lehnt der betroffene Arbeitnehmer die Umsetzung auf einen anderen Arbeitsplatz ohne vernünftigen Grund ab, so ist der Arbeitgeber grundsätzlich nicht verpflichtet, dem Arbeitnehmer weitere Umsetzungsangebote zu unterbreiten[569].

Im **Ausgangsfall Nr. 5** hätte A daher auf dem freien Arbeitsplatz weiterbeschäftigt werden müssen.

Die Umsetzungspflicht kann erhebliche Konsequenzen für Arbeitnehmer mit nur kurzer Beschäftigungsdauer haben. Sie kann dazu führen, dass ein nach der Kündigungsreihenfolge vorrangig weiterzubeschäftigender Arbeitnehmer auf einen anderen Arbeitsplatz versetzt wird und so den Arbeitnehmer, der ursprünglich diesen Arbeitsplatz inne hatte, verdrängt[570].

Zudem kann die Umsetzung auf eine versteckte Kündigung hinauslaufen, wenn nämlich der Arbeitgeber Grund zu der Annahme hat, der Arbeitnehmer werde die Umsetzung ablehnen und statt dessen die Beschäftigung aufgeben. Doch auch wenn dies nicht der Fall ist, kann eine Umsetzung die Arbeitnehmer beinahe genauso empfindlich treffen wie eine tatsächliche Beendigung. Umsetzungen können neue Arbeitsaufgaben und ein neues Arbeitsumfeld bereithalten und unter Umständen auch zu weniger Lohn, weiteren Anfahrtswegen und ähnlichem führen[571].

bb. Weiterbeschäftigung nach Umschulung oder Fortbildung/zu geänderten Arbeitsbedingungen

Für die Weiterbeschäftigung auf einem anderen Arbeitsplatz ist erforderlich, dass der betroffene Arbeitnehmer die für den neuen Arbeitsplatz erforderlichen Qualifikationen bereits besitzt. Zwar ist ihm eine gewisse Anlernzeit zuzugeste-

[567] Gotthardt, S. 225.
[568] Rönnmar, S. 128f.; Heilmann, S. 778.
[569] Fahlbeck/Sigeman, Nr. 437.
[570] Näheres zum Verhältnis Umsetzung und Kündigungsreihenfolge: s. Abschnitt zur Sozialauswahl.
[571] Adlercreutz, S. 119.

hen. Eine Umschulung oder Fortbildung muss der Arbeitgeber dem Arbeitnehmer jedoch – ebenso wie in Spanien und Großbritannien – nicht ermöglichen[572]. Der Arbeitgeber ist aber nicht nur verpflichtet nachzuforschen, ob eine Weiterbeschäftigung im gleichen Job in Betracht kommt, sondern auch, ob er dem betroffenen Arbeitnehmer die Beschäftigung in einem anderen Job anbieten kann, auch zu schlechteren Arbeitsbedingungen, z.B. mit weniger Lohn[573].

In der **Abwandlung von Fall Nr. 5** musste A nicht weiterbeschäftigt werden, wenn für seine Weiterbeschäftigung eine Umschulung oder Fortbildung notwendig gewesen wäre.

cc. Sonstige mildere Mittel

Das LAS selbst kennt als Teil des ultima-ratio-Prinzips nur die Pflicht des Arbeitgebers zur Umsetzung (§ 7 II LAS). Kündigungsvermeidende Maßnahme kann neben Umsetzung auch altersbedingtes Ausscheiden sein. Die Einführung von Kurzarbeit ist nicht vorgesehen. Stattdessen hat der schwedische Arbeitgeber unter bestimmten Voraussetzungen die Möglichkeit, den Arbeitnehmer bei nur vorübergehendem Arbeitsmangel (zwangs-) zu beurlauben. Die Arbeitnehmer sind dann – bei Fortbestehen ihrer Arbeitsverhältnisse – vorübergehend von ihrer Arbeitspflicht befreit. Dieses sog. *permittering* ist ein der spanischen und britischen Vertragsaussetzung ähnliches Mittel. *Permittering* kann nicht nur als vollständige Suspendierung der Arbeitspflicht erfolgen. Möglich ist auch eine bloße Reduzierung der täglichen oder wöchentlichen Arbeitszeit[574]. *Permittering* ist allerdings nur erlaubt, wenn Kollektivverträge die Möglichkeit der Zwangsbeurlaubung vorsehen und wenn es objektiv gerechtfertigt ist. Dies kann z.B. bei einem nur vorübergehenden Arbeitsrückgang der Fall sein, nicht jedoch bei einem dauerhaften[575].

Vor 1985 bedeutete *permittering*, dass die Hauptleistungspflichten suspendiert wurden und die zwangsbeurlaubten Arbeitnehmer nach dem Grundsatz „ohne Arbeit kein Lohn" keine Lohnzahlung erhielten. Die Arbeitslosenversicherung zahlte lediglich eine Entschädigung[576]. *Permittering* stellte also ein Mittel zur (vorübergehenden) Reduzierung der Belegschaft dar, das gewohnheitsrechtlich allerdings nur für Arbeiter, nicht auch für Angestellte erlaubt war[577]. Seit 1985 ist jedoch der Arbeitgeber – einige Fälle, wie z.B. Saisonarbeit (*intermittent arbete*), ausgenommen – (allein) zur Lohnfortzahlung verpflichtet, die Zwangsbe-

[572] Rönnmar, S. 129 m.w.N.; Gotthardt, S. 228.
[573] Sigeman, S. 265.
[574] Adlercreutz, S. 112.
[575] van Peijpe, S. 90 f; Adlercreutz, S. 112.
[576] Adlercreutz, S. 93, 112.
[577] Adlercreutz, S. 100.

urlaubung trifft die Arbeitnehmer also nicht mehr so hart (vgl. § 21 LAS). Kollektivvertragliche Abweichungen von dieser Pflicht sind zwar möglich. Dennoch trägt der Arbeitgeber die Hauptlast der Lohnzahlung. Dies hält viele Arbeitgeber davon ab, von der Möglichkeit des *permittering* Gebrauch zu machen[578]. Auch wird die Frage, ob *permittering* als mildere Maßnahme einer Kündigung wegen Arbeitsmangel vorzugehen hat, nicht diskutiert[579]. Insbesondere prüft das Arbeitsgericht nicht, ob *permittering* die vernünftigste Maßnahme ist[580]. Wie in Großbritannien spielt die Vertragsaussetzung daher auch in Schweden keine Rolle als milderes, einer Kündigung vorgehendes Mittel.

c. Darlegungs- und Beweislast

Der Arbeitgeber trägt die Darlegungs- und Beweislast. Er hat darzulegen, dass die Kündigung unvermeidbar war und keine Möglichkeit bestand, den Arbeitnehmer auf einem anderen Arbeitsplatz weiter zu beschäftigen[581]. Aber auch der Arbeitnehmer hat im Prozess nicht nur zu behaupten, sondern konkret darzulegen, dass und wie er hätte weiterbeschäftigt werden können[582]. Es besteht also eine abgestufte Darlegungs- und Beweislast.

d. Gerichtliche Kontrolle

Der AD überprüft lediglich, ob der Arbeitgeber seiner Umsetzungspflicht ausreichend nachgekommen ist. Er kontrolliert aber nicht, ob der Arbeitsmangel durch andere Maßnahmen, wie z.B. *permittering* hätte vermieden werden können[583]. Kündigungen wegen Arbeitsmangel seien zu sehr mit der unternehmerischen Entscheidungsfreiheit verknüpft, als dass sie von den Gerichten umfassend überprüft werden könnten. Überzeugt der Arbeitgeber das Gericht, dass die Kündigung notwendig war, so werden die Gerichte dies in aller Regel akzeptieren[584].

Außerhalb der Umsetzungspflicht haben die Arbeitnehmer daher kaum eine Möglichkeit, einen Kündigungsschutzprozess wegen Arbeitsmangels zu gewinnen. Die unternehmerische Entscheidungsfreiheit des Arbeitgebers wird also auch im Rahmen der Verhältnismäßigkeit umfassend geschützt.

---

[578] van Peijpe, S. 90 f.
[579] Gotthardt, S. 141, 247ff.
[580] Adlercreutz, S. 112.
[581] Adlercreutz, S. 118.
[582] Gotthardt, S. 229.
[583] Adlercreutz, S. 112.
[584] van Peijpe, S. 82f.

5. Rechtsvergleich – Fazit und Bewertung

a. Die Kündigung als ultima ratio

In allen untersuchten Rechtsordnungen ist eine Kündigung aus wirtschaftlichen Gründen grundsätzlich nur dann gerechtfertigt, wenn sie das letzte in Betracht kommende Mittel darstellt. Als grundlegendes Kündigungsprinzip ist der ultima-ratio-Grundsatz mit Ausnahme von Großbritannien überall zu berücksichtigen. Sowohl in Deutschland, als auch in Frankreich, Spanien und Schweden ist der Arbeitgeber daher verpflichtet, Kündigungen weitmöglichst zu vermeiden, indem er bestimmte Maßnahmen ergreift. In Großbritannien hingegen kommt es darauf an, ob sich das Verhalten des Arbeitgebers als vernünftig darstellt.

b. Weiterbeschäftigung

Als kündigungsvermeidende Maßnahme kommt zunächst die Weiterbeschäftigung auf einem anderen Arbeitsplatz in Betracht. Diese Ausprägung des Verhältnismäßigkeitsgrundsatzes findet sich in allen untersuchten Mitgliedstaaten außer in Spanien. In Deutschland, Schweden und neuerdings auch in Frankreich ist dies bereits im Gesetz vorgesehen. In Spanien wurde die Weiterbeschäftigungspflicht aus dem Gesetz gestrichen. Der spanische Arbeitgeber ist daher nicht mehr verpflichtet, den betroffenen Arbeitnehmer auf einem anderen Arbeitsplatz weiterzubeschäftigen. In Großbritannien wurde dieser Grundsatz von der Rechtsprechung aufgestellt.

Überall gilt, dass der Arbeitgeber lediglich verpflichtet ist, den betroffenen Arbeitnehmer auf einem gleichwertigen Arbeitsplatz oder aber auf einem Arbeitsplatz zu schlechteren Arbeitsbedingungen weiterzubeschäftigen. Eine höherwertige Beschäftigung, die einer Beförderung gleichkommen würde, ist nirgends vorgesehen.

In Deutschland und Frankreich ist die Weiterbeschäftigungspflicht unternehmensbezogen ausgestaltet. Darüber hinaus hat sich der französische Arbeitgeber sogar um eine Weiterbeschäftigung im Konzern zu bemühen und muss u.U. sogar Arbeitsplätze im Ausland berücksichtigen. In Schweden hingegen ist die Weiterbeschäftigungspflicht arbeitgeberbezogen ausgestaltet, das heißt sie variiert danach, ob der Arbeitgeber Unternehmer eines großen Unternehmens ist oder aber mehrerer kleiner selbständiger Unternehmen. In Großbritannien kann keine allgemeine Regel aufgestellt werden. Der Umfang der Weiterbeschäftigungspflicht kann je nach Einzelfall und Gericht variieren.

c. Weiterbildung und Schulung

Zudem müssen sich der deutsche und der französische Arbeitgeber um (zumutbare) Fortbildungs-/Schulungsmaßnahmen bemühen, wenn dadurch eine Weiterbeschäftigung ermöglicht und eine Kündigung vermieden werden kann. Diese Pflicht zur Weiterbildung und Schulung trifft den französischen Arbeitgeber allerdings nicht nur im Fall einer wirtschaftlichen Kündigung. Vielmehr handelt es sich um eine arbeitsvertragliche Pflicht, die während der gesamten Vertragsdauer besteht. Dadurch soll vermieden werden, dass die Arbeitnehmer eines Tages den sich ändernden Arbeitsbedingungen nicht mehr gewachsen sind. Eine derartige Pflicht trifft den spanischen, britischen und schwedischen Arbeitgeber hingegen weder für die Zeit des Arbeitsverhältnisses, noch im Falle einer Kündigung. In Großbritannien und Schweden ist für die Weiterbeschäftigung auf einem anderen Arbeitsplatz vielmehr erforderlich, dass der betroffene Arbeitnehmer die dafür erforderlichen Qualifikationen bereits besitzt.

d. Kurzarbeit und Vertragsaussetzung

Welche milderen Mittel im übrigen anstelle einer Kündigung aus wirtschaftlichen Gründen zu ergreifen sind, variiert je nach Mitgliedstaat. Zum Teil wird die Einführung von Kurzarbeit gefordert. In Deutschland allerdings ist dies umstritten und in Frankreich ist die Reduzierung der Arbeitszeit jedenfalls bei Einzelentlassungen keine Pflicht. In Spanien besteht daneben die Möglichkeit der Vertragsaussetzung. Allerdings wird dort kaum gerichtlich kontrolliert, ob Kurzarbeit oder Vertragsaussetzung als mildere Mittel eine Kündigung hätten vermeiden können. Auch in Großbritannien sieht das Gesetz die Möglichkeit von Kurzarbeit und Vertragsaussetzung vor. Diese Mittel darf der britische Arbeitgeber aber überhaupt nur ergreifen, wenn der Arbeitsvertrag der betroffenen Arbeitnehmer diese Möglichkeit vorsieht. Verpflichtet zur Einführung von Kurzarbeit und Vertragsaussetzung ist der britische Arbeitgeber jedenfalls nicht. In Schweden wiederum gibt es das Mittel der „Zwangsbeurlaubung". Ob dieses als milderes Mittel einer Kündigung vorauszugehen hat, wird aber nicht diskutiert und vom Arbeitsgericht auch nicht überprüft. Im Ergebnis sind also andere mildere Mittel wie Kurzarbeit oder Vertragsaussetzung zwar in allen Rechtsordnungen bekannt. In der Regel sind die Arbeitgeber aber nirgends tatsächlich auch verpflichtet, diese Mittel anstelle einer Kündigung zu ergreifen.

e. Beweislast

In Frankreich hat der Arbeitgeber zu beweisen, dass eine Weiterbeschäftigung trotz aller Bemühungen gescheitert ist. In Deutschland und Spanien hingegen liegt die Beweislast nicht allein beim Arbeitgeber. Hier hat vielmehr der Arbeitnehmer darzulegen, welche milderen Mittel seiner Ansicht nach in Betracht gekommen wären, bzw. in Deutschland auch, dass die Möglichkeit der Weiterbeschäftigung auf einem anderen Arbeitsplatz bestand. Auch in Schweden ist der Arbeitnehmer an der Beweislast beteiligt. Der Arbeitgeber hat zwar darzulegen, dass die Weiterbeschäftigung gescheitert ist. Der Arbeitnehmer wiederum hat konkret darzulegen, dass und wie er hätte weiterbeschäftigt werden können. In Großbritannien ist die Beweislast neutral ausgestaltet. Hier obliegt es dem Gericht zu prüfen, ob das Verhalten des Arbeitgebers dem eines vernünftigen Arbeitgebers entsprach.

f. Fazit

Insbesondere aufgrund der Konzernbezogenheit scheint der französische Arbeitgeber stärker in seiner Unternehmerfreiheit eingeschränkt als der deutsche, der spanische, der britische und der schwedische Arbeitgeber. Auch die Beweislast ist für den französischen Arbeitgeber schwieriger zu erfüllen. Im Rahmen der Verhältnismäßigkeit unterliegt der französische Arbeitgeber, auch wegen der Weiterbildungspflicht, den stärksten Restriktionen. Allerdings ist zu berücksichtigen, dass die gerichtliche Kontrolle bezüglich der Frage, ob sonstige mildere Mittel zur Vermeidung einer Kündigung in Betracht kamen, in Frankreich, Spanien und Großbritannien nicht so streng scheint wie in Deutschland. In Schweden schließlich überprüft das Arbeitsgericht lediglich, ob der Arbeitgeber seiner Umsetzungspflicht ausreichend nachgekommen ist. Eine Kontrolle sonstiger möglicher milderer Mittel findet überhaupt nicht statt. Die Einschränkungen durch die Verhältnismäßigkeitsprüfung sind daher für den Arbeitgeber in Spanien, Großbritannien und Schweden eher gering. Insbesondere sind dort keine Bildungs-/Schulungsmaßnahmen durchzuführen.

Nach Untersuchung der Rechtfertigungsgründe und der Verhältnismäßigkeit bei wirtschaftlichen Kündigungen zeigt der europäische Vergleich, dass die deutsche Rechtslage für die Arbeitgeber zwar nicht so günstig ist wie die britische und die schwedische. Die deutschen Regelungen scheinen aber den Arbeitgeber jedenfalls eher zu begünstigen als die französischen oder spanischen Regelungen. Ob diese Gesamtbewertung allerdings aufrecht erhalten werden kann, kann erst nach dem folgenden Kapitel beurteilt werden. Dort wird es um die Frage gehen, inwieweit der Arbeitgeber bei mehreren betroffenen Arbeitnehmern frei entscheiden kann, welche Arbeitnehmer er behalten und welche er kündigen möchte.

V. Sozialauswahl

1. Frankreich

Bei jeder Kündigung aus wirtschaftlichen Gründen hat der Arbeitgeber eine ordnungsgemäße Kündigungsauswahl zu treffen (*ordre de licenciement*). Das gilt – wie in Deutschland auch – für jede Kündigung aus wirtschaftlichen Gründen, also auch für den Fall der Einzelentlassung, bei der nur ein Arbeitnehmer gekündigt werden soll. Dann nämlich muss festgestellt werden, welcher von all jenen Arbeitnehmern zu kündigen ist, die die gleichen Qualifikationen besitzen, die für den abgebauten Arbeitsplatz erforderlich waren. Lediglich für den Fall, dass die Arbeitsplätze aller Arbeitnehmer mit gleicher Qualifikation abgebaut werden[585], oder dass der betroffene Arbeitnehmer als einziger für den abgebauten Arbeitsplatz qualifiziert war[586], ist eine Kündigungsauswahl nicht erforderlich. Die Kündigungsauswahl ist in art. L. 321-1-1 Cdt geregelt.

Art. L. 321-1-1 Abs. 1 Cdt: *...en cas de licenciement pour motif économique, à défaut de convention ou accord collectif de travail applicable, l'employeur définit, après consultation du comité d'entreprise ou, à défaut, des délégués du personnel, les critères retenus pour fixer l'ordre des licenciements. Ces critères prennent notamment en compte les charges de famille et en particulier celles de parents isolés, l'ancienneté de service dans l'établissement ou l'entreprise, la situation des salariés qui présentent des caractéristiques sociales rendant leur réinsertion professionnelle particulièrement difficile, notamment des personnes handicapées et des salariés âgés, les qualités professionnelles appréciées par catégorie.*

a. Einzubeziehende Arbeitnehmer

Die Kündigungsauswahl in Frankreich ist weiter ausgestaltet als in Deutschland. Während die deutsche Sozialauswahl lediglich betriebsbezogen durchzuführen ist, muss sich die Auswahl in Frankreich auf alle Arbeitnehmer des Unternehmens (nicht bloß der betroffenen Abteilung) beziehen, die nach ihrer Berufsgruppe (*catégorie professionnelle*) vergleichbar sind[587]. So kann es passieren, dass ein Arbeitnehmer, dessen eigener Arbeitsplatz gar nicht betroffen ist betriebsbedingt gekündigt wird, und sein Arbeitsplatz mit einem anderen – nach der Kündigungsreihenfolge vorrangigen – Arbeitnehmer besetzt wird, dessen Arbeitsplatz weggefallen ist[588].

Wie in Deutschland auch genießen bestimmte Arbeitnehmer besonderen gesetzlichen Kündigungsschutz und sind aufgrund ihrer besonderen Schutzbedürftigkeit von vornherein aus der Kündigungsauswahl herauszunehmen. Dazu gehören in Frankreich z.B. Eltern im Erziehungsurlaub[589]. Derartige Kündigungen

---

[585] Social Pratique, Nr. 370, S. 51.
[586] Flichy, Nr. 1106.
[587] Cass. soc. 07.07.1998, RJS 10/98, n. 1196; Cass. soc. 08.06.1999, RJS 7/99, n. 909.
[588] Vgl. Chaumette, S. 65.
[589] Vgl. dazu Verdier/Cœuret/Souriac, S. 473.

verstoßen bereits gegen die Präambel der Verfassung und gegen art. L. 122-45 Cdt.

b. Auswahlkriterien

Bei der Auswahl der zu kündigenden Arbeitnehmer muss der Arbeitgeber bestimmte Kriterien berücksichtigen.

Durch Kollektivvertrag können Auswahlkriterien vorgegeben sein. Diese hat der Arbeitgeber dann zwingend zu berücksichtigen, insbesondere darf er sie nicht durch eigene Kriterien ersetzen[590].

Existiert kein einschlägiger Kollektivvertrag, so bestimmt der Arbeitgeber die Auswahlkriterien allein, allerdings nach Beratung mit den Arbeitnehmervertretern (dem *comité d'entreprise* bzw. dem *délégué personnel*), wenn solche vorhanden sind, vgl. art. L. 321-1-1 Cdt. Auch die Informationspflicht der Arbeitnehmervertreter gilt sowohl für Einzel- als auch für Kollektivkündigungen. Sie soll eine willkürliche Auswahl verhindern. Die Festlegung der Auswahlkriterien erfolgt für jede Kündigung erneut: Der Arbeitgeber darf nicht lediglich auf alte, andere Kündigungen betreffende Dokumente zurückgreifen[591].

Das Gesetz zählt bestimmte – den vier Sozialkriterien in Deutschland (Dauer der Betriebszugehörigkeit, Lebensalter, Unterhaltspflichten und Schwerbehinderung) sehr ähnliche – Kriterien auf, die der Arbeitgeber bei der Kündigungsauswahl zu berücksichtigen hat: Familiäre Unterhaltspflichten, insbesondere alleinerziehender Eltern; die Dauer der Betriebs- oder Unternehmenszugehörigkeit; soziale Merkmale bestimmter Arbeitnehmer, wie eine Behinderung oder das Lebensalter, die eine Wiedereinstellung erschweren. Diese Kriterien sind zwingend, d.h. der Arbeitgeber darf sie nicht durch selbst bestimmte Kriterien ersetzen[592].

Als weiteres Auswahlkriterium nennt das Gesetz die berufliche Eignung (*qualité professionnelle*). Nach dem Sozialmodernisierungsgesetz war dieses Kriterium nicht mehr im Gesetz aufgeführt. Durch Gesetz vom 3. Januar 2003[593], modifiziert durch Gesetz vom 30. Juni 2004, wurde die Neufassung des art. L. 321-1-1 Cdt suspendiert, und die Fassung vor dem Sozialmodernisierungsgesetz lebte wieder auf. Danach war die berufliche Eignung (wieder) ausdrücklich als Auswahlkriterium im Gesetz genannt. Doch selbst in der Fassung des Sozialmodernisierungsgesetzes hätte der Unternehmer die Möglichkeit gehabt, dieses Krite-

---

590 Francis Lefebvre, Nr. 305.
591 Francis Lefebvre, Nr. 306.
592 Francis Lefebvre, Nr. 307.
593 Art. 1 dieses Gesetzes suspendiert u.a. Art. 109 des Sozialmodernisierungsgesetzes.

rium in seiner Auswahl zu berücksichtigen. Die Aufzählung im Gesetz war und ist nicht abschließend (*notamment* – insbesondere). Der Unternehmer kann daher selbst weitere Kriterien – etwa die berufliche Eignung – aufstellen, und diese – nach Berücksichtigung aller Auswahlkriterien – bevorzugen[594]. Das Gesetz vom 18. Januar 2005 kehrt wieder zur Fassung vor dem Sozialmodernisierungsgesetz zurück. Es bleibt also bei der Aufzählung der *qualité professionnelle.*

Die berufliche Eignung ist in Frankreich schon nach dem Gesetz ein neben den übrigen genannten Kriterien gleichwertiges Auswahlkriterium, anders als in Deutschland, wo für „Leistungsträger" nur eine Ausnahmeregelung besteht. Der französische Arbeitgeber ist daher bei der Kündigungsauswahl weniger eingeschränkt als der deutsche, da letzterer sog. „Leistungsträger", die sozial weniger schutzbedürftig sind, nur ausnahmsweise weiterbeschäftigen darf, wenn dafür ein berechtigtes betriebliches Interesse besteht. Anders als in Deutschland gibt es in Frankreich also keine „echte" Sozialauswahl. So wird die französische Kündigungsauswahl auch ganz neutral als Kündigungsreihenfolge (*ordre de licenciement*) bezeichnet.

Auf schriftliche Anfrage des Arbeitnehmers hat der Arbeitgeber ihm die Auswahlkriterien mitzuteilen. Bestreitet ein Arbeitnehmer dann vor Gericht die Richtigkeit der Kündigungsauswahl, so hat der Arbeitgeber darzulegen, nach welchen Kriterien er die Auswahl der zu kündigenden Arbeitnehmer getroffen hat[595]. Bevorzugt der Unternehmer die berufliche Eignung als Auswahlkriterium, so muss er vor Gericht objektiv nachprüfbare Tatsachen vorbringen, aus denen hervorgeht, dass die gekündigten Arbeitnehmer beruflich weniger qualifiziert waren als die im Unternehmen verbleibenden Arbeitnehmer[596].

c. Rechtsfolge bei nicht ordnungsgemäß durchgeführter Kündigungsreihenfolge

Das Gericht überprüft, ob der Arbeitgeber die zu kündigenden Arbeitnehmer in der richtigen Kündigungsreihenfolge ausgewählt hat. Insbesondere ist die Einbeziehung der *qualité professionnelle* sowie weiterer Auswahlkriterien der gerichtlichen Kontrolle unterworfen, um willkürliche Kündigungen zu verhindern.

Wird die Kündigungsauswahl fehlerhaft durchgeführt, so sind die Sanktionen gegen den Arbeitgeber nicht sehr schwerwiegend. Der zu Unrecht gekündigte Arbeitnehmer kann zwar Schadenersatz verlangen[597]. Die Kündigung erging a-

[594] Cass. soc. 14.01.1997, Bull. Cass. 97-V-16; Cass. soc. 15.05.1991, 91-V-239.
[595] Francis Lefebvre, Nr. 825; Social Pratique, Nr. 370, S. 54; Flichy, Nr. 1108.
[596] Cass. soc. 21.02.1990, Bull. Cass. 90-V-81; Cass. Soc. 14.01.1997, RJS 2/97, Nr. 131; Cass. soc. 03.04.2002, RJS 07/02, Nr. 797, Flichy, Nr. 1107.
[597] Cass. soc. 14.01.1997, Bull. Cass. 97-V-16; Cass. soc. 23.04.1997, Bull. Cass. 97-V-144.

ber dennoch mit *cause réelle et sérieuse* und ist daher – anders als in Deutschland – wirksam[598].

Im **Ausgangsfall Nr. 6** hat A Recht. Zu den bei der Kündigungsauswahl zwingend zu berücksichtigenden Kriterien gehören etwa die familiäre Situation des Arbeitnehmers und die Dauer der Betriebszugehörigkeit. A hat eine längere Betriebszugehörigkeit als der B und ist zudem noch gegenüber seinen Kinder unterhaltspflichtig. Zwar kann auch die berufliche Eignung ein Auswahlkriterium sein, das der Unternehmer nach Berücksichtigung der übrigen im Gesetz vorgegebenen Kriterien als vorzugswürdig erachten kann. Allerdings muss U objektiv nachprüfbare Tatsachen vorbringen, aus denen sich ergibt, dass B tatsächlich beruflich besser qualifiziert ist als der A. Dass U den B für „talentierter" hält, reicht – wie in Deutschland auch – nicht aus. Gelingt dem U der Beweis der besseren Eignung des B nicht, so erfolgte die Kündigungsauswahl zulasten des A nicht ordnungsgemäß.

d. Verhältnis zwischen Umsetzungspflicht und Kündigungsauswahl

Fraglich ist, welche Verbindung zwischen Kündigungsauswahl und der Pflicht zur Umsetzung (*reclassement*) besteht. In der Praxis werden die betroffenen Arbeitnehmer zunächst – soweit dies nach ihrer Berufsgruppe möglich ist – umgesetzt, ohne dass dabei eine bestimmte Reihenfolge zu beachten ist. Das ist anders als in Deutschland, wo bereits im Rahmen der Weiterbeschäftigungspflicht unter allen von der Kündigung bedrohten Arbeitnehmern nur die sozial schwächsten Arbeitnehmer weiterbeschäftigt werden dürfen. In Frankreich hingegen kann der Arbeitgeber die umzusetzenden Arbeitnehmer beliebig auswählen, frei nach dem Prinzip, nach dem der Arbeitgeber seine Mitarbeiter frei wählen darf, unter der Voraussetzung, dass seine Wahl nicht diskriminierend ist[599]. Diejenigen Arbeitnehmer, die nicht umgesetzt werden konnten, werden dann anschließend in eine Kündigungsreihenfolge gebracht, nach der sich die Kündigung beurteilt.

Die Aufstellung der Kündigungsreihenfolge erst nach der Umsetzung wird zum Teil als problematisch angesehen. Logischer erscheine es, zuerst die nach der Kündigungsreihenfolge zu kündigenden Arbeitnehmer einer Berufsgruppe zu ermitteln und schließlich in Bezug auf diese zu prüfen, in welchen Fällen eine Kündigung durch Umsetzung vermieden werden kann[600].

---

[598] Cass. soc. 08.06.1999, RJS 7/99, Nr. 909.
[599] Waquet, DS 2002, S. 272.
[600] vgl. Pélissier/Supiot/Jeammaud, S. 484f.; Chaumette, S. 65.

2. Spanien

Anders als in Deutschland und Frankreich ist eine Auswahl der zu kündigenden Arbeitnehmer nicht vorgesehen. Der Arbeitgeber ist insbesondere nicht verpflichtet, soziale Gesichtspunkte, wie etwa Dauer der Betriebszugehörigkeit, Alter und familiäre Unterhaltspflichten, zu berücksichtigen. Er genießt insoweit vielmehr eine absolute Freiheit[601], es sei denn, in Tarifvereinbarungen ist etwas anderes vorgesehen[602]. In der Praxis werden allerdings häufig die dienstjüngeren vor den dienstälteren Arbeitnehmern gekündigt, da die Abfindungen bei kürzerer Betriebszugehörigkeit niedriger sind[603].

Sind allerdings mehrere Arbeitnehmer von einer wirtschaftlichen Kündigung bedroht, so ist die besondere Stellung der Arbeitnehmervertreter zu berücksichtigen. Sie genießen besonderen Kündigungsschutz und dürfen daher nicht entlassen werden, wenn noch die Entlassung eines „normalen" Arbeitnehmers möglich ist, vgl. art. 52. c), 68. b) ET. Auch darf die Kündigungsauswahl gem. art. 4.2 c) ET nicht diskriminierend i.S.d. art. 17.1 ET sein. Danach sind u.a. diskriminierend: Ungleichbehandlungen aufgrund des Geschlechts, der Herkunft, aufgrund religiöser oder politischer Einstellungen, Zugehörigkeit bzw. Nichtzugehörigkeit zu einer Gewerkschaft.

Im **Ausgangsfall Nr. 6** war U daher an keinerlei Sozialkriterien gebunden. Er konnte vielmehr frei entscheiden, welche Arbeitnehmer er behalten und welche er kündigen würde. Entschied sich U für die Kündigung des A anstatt des B, so erfolgte die Auswahl ordnungsgemäß. A hat nicht Recht.

3. Großbritannien

Wie gesehen, wird die unternehmerische Entscheidungsfreiheit in Großbritannien umfassend gewährt, so dass der von einer wirtschaftlichen Kündigung betroffene Arbeitnehmer kaum mit einer Klage wegen *unfair dismissal* Erfolg haben wird. Eine der wenigen Möglichkeiten, die ihm bleiben, ist eine Klage wegen unfairer Kündigungsauswahl (*redundancy selection*). Der Arbeitgeber, der aus mehreren Arbeitnehmern einen herauswählt, um ihn zu kündigen, muss diese Auswahl rechtfertigen können. Wie in Deutschland und Frankreich unterliegt auch der britische Arbeitgeber bei der Auswahl einigen Einschränkungen.

---

[601] Mendoza Navas, ArbuR 1997, S. 225.
[602] Martín Valverde/Rodríguez-Sañudo Gutiérrez/García Murcia, S. 729.
[603] Selenkewitsch, ZIAS 2005, S. 42.

a. Einzubeziehende Arbeitnehmer

Eine wirtschaftliche Kündigung ist automatisch *unfair*, wenn der Arbeitgeber bei der Auswahl der zu kündigenden Arbeitnehmer den besonderen Kündigungsschutz missachtet. Selbst wenn *redundancy* vorliegt und unter mehreren vergleichbaren Arbeitnehmern eine Auswahl getroffen werden muss, sind Arbeitnehmer gegen Kündigungen aus bestimmten Gründen besonders geschützt. Unzulässig sind daher Kündigungen, die sich beispielsweise auf folgende Gründe beziehen: Gewerkschaftsmitgliedschaft und –arbeit, Schwangerschaft und Geburt, Beschwerden wegen mangelnder Gesundheitsschutz- und Sicherheitsvorkehrungen, Durchsetzung von gesetzlich vorgegebenen Arbeitnehmerrechten[604].

Auch eine Diskriminierung aufgrund des Geschlechts kann dazu führen, dass die Kündigung unfair ist. Das EAT entschied in einem Fall, die vorrangige Entlassung von Teilzeitbeschäftigten stelle eine mittelbare Geschlechterdiskriminierung dar, da in erster Linie Frauen in Teilzeit beschäftigt sind[605]. Die Frage, ob auch der *LIFO*-Grundsatz (*last-in-first-out*) eine derartige Diskriminierung bedeutet, da in der Regel Frauen – etwa aufgrund von Mutterschutz und Elternzeiten – eine kürzere Betriebszugehörigkeit haben als Männer, ist bisher nicht beantwortet[606].

Im übrigen gibt es keine klare Regelung, welche Arbeitnehmer generell in die Kündigungsauswahl einzubeziehen sind. Weder existiert eine gesetzliche Bestimmung, noch war das Problem der einzubeziehenden Arbeitnehmer bisher, soweit ersichtlich, Gegenstand der Rechtsprechung. Der Arbeitgeber ist vielmehr weitgehend frei, den Kreis der bei der Kündigungsauswahl zu berücksichtigenden Arbeitnehmer selbst zu bestimmen. Auch hier kommt es letztlich lediglich darauf an, dass sich das Verhalten des Arbeitgebers als angemessen und fair im Sinne von ERA 1996 section 98 (4) darstellt.

b. Auswahlkriterien

Eine gesetzliche Regelung, welche Auswahlkriterien der Arbeitgeber zu berücksichtigen hat, gibt es in Großbritannien im Unterschied zu Deutschland und Frankreich nicht. Von der Rechtsprechung wurden aber einige Kriterien entwickelt.

---

[604] vgl. ERA 1996, section 105; zu den geschützten Arbeitnehmern vgl. ERA 1996, section 99 bis 104.

[605] Deakin/Morris, S. 517f., mit Hinweis auf Clarke v. IMI Eley Kynoch Ltd [1983] ICR 165.

[606] Deakin/Morris, S. 518.

In *Williams v. Compair Maxam Ltd*[607] beschäftigte sich das EAT mit der Frage, ob der Arbeitgeber bei der Kündigungsauswahl bestimmte Grundsätze zu berücksichtigen hat, und wenn ja welche. Es stellte sich die Frage, ob es bestimmte Auswahlprinzipien gibt, die ein „vernünftiger" Arbeitgeber zu berücksichtigen hat. Laut EAT ist es unmöglich, Prinzipien aufzustellen, die von jedem Arbeitgeber in jeder Situation zu befolgen seien. Es komme vielmehr auf die Umstände des Einzelfalls an. Zumindest für den Fall, dass eine Gewerkschaft im Betrieb vertreten sei, gebe es jedoch gewisse Regeln, die ein vernünftiger Arbeitgeber zu befolgen habe.

Im Fall *Williams v. Compair Maxam Ltd* entschied das EAT, der Arbeitgeber müsse die Gewerkschaft und auch den betroffenen Arbeitnehmer rechtzeitig und umfassend unterrichten, so dass diese nach alternativen Lösungen suchen können bzw. sich bereits um eine anderweitige Beschäftigung bemühen können. Der Arbeitgeber habe mit der Gewerkschaft zu beraten, wie sich die geplante Umsetzung der Unternehmerentscheidung möglichst wenig hart auf die Belegschaft auswirkt. Gewerkschaft und Arbeitgeber müssten zusammen objektiv nachprüfbare Kriterien für eine Kündigungsauswahl entwickeln, die möglichst wenig von der alleinigen Einschätzung derjenigen Person abhängen, die die Kündigungsauswahl durchführt. Die Gewerkschaft soll schließlich die ordnungsgemäße Durchführung der Kündigungsauswahl überwachen.

Auswahlkriterien können zum Beispiel sein: Anwesenheitsnachweise, Dauer der Betriebszugehörigkeit – nach dem *LIFO*-Grundsatz werden diejenigen Arbeitnehmer mit der kürzesten Betriebszugehörigkeit zuerst entlassen –, Berufserfahrung und Leistungsfähigkeit der Arbeitnehmer. Leistungsfähigkeit und Berufserfahrung werden oftmals durch Bewertungssysteme (*assessment*) ermittelt. Diejenigen Arbeitnehmer, die unter diesem System am wenigsten Punkte erhalten, werden gekündigt.

Die Auswahlkriterien sollen möglichst objektiv sein. Von ihnen soll nur abgewichen werden dürfen, wenn diese Abweichung durch einen guten Grund gerechtfertigt ist. Allerdings ist der Arbeitgeber nach Beratung mit der im Betrieb vertretenen Gewerkschaft relativ frei. Er kann ein Auswahlsystem entwickeln, in welches er als objektive Kriterien sowohl die Leistungsfähigkeit als auch Dauer der Betriebszugehörigkeit einbezieht, letztendlich aber der Leistungsfähigkeit den Vorrang gibt.

Der Arbeitgeber ist grundsätzlich nicht verpflichtet, die Auswahl der Kündigungskriterien detailliert zu rechtfertigen. Deshalb kann der Arbeitgeber auch nur zur Offenlegung derjenigen Auswahlunterlagen verpflichtet sein, die für den

[607] Williams v. Compair Maxam Ltd [1982] ICR 156 (EAT).

Prozess relevant sind. Dies entschied der CA in *British Aerospace Plc v. Green & Others*[608]. Hier führte der Arbeitgeber ein *assessment* durch und entließ diejenigen Arbeitnehmer, die nach der Bewertung am wenigsten Leistungsfähigkeit und Erfahrung bewiesen. Die Kläger fochten wegen *unfair dismissal* an und verlangten Offenlegung der Bewertungsdokumente aller nicht gekündigten Arbeitnehmer. Der CA ordnete jedoch eine Offenlegung nur insoweit an, als dies für den Prozess erforderlich war.

Hieran schließt sich die Frage an, wann und inwieweit eine Offenlegung für den Prozess erforderlich ist. Jedenfalls soll der Arbeitgeber verpflichtet sein, diejenigen Dokumente offen zu legen, die im Rahmen der Kündigungsauswahl bezogen auf die gekündigten Arbeitnehmer erstellt wurden, damit diese die Möglichkeit haben, sich gerichtlich gegen die Auswahl zu wehren[609].

c. Gerichtliche Kontrolle und Rechtsfolge bei nicht ordnungsgemäß durchgeführter Kündigungsauswahl

Auch die ordnungsgemäße Kündigungsauswahl gehört zu einem angemessenen und fairen Verhalten des Arbeitgebers im Sinne von ERA 1996 section 98 (4). Eine Kündigung aus wirtschaftlichen Gründen ist daher *unfair* und gibt dem zu Unrecht entlassenen Arbeitnehmer über das *redundancy-payment* hinaus einen Entschädigungsanspruch (*compensation*), wenn die Kündigungsauswahl fehlerhaft erfolgte. Überprüft wird sowohl die *fairness* des gewählten Auswahlsystems, als auch die *fairness* der Anwendung dieses Systems[610].

In *Williams v. Compair Maxam Ltd* stellte das EAT fest[611], es sei nicht Aufgabe der Gerichte, die Entscheidung des Arbeitgebers durch eine eigene zu ersetzen und zu behaupten, die Entlassung von Arbeitnehmer B wäre *fairer* gewesen als die von Arbeitnehmer A. Die Frage sei vielmehr, ob ein „vernünftiger" Arbeitgeber die in Frage stehende Entscheidung so treffen durfte wie geschehen. Wenn also die Entlassung eines Arbeitnehmers unvermeidbar erscheint, so müssen sowohl die angewendeten Auswahlkriterien, als auch die Entscheidung, gerade den einen bestimmten Arbeitnehmer zu kündigen, „vernünftig" erscheinen.

Die Gerichte müssen zu der Überzeugung gelangen, dass die Kündigungsauswahl aufgrund eines fairen und vernünftigen Auswahlsystems erfolgte und dass dieses System auch fair und vernünftig auf die Auswahl der Arbeitnehmer untereinander angewendet wurde. Dies ist möglichst objektiv zu beurteilen, insbe-

---

[608] British Aerospace Plc v. Green & Others [1995] ICR 1006 (CA).

[609] Deakin/Morris, S. 516, mit Hinweis auf John Brown Engineering Ltd v. Brown [1997] IRLR 90 (EAT).

[610] British Aerospace plc v. Green [1995] IRLR 433; ICR 1006 (CA).

[611] Williams v. Compair Maxam Ltd [1982] ICR 156 (EAT).

sondere dürfen die Gerichte nicht danach entscheiden, welches Auswahlsystem sie selbst gewählt hätten und wie sie es angewendet hätten. Auch dürfen sie das Auswahlsystem nicht allzu kleinlich überprüfen. Daher werden sie in der Regel die Kündigungsauswahl als fair und angemessen anerkennen, es sei denn, es ergeben sich etwa Anhaltspunkte dafür, dass die Auswahl diskriminierend war[612].

Problematisch für den Arbeitgeber ist unter Umständen, dass der Ausgang des *fairness-tests* durch die Gerichte ungewiss ist. Bereits ergangene Entscheidungen sollen nämlich bezüglich der Prüfung nach ERA 1996 section 98 (4) keine Präzedenzwirkung für andere Gerichte entfalten. Auch die vom EAT entwickelten Leitlinien – z.B. die bei der Kündigungsauswahl zu berücksichtigenden Prinzipien[613] – sind nicht zwangsläufig von den *employment tribunals* in ihre Entscheidungen einzubeziehen. So ist es nicht unwahrscheinlich, dass verschiedene *tribunals* trotz Vorliegens vergleichbarer Umstände zu unterschiedlichen Ergebnissen gelangen[614].

Soweit das Auswahlsystem insgesamt *fair* erscheint, wird es gerichtlich nicht überprüft. Die Auswahl des Arbeitgebers wird in der Regel von den Gerichten nur dann überprüft, wenn Anlass zu der Annahme besteht, der Arbeitgeber habe diskriminierend gehandelt oder in Wahrheit allein nach persönlichen Vorlieben ausgewählt. Schließlich würde – so das EAT – eine übergründliche Überprüfung letztlich die Existenz des an sich anerkannten Auswahlsystems in Frage stellen und es bestünde die Gefahr, dass arbeitsgerichtliche Prozesse dadurch erheblich in die Länge gezogen würden[615].

Im **Ausgangsfall Nr. 6** ist U nur dann an Auswahlkriterien gebunden, wenn eine Gewerkschaft im Betrieb vertreten ist. Auswahlkriterien können Dauer der Betriebszugehörigkeit und Leistungsfähigkeit der Arbeitnehmer sein. Nach Beratung mit der Gewerkschaft ist der Arbeitgeber aber in seinem Auswahlsystem relativ frei, er kann insbesondere etwa der Leistungsfähigkeit Vorrang vor der Dauer der Betriebszugehörigkeit geben. Daher kann U auch hier den A trotz längerer Betriebszugehörigkeit, höherem Lebensalter und tatsächlich bestehender Unterhaltspflichten kündigen und statt dessen den leistungsfähigeren B weiterbeschäftigen. A hat nicht Recht.

d. Verhältnis zwischen Weiterbeschäftigungspflicht und Kündigungsauswahl

Wie gesehen, gehört es grundsätzlich zu dem vernünftigen Verhalten eines Arbeitgebers im Sinne von ERA 1996 section 98 (4) zu untersuchen, ob der von

---

612 British Aerospace Plc v. Green & Others [1995] ICR 1006 (CA).
613 Vgl. Williams v. Compair Maxam Ltd [1982] IRLR 83.
614 Deakin/Morris, S. 477.
615 Vgl. British Aerospace Plc v. Green & Others [1995] ICR 1006 (CA).

der Kündigung betroffene Arbeitnehmer auf einem anderen Arbeitsplatz weiterbeschäftigt werden kann. Ob er aber verpflichtet ist, zunächst die Weiterbeschäftigungsmöglichkeiten zu prüfen und erst anschließend eine Kündigungsauswahl zu treffen, oder ob die Möglichkeit einer Weiterbeschäftigung erst nach bereits durchgeführter Kündigungsauswahl zu berücksichtigen ist, ist nicht allgemeingültig festgelegt. Es kommt vielmehr in jedem Einzelfall darauf an, dass sich das Verhalten des Arbeitgebers insgesamt als fair darstellt.

Zusammenfassend lässt sich feststellen, dass es zwar bestimmte Kriterien gibt, die der Arbeitgeber bei der Auswahl der zu kündigenden Arbeitnehmer berücksichtigen soll. Er ist also bei der Kündigungsauswahl nicht vollkommen frei. Anders als in Deutschland und Frankreich ist der Arbeitgeber aber nicht an bestimmte Grunddaten gebunden. Solange er nicht allein nach persönlicher Vorliebe vorgeht oder sich sein Verhalten als diskriminierend herausstellt, kann er weitgehend selbst bestimmen, nach welchen Kriterien er letztlich auswählt. Zudem ist er in aller Regel nicht verpflichtet, die Auswahl offen zu legen.

4. Schweden

Auch in Schweden ist der Arbeitgeber bei der Auswahl der zu kündigenden Arbeitnehmer nicht vollkommen frei. Selbst wenn Arbeitsmangel vorliegt, darf er nicht jeden beliebigen Arbeitnehmer kündigen. Der Arbeitgeber hat bei einer Kündigung wegen Arbeitsmangel eine Kündigungsreihenfolge zu beachten (*turordning vid uppsägning*). Diese ist in §§ 22, 23 LAS ausführlich und präzise geregelt. Eine derartig präzise Regelung gibt es allein in Schweden. Selbst in den übrigen skandinavischen Ländern gibt es keine vergleichbare Regelung[616].

§ 22 I LAS: *Vid uppsägning på grund av arbetsbrist skall arbetsgivaren iaktta följande turordningsregler...*

Da *arbetsbrist* bereits per se einen Rechtfertigungsgrund bildet und das Erfordernis eines sachlichen Grundes bei Kündigungen aus wirtschaftlichen Gründen aufgrund der umfassenden unternehmerischen Freiheit eine bloße Formalität darstellt, stellen – neben der Umsetzungspflicht – die Regeln zur Kündigungsauswahl den eigentlichen Kündigungsschutz dar.

§ 29 LAS verpflichtet den Arbeitgeber auch, mit den Gewerkschaften über die Kündigungsreihenfolge zu beraten[617].

---

616 Sigeman, S. 270.
617 van Peijpe, S. 82.

a. Einzubeziehende Arbeitnehmer

Ausgenommen von der Kündigungsreihenfolge sind diejenigen Arbeitnehmer, auf die das LAS keine Anwendung findet (§ 1 II LAS[618]), d.h. der Arbeitgeber kann sie unabhängig von ihrer Beschäftigungsdauer behalten[619].

Besonderer Schutz besteht für Arbeitnehmer mit vermindertem Arbeitsvermögen (z.B. wegen Behinderung). Sie sind gemäß § 23 LAS grundsätzlich weiter zu beschäftigen, wenn der Arbeitgeber für sie eine besondere Beschäftigungsmöglichkeit geschaffen hatte und die Weiterbeschäftigung für den Arbeitgeber keine ernsthaften Schwierigkeiten bereitet[620]. Auch der gewerkschaftliche Vertrauensmann ist nach dem Gesetz über die Stellung des gewerkschaftlichen Vertrauensmannes am Arbeitsplatz (FML – *Lag om facklig förtroendemans ställning på arbetsplatsen*) besonders geschützt.

In die Kündigungsauswahl einzubeziehen sind alle Arbeitnehmer einer Betriebseinheit. Für jede Betriebseinheit (also z.B. jede Fabrik, jede Verkaufsstelle) wird eine eigene Kündigungsreihenfolge aufgestellt[621]. Da die Kündigungsreihenfolge arbeitgeberbezogen zu ermitteln ist, sind innerhalb eines Konzerns mehrere Kündigungsreihenfolgen aufzustellen[622]. Ist der Arbeitgeber tatsächlich oder üblicherweise kollektivvertraglich gebunden, kann für jeden Kollektivvertragsbereich eine eigene Kündigungsreihenfolge aufgestellt werden (daher werden für Arbeiter und Angestellte in der Regel verschiedene Kündigungsreihenfolgen erstellt)[623]. Das kann dazu führen, dass für mehrere Betriebseinheiten eines Arbeitgebers eine einheitliche Kündigungsreihenfolge gilt, sofern sich diese an demselben Ort befinden[624].

Die Betriebseinheiten sind nach der gesetzlichen Konzeption recht groß. Sie können jedoch durch organisatorische Veränderungen seitens des Arbeitgebers

---

618 Dazu gehören etwa Arbeitnehmer in Führungspositionen, Familienmitglieder des Arbeitgebers, Arbeitnehmer, die im Haushalt des Arbeitgebers beschäftigt sind oder Arbeitnehmer in besonders geschützten Arbeitsverhältnissen.

619 Dies ist geregelt in § 22 I LAS: *Vid beräkningen av antalet arbetstagare hos arbetsgivaren bortses från arbetstagare som avses i 1 §. Den eller de arbetstagare som undantas har företräde till fortsatt anställning.*

620 § 23 LAS: *Arbetstagare som har nedsatt arbetsförmåga och som på grund därav har beretts särskild sysselsättning hos arbetsgivaren skall, om det kann ske utan allvarliga olägenheter, få företräde till fortsatt arbete oberoende av turordningen.*

621 § 22 II S. 1: *Har arbetsgivaren flera driftsenheter, fastställs en turordning för varje enhet för sig*; zum Begriff der Betriebseinheit vgl. Gotthardt, S. 277.

622 Fahlbeck, S. 56.

623 § 22 II S. 2: *Om arbetsgivaren är eller brukar vara bunden av kollektivavtal, fastställs en särskild turordning för varje avtalsområde.*

624 Gotthardt, S. 281.

oder seitens der Gewerkschaften verändert und z.B. durch Zusammenlegung verschiedener Betriebseinheiten sogar noch weiter vergrößert werden[625]. Alle Arbeitnehmer innerhalb derselben Betriebseinheit konkurrieren miteinander um die Arbeitsplätze, für die sie ausreichend qualifiziert sind.

b. Auswahlkriterien

§ 22 III LAS: *Turordningen för de arbetstagare som inte undantagits bestäms med utgångspunkt i varje arbetstagares sammanlagda anställningstid hos arbetsgivaren. Arbetstagare med längre anställningstid har företräde framför arbetstagare med kortare anställningstid. Vid lika anställningstid ger högre ålder företräde.*

In Schweden bestehen in § 22 LAS klare Regelungen bezüglich der Auswahl der wegen Arbeitsmangel zu kündigenden Arbeitnehmer. Grundsätzlich gilt das Senioritätsprinzip, d.h. derjenige Arbeitnehmer mit der längsten Beschäftigungszeit hat Vorrang auf Weiterbeschäftigung (*„last-in-first-out"* – Prinzip). Neben der tatsächlichen Anstellungszeit werden ab dem 45. Lebensjahr zusätzliche Anstellungsmonate hinzugerechnet (§ 3 LAS). Im Fall von gleicher Beschäftigungsdauer entscheidet das Lebensalter.

Die strikte Anwendung der Senioritätsregeln wird von den schwedischen Unternehmern z.T. als schädlich für den Betrieb angesehen, da sie oftmals dazu führt, dass qualifizierte und für das Überleben des Betriebes erforderliche Arbeitnehmer entlassen werden müssen. Eine Änderung des § 22 LAS im Januar 2001 kommt nun den Kleinunternehmern entgegen:

§ 22 I LAS: *Innan turordningen fastställs får en arbetsgivare med högst tio arbetstagare oavsett antalet turordningskretsar undanta högst två arbetstagare som enligt arbetsgivarens bedömning är av särskild betydelse för den fortsatta verksamheten.*

Gemäß § 22 I LAS kann der Arbeitgeber in Betrieben mit zehn oder weniger Arbeitnehmern im Fall von Arbeitsmangel ohne Angabe von Gründen (höchstens) zwei beliebige Arbeitnehmer, die von besonderer Bedeutung für die zukünftige Betriebsentwicklung sind, von vornherein von der Kündigungsreihenfolge ausschließen.

Zudem sind Abweichungen von der gesetzlichen Kündigungsreihenfolge gemäß § 22 III LAS durch Kollektivverträge möglich (und üblich), soweit nicht die gesetzlichen Rechte der Arbeitnehmer in ungebührlicher Weise ausgehöhlt wer-

---

[625] Calleman, S. 364.

den, z.B. durch Diskriminierungen[626]. Die Vertragsfreiheit der Sozialpartner ist somit praktisch unbegrenzt, solange sich Arbeitgeber und Gewerkschaft nur einig sind[627]. Kollektivvereinbarungen, die wirtschaftliche Kündigungen betreffen, gelten für die gesamte Belegschaft, vorausgesetzt, der Betrieb ist von ihrem Geltungsbereich erfasst. Sie finden also sowohl auf Gewerkschaftsmitglieder als auch auf Nicht-Gewerkschaftsmitglieder Anwendung[628]. Arbeitgeber und Gewerkschaft können in konkreten Fällen die Kündigungsreihenfolge abweichend von der gesetzlichen Regelung auch in einer lokalen, also nur für einen bestimmten Betrieb geltenden, kollektiv vereinbarten Kündigungsliste bestimmen (*avtalsturlista*), vorausgesetzt diese Liste wurde nach objektiven Kriterien erstellt und erscheint nicht missbräuchlich. Diese Liste gilt dann wiederum auch für Nicht-Gewerkschaftsmitglieder[629].

Kollektivvertragliche Abweichungen von dem gesetzlich verankerten Senioritätsgrundsatz spielen eine erhebliche Rolle im schwedischen Arbeitsrecht. Ein profitables Unternehmen kann, wie gesehen, aus Arbeitsmangel kündigen. Möchten die Arbeitgeber in solchen Fällen von der gesetzlich vorgesehenen Kündigungsreihenfolge abweichen, so werden sie sich diese Möglichkeit in der Regel von den Gewerkschaften „erkaufen" können. Kollektivvereinbarungen erfolgen dann oftmals zum Nachteil von schwächeren Arbeitnehmergruppen, wie etwa Müttern mit kleinen Kindern und älteren Arbeitnehmern[630]. Die Gewerkschaften werden aber in der Regel auf erheblichen Abfindungszahlungen für die gekündigten Arbeitnehmer bestehen.

Andererseits hat gerade auch ein Unternehmen, das sich wegen wirtschaftlich schlechter Lage zu Kündigungen gezwungen sieht, ein erhebliches Interesse daran, jüngere Arbeitnehmer vorrangig weiterzubeschäftigen, um so mit Hilfe einer ausgewogenen Altersstruktur das Überleben des Betriebes (und somit auch Arbeitsplätze) längerfristig zu sichern. Dies ist wiederum nur durch einen entsprechenden Kollektivvertrag möglich. Die Gewerkschaften sind also in einer starken Verhandlungsposition und der schwedische Arbeitgeber ist gut beraten, eine freundschaftliche Beziehung zu den Gewerkschaften zu pflegen[631].

---

626 Calleman, S. 363; Fahlbeck, S. 56; Gotthardt, ZIAS 1999, 354 (358f., 360); Rönmmar, S. 130; Gotthardt, S. 280-190.
627 Norberg/Numhauser-Henning, S. 20.
628 Norberg/Numhauser-Henning, S. 20.
629 Adlercreutz, S. 103; Calleman, S. 368; Sigeman, S. 270; Fahlbeck/Sigeman, Nr. 608 (4).
630 van Peijpe, S. 84.
631 Norberg/Numhauser-Henning, S. 21; Adlercreutz, S. 113.

c. Rechtsfolge bei nicht ordnungsgemäß durchgeführter Kündigungsauswahl

Zwar ist der Arbeitgeber verpflichtet, eine ordnungsgemäße Kündigungsauswahl vorzunehmen. Bei Verletzung dieser Pflicht macht er sich aber lediglich schadenersatzpflichtig (§§ 38, 39 LAS); auf die Wirksamkeit der Kündigung hat dies keinen Einfluss (§ 34 I S. 2 LAS).

d. Verhältnis zwischen Umsetzungspflicht und Kündigungsauswahl

Kann ein Arbeitnehmer nur nach Umsetzung auf einen anderen Arbeitsplatz (und durch Verdrängung eines anderen Arbeitnehmers mit kürzerer Beschäftigungsdauer) weiterbeschäftigt werden, so gilt das Vorrangprinzip nach Betriebsalter nur insoweit, als der umgesetzte Arbeitnehmer die für den neuen Arbeitsplatz ausreichenden Qualifikationen besitzt[632]. Dann kann es dazu kommen, dass ein in der Kündigungsreihenfolge besser platzierter Arbeitnehmer auf den Arbeitsplatz eines schlechter platzierten Arbeitnehmers umgesetzt wird, was wiederum zur Kündigung des letzteren führen kann[633]. Fehlt dem Arbeitnehmer hingegen die entsprechende Qualifikation, so kann er trotz eigentlichen Vorrangs entlassen werden. In diesem Fall ändert sich die nach § 22 LAS ursprünglich vorgesehene Kündigungsreihenfolge.

Es stellt sich allerdings die Frage, was „ausreichende Qualifikationen" sind. Der Arbeitgeber kann aufgrund seiner unternehmerischen Entscheidungsfreiheit grundsätzlich selbst bestimmen, welche Qualifikationen für eine bestimmte Arbeit erforderlich sein sollen. Der Arbeitnehmer muss dann die allgemeinen Qualifikationen für diese Arbeit erfüllen. Der Arbeitgeber darf allerdings nicht den bestqualifizierten Arbeitnehmer auswählen – es sein denn, dies ist ihm durch Kollektivvertrag erlaubt. Ist eine solche Möglichkeit durch Kollektivvertrag vorgesehen, so geht dies meist zum Nachteil der Arbeitnehmer mit langer Betriebszugehörigkeit, also in der Regel zum Nachteil der älteren Arbeitnehmer.

Grundsätzlich aber muss der Arbeitgeber denjenigen wählen, der ausreichend qualifiziert ist und nach der Senioritätsregel vorrangig weiterzubeschäftigen ist. Erforderlich ist auch nicht, dass der Arbeitnehmer sofort in der Lage ist, die alternative Arbeit auszuführen. Ihm muss eine angemessene Zeit Gelegenheit gegeben werden, sich an die Arbeit durch Weiterbildung und Training anzupassen.

---

632 Vgl. § 22 III S. 4 LAS: *Kan en arbetstagare endast efter omplacering beredas fortsatt arbete hos arbetsgivaren, gäller som förutsättning för företräde enligt turordningen att arbetstagaren har tillräckliga kvalifikationer för det fortsatta arbetet.*

633 Sigeman, S. 270; Gotthardt, ZIAS 1999, 354 (358f.); Gotthardt, S. 274, 280f.

Nach dem LAS ist der Arbeitgeber zwar nicht zur Umschulung verpflichtet, Kollektivverträge können aber auch eine solche Pflicht vorsehen[634].

Im **Ausgangsfall Nr. 6** ist einziges Kriterium für die Kündigungsreihenfolge die Dauer der Betriebszugehörigkeit, sog. Senioritätsprinzip oder last-in-first-out-Prinzip, es sei denn, tarifvertraglich wurden andere Vereinbarungen getroffen. Danach hat derjenige Arbeitnehmer mit der längsten Beschäftigungszeit grundsätzlich Anspruch auf Weiterbeschäftigung. A müsste also mit seinen 18 Jahren Betriebszugehörigkeit vorrangig vor B mit nur 12 Jahren Betriebszugehörigkeit weiterbeschäftigt werden. Eine Ausnahme von diesem Grundsatz gilt allerdings für Kleinbetriebe mit höchstens zehn Arbeitnehmern. Hier darf der Arbeitgeber ohne Angabe von Gründen bis zu zwei Arbeitnehmer aus der Kündigungsreihenfolge nach dem Senioritätsprinzip herausnehmen. Möchte U also den B wegen seiner besseren beruflichen Qualifikation anstelle des A weiterbeschäftigen, so kann er dies ohne Angabe von Gründen tun. A hat nicht Recht.

5. Rechtsvergleich – Fazit und Bewertung

a. Die Kündigungsauswahl

Bei der Auswahl derjenigen Arbeitnehmer, die gekündigt werden sollen, hat der Arbeitgeber grundsätzlich bestimmte Auswahlkriterien zu berücksichtigen. Er kann also nicht frei nach Belieben kündigen, sondern muss bestimmte Regeln einhalten.

Allen Rechtsordnungen gemeinsam ist, dass der Arbeitgeber bestimmte Arbeitnehmer, die besonderen Kündigungsschutz genießen, von vornherein nicht in seine Kündigungsauswahl mit einbeziehen darf. Im übrigen gibt es jedoch erhebliche Unterschiede. In Spanien unterliegt der Arbeitgeber über diesen besonderen Kündigungsschutz hinaus grundsätzlich keinerlei Beschränkungen, er darf also kündigen, wen er möchte. In Deutschland, Frankreich, Schweden und zum Teil auch in Großbritannien hingegen hat eine Kündigungsauswahl stattzufinden, die jedoch sehr unterschiedlich ausgestaltet ist.

b. Einzubeziehende Arbeitnehmer

Ein Unterschied liegt zunächst in der unterschiedlichen Reichweite der Kündigungsauswahl. Während sie in Deutschland lediglich betriebsbezogen ausgestaltet ist, ist sie in Frankreich in bezug auf das gesamte Unternehmen durchzuführen. In Schweden wird grundsätzlich für jede Betriebseinheit, zum Teil für jeden Kollektivvertragsbereich, eine eigene Kündigungsreihenfolge aufgestellt. Praktisch keinerlei Einschränkungen hingegen unterliegt der britische Arbeitgeber.

[634] Rönnmar, S. 127f.; van Peijpe, S. 84.

Er darf vollkommen frei entscheiden, welche Arbeitnehmer er bei der Kündigungsauswahl berücksichtigen möchte, unter der Voraussetzung, dass sich sein Verhalten insgesamt als fair und angemessen darstellt.

c. Kündigungsauswahl als Sozialauswahl?

Kommen mehrere Arbeitnehmer für eine Kündigung in Betracht, so sind weder der französische noch der deutsche, schwedische und britische Arbeitgeber frei bei der Auswahl des zu kündigenden Arbeitnehmers. Sie müssen vielmehr eine ordnungsgemäße Sozialauswahl durchführen (Deutschland) bzw. eine Kündigungsreihenfolge (*ordre de licenciement* in Frankreich bzw. *redundancy selection* in Großbritannien, *turordning* in Schweden) für die betroffenen Arbeitnehmer aufstellen.

Schon die Wahl der (gesetzlichen) Begriffe lässt erahnen, dass es sich lediglich in Deutschland um eine „echte“ Sozialauswahl handelt, bei der der Arbeitgeber die Auswahl der Arbeitnehmer jedenfalls in erster Linie nach sozialen Kriterien zu treffen hat. Nicht nur in Deutschland, sondern auch in Frankreich und Schweden sind aber bestimmte soziale Kriterien bereits per Gesetz zwingend zu berücksichtigen (überall die Dauer der Betriebs- oder Unternehmenszugehörigkeit, in Frankreich und Deutschland auch familiäre Unterhaltspflichten, das Lebensalter und eine (Schwer-)Behinderung). In Großbritannien sind Auswahlkriterien zwar nicht gesetzlich vorgeschrieben. Die Dauer der Betriebszugehörigkeit etwa kann aber auch dort eine Rolle spielen.

Neben den Sozialkriterien besteht aber unter im Einzelnen unterschiedlichen Voraussetzungen überall die Möglichkeit, besonders leistungsstarke Arbeitnehmer, sog. Leistungsträger, aus der Kündigungsauswahl herauszunehmen und vorrangig weiterzubeschäftigen.

d. Berücksichtigung von Leistungsträgern

Die Möglichkeit, bestimmte Leistungsträger von der Kündigungsauswahl auszuschließen, ist entweder bereits durch Gesetz vorgesehen (Deutschland, Frankreich, Schweden bei Kleinbetrieben) oder aber wurde von der Rechtsprechung entwickelt (Großbritannien und Schweden). Zudem gibt es verschiedene Modelle zur Berücksichtigung von Leistungsträgern.

In Frankreich etwa ist die Berücksichtigung von Leistungsträgern ein gleichwertiges Auswahlkriterium neben anderen. Zu den vom Gesetz vorgegebenen Auswahlkriterien gehört neben Unterhaltspflichten, Dauer der Betriebszugehörigkeit, Behinderung und Lebensalter auch die *qualité professionnelle.*

In Deutschland und Schweden hingegen gilt ein Ausnahmemodell. Der deutsche Arbeitgeber hat laut Gesetz zwingend Dauer der Betriebszugehörigkeit, Lebensalter, Unterhaltspflichten und eine Schwerbehinderung zu berücksichtigen. Nur ausnahmsweise darf er von der nach diesen Kriterien ermittelten Sozialauswahl abweichen und sozial stärkere Arbeitnehmer weiterbeschäftigen, wenn dafür ein berechtigtes betriebliches Interesse vorliegt, etwa wegen besonderer Kenntnisse, Fähigkeiten und Leistungen bestimmter Arbeitnehmer. In Schweden hingegen ist die Kündigungsreihenfolge grundsätzlich nach dem Senioritätsprinzip aufzustellen. Eine Ausnahmeregelung sieht aber das Gesetz für Kleinbetriebe vor. Dort darf der Arbeitgeber ohne Angabe von Gründen bis zu zwei besonders leistungsstarke Arbeitnehmer von der Kündigungsreihenfolge ausschließen.

In Großbritannien schließlich beruht die Berücksichtigung von Leistungsträgern auf einer Einigung zwischen Arbeitgeber und Gewerkschaft. Zwar ist der britische Arbeitgeber nicht per Gesetz verpflichtet, bestimmte Kriterien bei der Auswahl der zu kündigenden Arbeitnehmer zu beachten. Jedenfalls wenn eine Gewerkschaft im Betrieb vertreten ist, kann er aber – je nach Einzelfall – laut Rechtsprechung verpflichtet sein, mit der Gewerkschaft bestimmte Auswahlkriterien zu entwickeln. Dazu können neben Anwesenheitsnachweisen und Dauer der Betriebszugehörigkeit auch Leistungsfähigkeit und Berufserfahrung gehören. Über die Kleinbetriebsklausel hinaus existiert schließlich auch in Schweden ein Einigungsmodell. Dabei kommt den Gewerkschaften in Schweden eine noch stärkere Position zu als in Großbritannien. Während in Großbritannien die Gewerkschaften lediglich bei der Aufstellung der Auswahlkriterien mitentscheiden dürfen, der Arbeitgeber aber letztlich sehr frei ist bei der endgültigen Auswahl der Arbeitnehmer, sind in Schweden Abweichungen vom Senioritätsprinzip außerhalb von Kleinbetrieben nur bei einer Einigung zwischen Arbeitgeber und Gewerkschaft möglich. Derartige Kollektivverträge, bei denen die Leistungsfähigkeit eine erhebliche Rolle spielt, sind in Schweden weit verbreitet.

Das Kriterium der Leistungsfähigkeit darf überall grundsätzlich nur neben anderen sozialen Kriterien wie Dauer der Betriebszugehörigkeit oder Unterhaltspflichten berücksichtigt werden. Nach Berücksichtigung aller relevanten Kriterien aber darf der französische Arbeitgeber die berufliche Eignung bevorzugen. Er muss dann allerdings vor Gericht nachweisen, dass die gekündigten Arbeitnehmer beruflich weniger qualifiziert waren als die verbleibenden Arbeitnehmer. Auch der britische Arbeitgeber darf nach Berücksichtigung aller mit der Gewerkschaft entwickelten Kriterien letztlich der Leistungsfähigkeit den Vorrang geben. Im Prozess ist er dann lediglich verpflichtet, die relevanten Auswahlunterlagen offen zu legen, also etwa nach welchen Gesichtspunkten die gekündigten Arbeitnehmer bewertet wurden. Die Auswahl durch den Arbeitgeber wird in der Regel von den britischen Gerichten nicht überprüft. Anders ist es nur, wenn der Verdacht besteht, der Arbeitgeber habe diskriminierend gehandelt oder allein nach persönlichen Vorlieben ausgewählt. In Schweden schließlich ist – außerhalb der Regelung für Kleinbetriebe – allein der Inhalt der Kollektivverträge zwischen Arbeitgeber und Gewerkschaft entscheidend. Am strengsten ist die Rechtslage wohl weiterhin für den deutschen Arbeitgeber. Zwar ist ein betriebliches Interesse leichter zu belegen als ein nach der alten Rechtslage erforderliches betriebliches Bedürfnis. Inwieweit die Gerichte aber die Auswahl nach Qualität und Leistung der Arbeitnehmer tatsächlich anerkennen werden, wird sich zeigen müssen.

e. Rechtsfolgen einer fehlerhaften Auswahl

Unterschiede zeigen sich auch bei den Folgen einer fehlerhaft ausgeführten bzw. unterlassenen Kündigungsauswahl. In Frankreich, Großbritannien und Schweden führt eine fehlerhaft durchgeführte Kündigungsauswahl lediglich zu Entschädigungsansprüchen der zu Unrecht gekündigten Arbeitnehmer. Die Wirksamkeit der Kündigung wird im übrigen aber nicht berührt. In Deutschland hingegen hat eine fehlerhafte Sozialauswahl zur Folge, dass alle (!) Kündigungen sozialwidrig und damit unwirksam sind. Gerade in Deutschland führen häufig bereits kleine Fehler bei der Sozialauswahl zur Unwirksamkeit von betriebsbedingten Kündigungen.

f. Auswahl und Weiterbeschäftigung

In Deutschland und in Schweden findet die Auswahl der zu kündigenden Arbeitnehmer statt, noch bevor die Möglichkeit der Weiterbeschäftigung auf einem anderen freien Arbeitsplatz zu prüfen ist. So hat der deutsche Arbeitgeber grundsätzlich nur die sozial schwächeren Arbeitnehmer und der schwedische Arbeitgeber grundsätzlich nur die betriebsälteren Arbeitnehmer weiterzubeschäftigen, vorausgesetzt, sie haben die für den freien Arbeitsplatz erforderlichen Qualifikationen. Anders ist es in Frankreich. Dort wird die Kündigungsreihenfolge erst nach erfolgter Umsetzung bezüglich der „übrig gebliebenen“ Arbeitnehmer aufgestellt. In Großbritannien hingegen stellt sich dieses Problem nicht. Hier kommt es vielmehr für jeden Einzelfall darauf an, ob der Arbeitgeber bei Prüfung von Weiterbeschäftigungsmöglichkeiten und Kündigungsauswahl insgesamt *fair* gehandelt hat.

g. Fazit

Zwar ist der deutsche gegenüber dem französischen Arbeitgeber insoweit im Vorteil, als die Sozialauswahl lediglich betriebs- und nicht unternehmensbezogen durchzuführen ist. Andererseits hat die Kündigungsauswahl in Frankreich und Großbritannien und letztlich auch in Schweden nicht ausschließlich nach sozialen Kriterien zu erfolgen, so dass das Interesse des französischen und britischen Arbeitgebers an Qualität und Leistung seiner Belegschaft weitaus stärker berücksichtigt wird als das des deutschen Arbeitgebers. Letzterer darf nur in Ausnahmefällen beruflich besonders qualifizierte Arbeitnehmer aus der Sozialauswahl herausnehmen. Insbesondere die Kleinbetriebsklausel in Schweden, nach der der Arbeitgeber ohne Angabe von Gründen zwei beliebige Arbeitnehmer von der Kündigungsauswahl ausschließen darf, ist der Rechtssicherheit und -klarheit sehr förderlich. Eine komplizierte Definition eines „Leistungsträgers" erübrigt sich. Auch in Frankreich und Großbritannien scheint die Definition der beruflichen Leistungsfähigkeit keine Schwierigkeiten zu bereiten. Die Leistungsfähigkeit wird dort als grundsätzlich gleichwertiges Kriterium neben anderen Auswahlkriterien angesehen, allerdings mit dem Vorteil für den Arbeitgeber, dass er der Leistungsfähigkeit in der Regel den Vorrang geben darf.

Zudem ist auch die Rechtsfolge einer fehlenden oder fehlerhaft durchgeführten Sozialauswahl in Deutschland ungleich schärfer als in Frankreich, Großbritannien und Schweden: Während in Frankreich, Großbritannien und Schweden die Kündigung dennoch wirksam ist, trifft den deutschen Arbeitgeber die harte Sanktion der Unwirksamkeit, was oftmals zu hohen Gehaltsnachzahlungen führt.

Der Rechtsvergleich zeigt daher, dass der deutsche Arbeitgeber im Ergebnis bei der Kündigungsauswahl – trotz Erleichterungen durch die gesetzliche Neufassung – erheblich stärker in seiner Unternehmerfreiheit eingeschränkt ist als die Arbeitgeber in den Vergleichsländern. Am wenigsten eingeschränkt ist aber der spanische Arbeitgeber, da er bei der Auswahl der zu kündigenden Arbeitnehmer praktisch keinerlei Restriktionen unterliegt.

C. Gesamtbetrachtung und –bewertung

Die abschließende Gesamtbetrachtung und –bewertung beginnt mit der rechtsvergleichenden Lösung der Ausgangsfälle. Im Anschluss soll geklärt werden, in welchen Punkten die untersuchten Rechtsordnungen grundsätzlich übereinstimmen, welche wesentlichen Unterschiede sich gezeigt haben und mit welcher Intensität rechtsvergleichend die unternehmerische Entscheidungsfreiheit bei wirtschaftlichen Kündigungen gewährleistet wird. Es schließen sich Überlegungen an, welche Elemente eine gemeinsame Regelung für die Rechtfertigung einer Kündigung aus wirtschaftlichen Gründen aufweisen könnte. Zum Abschluss werden schließlich die gewonnenen rechtsvergleichenden Erkenntnisse in Form einer Tabelle dargestellt.

I. Ausgangsfälle mit Lösungen

Fall 1:

Unternehmer U betreibt eine Töpferei. Wegen sinkender Nachfrage muss U die Produktion reduzieren, was zur Folge hat, dass weniger Arbeitnehmer benötigt werden. Deshalb spricht U gegenüber einigen Arbeitnehmern betriebsbedingte Kündigungen aus.

Liegt ein wirksamer Kündigungsgrund vor?

In allen untersuchten Mitgliedstaaten liegt ein wirksamer Kündigungsgrund vor. Mit der Reduzierung der Produktion hat der Unternehmer eine organisatorische Unternehmerentscheidung getroffen.

In Großbritannien und Schweden kommt es für das Vorliegen eines Rechtfertigungsgrundes allein darauf an, dass ein Arbeitskräfteüberschuss (*redundancy*) bzw. ein Arbeitsmangel (*arbetsbrist*) besteht. U benötigt wegen der Reduzierung seiner Produktion weniger Arbeitnehmer. Da das Beschäftigungsbedürfnis für einen oder mehrere in der Produktion beschäftigte Arbeitnehmer weggefallen ist, liegt in Großbritannien *redundancy* vor. In Schweden stellt die Reduzierung der Belegschaft *arbetsbrist* dar. Auf die Motive, die den Unternehmer dazu bewogen haben, die Produktion zu reduzieren, kommt es weder in Großbritannien, noch in Schweden an.

Anders ist es in Deutschland, Frankreich und Spanien. Neben dem Wegfall eines Beschäftigungsbedürfnisses (Deutschland), dem Abbau von Arbeitsplätzen (Frankreich) bzw. der Notwendigkeit, Arbeitsplätze abzubauen (Spanien), spielen dort auch die der Organisationsentscheidung zugrunde liegenden Motive eine Rolle. In Deutschland stellt sinkende Nachfrage eine außerbetriebliche Ursache dar, in Frankreich befindet sich die Töpferei wegen der sinkenden Nachfrage in ernsthaften wirtschaftlichen Schwierigkeiten und in Spanien wirkt sich mit der sinkenden Nachfrage ein äußerer Umstand auf die Produktion der Töpferei aus. Da die Reduzierung der Produktion und die daraufhin ausgesprochenen Kündigungen zudem dazu führen, die aktuellen Schwierigkeiten zu beseitigen, liegen dort *causas de producción* vor.

Fall 2:

Unternehmer U betreibt eine Tanzschule. Die Schüler bleiben jedoch aus und U hat mit anhaltend hohen Verlusten zu kämpfen. Schließlich sieht U sich gezwungen, seine Tanzschule zu schließen. Gegenüber allen bei ihm beschäftigten Arbeitnehmern spricht er daher betriebsbedingte Kündigungen aus.

Liegt ein wirksamer Kündigungsgrund vor?

Auch in diesem Fall liegt überall ein wirksamer Kündigungsgrund vor. In Deutschland, Großbritannien und Schweden kommt es dabei nicht auf die Motive – hier die sinkenden Schülerzahlen und die anhaltend hohen Verluste – an, die den U dazu bewogen haben, seine Tanzschule zu schließen. In Großbritannien stellt die Geschäftsaufgabe bereits einen gesetzlich geregelten Fall von *redundancy* dar. In Schweden liegt bei Geschäftsaufgabe *arbetsbrist* vor. In Deutschland darf kein Arbeitgeber gegen seinen Willen zur Fortführung seines Geschäfts gezwungen werden.

In Spanien und wohl auch in Frankreich (dort ist die Rechtsprechung uneinheitlich) hingegen reicht der Stilllegungsentschluss per se nicht aus, eine wirtschaftliche Kündigung zu rechtfertigen. Da die Tanzschule aber mit anhaltenden finanziellen Verlusten zu kämpfen hat, befindet sie sich in wirtschaftlichen Schwierigkeiten (Frankreich) bzw. kann sich auf wirtschaftliche Gründe stützen (Spanien). Zwar ist bei den *causas económicas* in Spanien grundsätzlich erforderlich, dass die Unternehmerentscheidung dazu beiträgt, die negative wirtschaftliche Situation des Unternehmens zu überwinden. Dies gilt allerdings nicht für den Fall der Stilllegung. Daher kann sich U auch in Frankreich und Spanien auf einen wirksamen Kündigungsgrund stützen.

Fall 3:

Unternehmer U betreibt eine florierende Kantine. Um Lohnkosten zu sparen und den Unternehmensgewinn noch weiter zu steigern, entlässt U einige Arbeitnehmer, nachdem er die anfallende Arbeit auf weniger Arbeitnehmer umverteilt hat.

Liegt ein wirksamer Kündigungsgrund vor?

U hat die (gleichbleibende) Arbeit auf weniger Arbeitnehmer umverteilt, um so den Personalbestand auf Dauer zu reduzieren und Lohnkosten zu sparen. Er hat also die Arbeit in seiner Kantine verdichtet. Arbeitsverdichtung stellt nicht überall einen wirksamen Kündigungsgrund dar.

Nur in Deutschland, Großbritannien und Schweden kann Arbeitsverdichtung eine wirtschaftliche Kündigung rechtfertigen. In Deutschland ist die Arbeitsverdichtung eine innerbetriebliche Ursache, die dazu geführt hat, dass weniger Arbeitnehmer benötigt werden (Wegfall eines Beschäftigungsbedürfnisses). Da allerdings die organisatorische Personalabbauentscheidung des U sehr nah an seine Kündigungsentscheidung heranrückt, muss U um so mehr darlegen, in welchem Umfang künftig die Arbeiten anfallen werden, wie diese Arbeiten von der verbleibenden Belegschaft erledigt werden können und wie sich dies auf die Arbeitsmenge auswirkt, d.h. inwieweit dadurch ein Beschäftigungsbedürfnis entfallen ist. In Großbritannien ist das Beschäftigungsbedürfnis für einige Arbeitnehmer weggefallen, da U infolge der Umverteilung der Arbeit weniger Arbeitnehmer benötigt. Es besteht ein Arbeitskräfteüberschuss (*redundancy*). Allerdings kann die Kündigung wegen *redundancy* nur dann gerechtfertigt sein, wenn der Arbeitgeber zuvor eine Einschätzung vorgenommen hat, inwieweit die gleichbleibende Arbeitsmenge vom Rest der Belegschaft erledigt werden kann. In Schweden liegt *arbetsbrist* vor, da U infolge der Umverteilung der Arbeit weniger Arbeitnehmer benötigt. Dass die Kantine floriert, spielt weder in Deutschland, noch in Großbritannien oder Schweden eine Rolle.

In Frankreich und Spanien hingegen kann sich U nicht auf einen wirtschaftlichen Kündigungsgrund stützen. Nach dem französischen Recht ist darauf abzustellen, dass die florierende Kantine weder in wirtschaftlichen Schwierigkeiten steckt, noch der Unternehmer technologische Veränderungen durchführen will. Zwar sind daneben auch Umstrukturierungs- und Umorganisierungsmaßnahmen als wirtschaftlicher Grund anerkannt. Allerdings ist der Arbeitgeber bei solchen Umorganisationsmaßnahmen nicht vollkommen frei in seinen Entscheidungen. Vielmehr wird vorausgesetzt, dass die Umstrukturierung zur Erhaltung der Wettbewerbsfähigkeit des Unternehmens erforderlich ist. Dies ist hier nicht ersichtlich. Im Gegenteil floriert die Kantine des U und von Wettbewerbsnachteilen ist nicht die Rede. Das alleinige Interesse des Arbeitgebers, die Gewinne weiter zu steigern und Lohnkosten zu sparen, reicht als wirtschaftlicher Grund nicht aus. Ein wirksamer wirtschaftlicher Kündigungsgrund liegt daher in Frankreich nicht vor.

In Spanien kann grundsätzlich die Umverteilung der Arbeitskräfte als organisatorischer Grund eine Kündigung aus objektiven Gründen rechtfertigen. Allerdings ist bei Kündigungen aus organisatorischen Gründen zusätzlich erforderlich, dass die Unternehmerentscheidung dazu führt, Schwierigkeiten z.B. aus

Wettbewerbsgründen zu überwinden. Die Kantine des U befindet sich jedoch in keinerlei Schwierigkeiten, im Gegenteil floriert sie. Ein wirksamer Kündigungsgrund liegt daher auch in Spanien nicht vor.

Fall 4:

Unternehmer U betreibt ein Kino. Als in unmittelbarer Nähe ein Multiplex-Cinema eröffnet, entscheidet sich U, in seinem Kino Umstrukturierungsmaßnahmen durchzuführen, insbesondere um mit seinen Konkurrenten mithalten zu können. Infolge der Umstrukturierungen spricht U Kündigungen aus betrieblichen Gründen aus. Tatsächlich tragen aber die durchgeführten Maßnahmen gar nicht zur Verbesserung der Wettbewerbsfähigkeit bei.

Wird das Arbeitsgericht einen wirksamen Kündigungsgrund anerkennen?

Auch in diesem Fall wird das Arbeitsgericht lediglich in Deutschland, Großbritannien und Schweden einen wirksamen Kündigungsgrund anerkennen, nicht jedoch in Frankreich und Spanien.

In Deutschland hat U sich zur Durchführung von Umstrukturierungen entschlossen (innerbetriebliche Ursache), woraufhin das Beschäftigungsbedürfnis für einige Arbeitnehmer entfallen ist. In Großbritannien haben die Umstrukturierungen dazu geführt, dass ein Arbeitskräfteüberschuss, also *redundancy* vorliegt. Die Gerichte prüfen neben dem Vorliegen eines Kündigungsgrundes auch, ob der Arbeitgeber vernünftig handelte, als er den Grund als ausreichend für die Rechtfertigung der Kündigung ansah. U handelte zur Verbesserung der Wettbewerbsfähigkeit, was dem Verhalten eines vernünftigen Arbeitgebers entspricht. In Schweden hat sich U infolge der Umstrukturierungen zur Reduzierung seiner Belegschaft entschlossen. Dies stellt einen Fall von *arbetsbrist* dar. Dass die Umstrukturierungen ihr Ziel gar nicht erreichen konnten und sich daher als unzweckmäßig herausstellten, schadet weder in Deutschland, noch in Großbritannien oder Schweden. Die der Kündigung zugrunde liegende organisatorische Unternehmerentscheidung wird nicht auf ihre Zweckmäßigkeit überprüft. Stellt sich die Unternehmerentscheidung also nicht als offensichtlich unsachlich, unvernünftig oder willkürlich, also missbräuchlich dar, so werden die Arbeitsgerichte die Umstrukturierungsmaßnahmen als wirksamen Kündigungsgrund anerkennen.

Anders ist es in Frankreich und Spanien. Zwar gilt auch in Frankreich grundsätzlich, dass die der Kündigung zugrunde liegende organisatorische Unternehmerentscheidung unüberprüfbar ist. Von diesem Grundsatz machen die Arbeitsgerichte aber bei Umstrukturierungsmaßnahmen eine Ausnahme. Diese sollen auch auf ihre Zweckmäßigkeit überprüft werden. Voraussetzung soll sein, dass die Maßnahmen zur Erhaltung der Wettbewerbsfähigkeit erforderlich sind. Hier stellte sich jedoch heraus, dass die von U durchgeführten Maßnahmen ungeeignet waren, die Wettbewerbsfähigkeit zu erhalten. Seine Unternehmerentscheidung war deshalb unzweckmäßig. Noch strenger sind die Gerichte in Spanien. Zwar können Umstrukturierungsmaßnahmen als organisatorische Gründe grundsätzlich wirtschaftliche Kündigungen rechtfertigen. Erforderlich ist allerdings, dass die Unternehmerentscheidung zur Überwindung von Schwierigkeiten z.B. aus Wettbewerbsgründen führt. Die Gerichte überprüfen die unternehmerische Entscheidung auf Ermessensfehler. Gelangen sie zu dem Schluss, die Unternehmerentscheidung war nicht angemessen, so werden sie den Kündigungsgrund nicht anerkennen. Konnten hier also die Umstrukturierungen ihr Ziel, nämlich die Erhaltung der Wettbewerbsfähigkeit, gar nicht erreichen, so werden die Gerichte die Entscheidung des U als unangemessen und daher ermessensfehlerhaft ansehen.

Fall 5:

Arbeitnehmer A wurde wegen Auftragsrückgangs und anhaltender Verluste gekündigt. In einem anderen Betrieb des Unternehmens wäre ein anderer Arbeitsplatz frei gewesen, auf dem der A mit seiner beruflichen Qualifikation hätte arbeiten können.

Hätte A auf dem anderen freien Arbeitsplatz weiterbeschäftigt werden müssen?

Abwandlung

Wie wäre es, wenn A auf dem anderen Arbeitsplatz erst nach einer Umschulung/Fortbildung hätte arbeiten können?

In fast allen untersuchten Mitgliedstaaten trifft den Arbeitgeber die Pflicht, einen von einer (wirtschaftlichen) Kündigung bedrohten Arbeitnehmer auf einem anderen freien Arbeitsplatz weiterzubeschäftigen, anstatt ihn zu kündigen. Da ein anderer Arbeitsplatz frei gewesen wäre, für den A auch die erforderlichen Qualifikationen besaß, hätte A in Deutschland, Frankreich, Großbritannien und Schweden weiterbeschäftigt werden müssen. Eine Ausnahme bildet Spanien. Dort besteht für den Arbeitgeber keine derartige Weiterbeschäftigungspflicht mehr.

Die Pflicht zur Weiterbeschäftigung nach Umschulungs- oder Fortbildungsmaßnahmen trifft allerdings nur den deutschen und den französischen Arbeitnehmer. In Deutschland und Frankreich hätte daher A auch dann auf einem anderen freien Arbeitsplatz weiterbeschäftigt werden müssen, wenn dies erst nach derartigen Bildungsmaßnahmen möglich gewesen wäre. Anders ist es in Spanien, Großbritannien und Schweden. Dort ist der Arbeitgeber nicht verpflichtet, dem betroffenen Arbeitnehmer Umschulungs- oder Fortbildungsmöglichkeiten zu eröffnen.

Der spanische, britische und schwedische Arbeitgeber waren daher nicht verpflichtet, den A auf einem anderen Arbeitsplatz weiterzubeschäftigen, wenn dies erst nach entsprechenden Bildungsmaßnahmen möglich gewesen wäre.

Fall 6:

In einem kleinen Betrieb mit sieben Arbeitnehmern ist aufgrund von Umorganisierungsmaßnahmen ein Arbeitsplatz weggefallen. Dem 42 jährigen Arbeitnehmer A, der dem Betrieb seit 18 Jahren angehört und zwei schulpflichtige Kinder hat, wurde aus betrieblichen Gründen gekündigt. A will sich gegen seine Kündigung wehren. Er behauptet, nicht er, sondern der 33-jährige Arbeitnehmer B, kinderlos, hätte an seiner Stelle gekündigt werden müssen. Schließlich sei B viel jünger als er, gehöre dem Betrieb noch nicht so lange an und habe zudem keine Familie zu versorgen. Unternehmer U möchte aber auf den B nicht verzichten, da er ihn für talentierter hält als den A.

Hat A Recht?

In Deutschland und in Frankreich hat A Recht. Sowohl in Deutschland als auch in Frankreich hat der Arbeitgeber als Auswahlkriterien zwingend die Dauer der Betriebszugehörigkeit sowie familiäre Unterhaltspflichten und das Lebensalter zu berücksichtigen. A hat sowohl eine längere Betriebszugehörigkeit als auch ein höheres Lebensalter als der B. Zudem hat A im Gegensatz zu B zwei unterhaltspflichtige Kinder. In Frankreich kann zwar auch die berufliche Eignung ein Auswahlkriterium sein, das der Arbeitgeber nach Berücksichtigung der übrigen zwingenden Kriterien als vorzugswürdig erachten darf. Allerdings müsste U objektiv nachprüfbare Tatsachen vorbringen, aus denen sich ergibt, dass B tatsächlich beruflich besser qualifiziert ist als der A. Dass U den B für „talentierter" hält, reicht nicht aus. Auch in Deutschland kann der Arbeitgeber bestimmte Arbeitnehmer weiterbeschäftigen, wenn hierfür ein berechtigtes betriebliches Interesse besteht. Dies wäre etwa der Fall, wenn die Weiterbeschäftigung des B wegen seiner Kenntnisse, Fähigkeiten und Leistungen notwendig wäre. Die Tatsache allein, dass U den B für talentierter hält als den A, stellt aber kein berechtigtes betriebliches Interesse dar.

In Spanien, Großbritannien und Schweden hingegen hat A nicht Recht. Während der spanische Unternehmer an keinerlei Auswahlkriterien gebunden ist und sich daher vollkommen frei dazu entschließen durfte, den A anstatt den B zu kündigen, ist in Großbritannien der U nur dann an Auswahlkriterien gebunden, wenn solche mit der Gewerkschaft vereinbart wurden. Selbst dann ist aber der Arbeitgeber nach Beratung mit der Gewerkschaft in seinem Auswahlsystem frei und kann zum Beispiel das Kriterium der Leistungsfähigkeit gegenüber der Dauer der Betriebszugehörigkeit bevorzugen. U durfte daher den A trotz längerer Betriebszugehörigkeit, höherem Lebensalter und bestehender Unterhaltspflichten kündigen und stattdessen den B weiterbeschäftigen, den er für leistungsfähiger hielt. In Schweden schließlich hat die Kündigungsauswahl grundsätzlich nach der Dauer der Betriebszugehörigkeit zu erfolgen. In kleineren Betrieben gibt es aber eine Ausnahme von dem Senioritätsprinzip. U durfte daher ohne Angabe von Gründen bis zu zwei Arbeitnehmer aus der Kündigungsreihenfolge herausnehmen, für die dann das Senioritätsprinzip nicht gilt.

II. Grundsätzliche Gemeinsamkeiten und Unterschiede der Regelungsmodelle

In der abschließenden Gesamtbetrachtung stellt sich zunächst die Frage, welche grundsätzlichen Gemeinsamkeiten und Unterschiede die Rechtsordnungen der verschiedenen untersuchten Mitgliedstaaten im Bereich der wirtschaftlichen Kündigung aufweisen.

Allen Rechtsordnungen gemeinsam ist, dass die Kündigung aus wirtschaftlichen Gründen nur gerechtfertigt sein kann, wenn sie auf einen Kündigungsgrund gestützt werden kann. So werden die Arbeitnehmer vor der Willkür des Arbeitgebers geschützt. Der Anknüpfungspunkt ist allerdings verschieden. Der Kündigungsgrund kann an eine bestimmte wirtschaftliche Situation angeknüpft werden, wie dies in Deutschland, Frankreich und Spanien der Fall ist. Oder aber Anknüpfungspunkt ist der Überschuss an Arbeitskräften, so in Großbritannien und Schweden. Trotz unterschiedlicher Ausgestaltung liegt aber bei vergleichbaren wirtschaftlichen Situationen in allen Rechtsordnungen ein Kündigungsgrund vor. Ein inhaltlicher Unterschied besteht jedoch darin, inwieweit die Auswirkungen einer Kündigung auf das Unternehmens Berücksichtigung finden. Diese Frage ist nur in Frankreich und noch stärker in Spanien von Bedeutung. Dort kommt es darauf an, dass sich die wirtschaftlichen Kündigungen positiv auf die wirtschaftliche Situation des Unternehmens auswirken. Anders ist es in Deutschland, Großbritannien und Schweden, wo es bereits ausreicht, dass ein Kündigungsgrund vorliegt.

Der Grundsatz der Verhältnismäßigkeit ist recht verschieden ausgestaltet. Der Gedanke der Kündigung als „ultima ratio“ ist in allen Rechtsordnungen mit Ausnahme Großbritanniens grundsätzlich bekannt. In Großbritannien findet sich zwar kein Verweis auf das Verhältnismäßigkeitsprinzip. Dort ist aber erforderlich, dass der Arbeitgeber vernünftig handelt. Außer in Spanien sind alle Arbeitgeber grundsätzlich verpflichtet, die betroffenen Arbeitnehmer wenn möglich auf einem anderen Arbeitsplatz weiterzubeschäftigen. Diese Weiterbeschäftigungspflicht kann unternehmens- (Deutschland, Frankreich) bzw. konzernbezogen (Frankreich), arbeitgeberbezogen (Schweden) oder je nach Einzelfall unterschiedlich sein (Großbritannien). Zu Umschulungs- und Fortbildungsmaßnahmen hingegen sind nur noch die deutschen und die französischen Arbeitgeber verpflichtet.

Die Durchführung einer Kündigungsauswahl ist wiederum grundsätzlich in allen Rechtsordnungen vorgesehen, mit Ausnahme Spaniens. Die Arbeitnehmer sollen vor der Willkür des Arbeitgebers geschützt werden. Dies wird durch bestimmte vom Gesetz vorgesehene zwingende Auswahlkriterien (so in Deutschland und Frankreich), durch ein Einigungsmodell zwischen Arbeitgeber und Gewerkschaft (Großbritannien) oder aber durch eine Mischform aus beiden Modellen (Schweden) gewährleistet. Innerhalb des Auswahlmodells nach Zwangskriterien gibt es unterschiedliche Ausformungen, insbesondere was das Interesse des Arbeitgebers an der Berücksichtigung von sog. Leistungsträgern anbelangt.

III. Die Intensität der unternehmerischen Entscheidungsfreiheit

Betrachtet man allein die Rechtfertigungsgründe für eine Kündigung aus wirtschaftlichen Gründen, so zeigt sich, dass die unternehmerische Entscheidungsfreiheit grundsätzlich in allen untersuchten Mitgliedstaaten anerkannt und geschützt ist, aber doch mit zum Teil sehr unterschiedlicher Intensität gewährleistet wird.

So unterliegt der Arbeitgeber in Spanien in bezug auf die Möglichkeiten, überhaupt aus wirtschaftlichen Gründen zu kündigen, den stärksten Restriktionen. Die Kündigungsmöglichkeiten werden insbesondere dadurch eingeschränkt, dass stets gefordert wird, dass sich die Kündigungen positiv auf das Unternehmen auswirken, also etwa dazu beitragen, wirtschaftliche Schwierigkeiten zu beseitigen. Auch die gerichtliche Kontrolle ist in Spanien am strengsten. In den übrigen Mitgliedstaaten hingegen ist die unternehmerische Entscheidungsfreiheit zunächst grundsätzlich umfassend geschützt und gewährleistet. Die einer wirtschaftlichen Kündigung zugrundeliegende Organisationsentscheidung wird durch die Gerichte nicht überprüft. Wirtschaftliche Kündigungen können praktisch immer auf einen wirksamen Kündigungsgrund gestützt werden, wenn der Arbeitgeber sich auf wirtschaftliche Umstände jeglicher Art beruft. Zusätzliche „Erfolge“ wie in Spanien sind nicht erforderlich, mit Ausnahme von Frankreich im Fall von Umstrukturierungen, die zum Erhalt der Wettbewerbsfähigkeit erforderlich sein müssen.

Andererseits ist aber zu berücksichtigen, dass der spanische Arbeitgeber im Bereich der Verhältnismäßigkeit und bei der Kündigungsauswahl praktisch überhaupt nicht eingeschränkt ist. Er ist weder verpflichtet, die betroffenen Arbeitnehmer auf einem anderen Arbeitsplatz weiterzubeschäftigen, noch muss er Umschulungen oder Fortbildungen anbieten. Auch zur Durchführung einer Kündigungsauswahl ist er nicht verpflichtet. Erscheint also die unternehmerische Entscheidungsfreiheit des spanischen Arbeitgebers zunächst sehr eingeschränkt, so wird dies anschließend dadurch ausgeglichen, dass sonstige Restriktionen praktisch fehlen. In den übrigen Mitgliedstaaten hingegen wird die zunächst umfassend gewährte Unternehmerfreiheit durch die Grundsätze der Verhältnismäßigkeit (bzw. des vernünftigen Handelns des Arbeitgebers in Großbritannien) und der Kündigungsauswahl, je nach Mitgliedstaat in unterschiedlichem Ausmaß, beschränkt.

Im Rahmen der Verhältnismäßigkeit ist die Intensität der unternehmerischen Entscheidungsfreiheit in Deutschland und Frankreich am geringsten. In beiden Mitgliedstaaten sind die Arbeitgeber zur Weiterbeschäftigung sowie zu Weiterbildungs- und Schulungsmaßnahmen verpflichtet. Ein weiterer Nachteil besteht für den französischen Arbeitgeber darin, dass die Weiterbeschäftigungspflicht unter Umständen sogar konzernbezogen ausgestaltet ist. Zwar sind auch in Großbritannien und in Schweden die Arbeitgeber grundsätzlich verpflichtet, die betroffenen Arbeitnehmer auf einem anderen Arbeitsplatz weiterzubeschäftigen. Es besteht jedoch keine Pflicht, die Arbeitnehmer umzuschulen oder fortzubilden. Die Unternehmerfreiheit ist daher in Großbritannien und Schweden auf dieser Ebene zwar nicht so stark gewährleistet wie in Spanien, genießt aber einen höheren Schutz als in Frankreich und Deutschland.

Bei der Kündigungsauswahl schließlich unterliegen die Arbeitgeber überall – mit Ausnahme Spaniens – gewissen Restriktionen, da sie bestimmte Auswahlkriterien zu berücksichtigen haben und nicht völlig frei darin sind, welchen von mehreren Arbeitnehmern sie kündigen. Die Intensität der unternehmerischen Entscheidungsfreiheit ist aber in Deutschland am geringsten, da der Arbeitgeber sich streng nach vorgegebenen Sozialkriterien zu richten hat und eine Berücksichtigung von Leistungsträgern nur die Ausnahme darstellt. Zudem führen Fehler bei der Sozialauswahl zur Unwirksamkeit der Kündigung und nicht – wie in den übrigen Mitgliedstaaten – lediglich zu Entschädigungsansprüchen der zu Unrecht gekündigten Arbeitnehmer.

Der Rechtsvergleich hat gezeigt, dass die unternehmerische Entscheidungsfreiheit bei wirtschaftlichen Kündigungen in Großbritannien und in Schweden am intensivsten gewährleistet ist. In Spanien ist sie zunächst sehr stark eingeschränkt (bei der Wahl der Kündigungsgründe), was jedoch durch die fehlende Weiterbeschäftigungspflicht und Kündigungsauswahl relativiert wird. So scheint letztlich die Unternehmerfreiheit in Deutschland, Frankreich und Spanien etwa in gleichem Maße gewährleistet.

IV. Überlegungen zu einer gemeinsamen Regelung

Zu den Zielen der Arbeitsrechtsvergleichung kann auch die Rechtsvereinheitlichung innerhalb der EU gezählt werden. So bietet es sich nach dem Vergleich der verschiedenen Rechtsordnungen an, zu überlegen, ob eine gemeinsame Regelung der Kündigung aus wirtschaftlichen Gründen für die untersuchten Rechtsordnungen möglich wäre und welche Elemente eine solche Regelung aufweisen könnte.

Auch eine gemeinsame Regelung müsste einen gerechten Ausgleich zwischen den Arbeitgeber- und den Arbeitnehmerinteressen finden. In jedem Fall ist erforderlich, dass die Arbeitnehmer vor grundlosen, willkürlichen Kündigungen seitens der Arbeitgeber geschützt werden. Daher bedarf jede Kündigung, ob aus wirtschaftlichen oder sonstigen Gründen, eines Rechtfertigungsgrundes. Dies sieht auch die Grundrechtscharta vor und ist bereits jetzt in allen untersuchten Rechtsordnungen anerkannt.

Bezüglich der Rechtfertigungsgründe für eine Kündigung aus wirtschaftlichen Gründen stellt sich die Frage, ob eine allgemeine Regelung wie etwa in Deutschland oder eine speziellere Regelung mit Aufzählung der Rechtfertigungsgründe, wie etwa in Frankreich, Spanien und Großbritannien vorzugswürdig wäre. Der Rechtsvergleich hat gezeigt, dass – unabhängig vom jeweiligen Gesetzeswortlaut – verschiedene Fallkonstruktionen letztlich doch überall eine Kündigung aus wirtschaftlichen Gründen rechtfertigen können. Eine allgemeine Regelung lässt mehr Raum für neue oder ungewöhnliche Fallkonstruktionen und bietet der Rechtsprechung mehr Freiheiten für eine Rechtsfortbildung. Eine speziellere Regelung hingegen sorgt für mehr Rechtssicherheit und -klarheit und auch für eine größere Vereinheitlichung des Rechts. Auch unvorhergesehene Fälle können berücksichtigt werden, indem man z.B. zu der Aufzählung der Rechtfertigungsgründe das Wort „insbesondere“ hinzufügt.

In der Regel entschließt sich der Arbeitgeber dazu, wirtschaftliche Kündigungen auszusprechen, wenn er mehr Arbeitnehmer beschäftigt, als für das anfallende Arbeitsvolumen benötigt werden. Doch auch in den Fällen, in denen die Belegschaft insgesamt nicht reduziert wird, der Arbeitgeber aber Arbeitsplätze umwandelt oder Arbeitsbedingungen ändert, können wirtschaftliche Kündigungen gerechtfertigt sein. Der Arbeitgeber sollte die Möglichkeit haben, Arbeitnehmer, die den Änderungen nicht gewachsen sind bzw. einer Umwandlung ihres Arbeitsplatzes nicht zustimmen, aus wirtschaftlichen Gründen zu kündigen, wie dies in den Mitgliedstaaten auch der Fall ist. Dies sollte auch in einer gemeinsamen Regelung Berücksichtigung finden.

Schließlich sollte kein Arbeitgeber gezwungen sein, sein Geschäft gegen seinen Willen fortzuführen. Daher muss ein Arbeitgeber frei entscheiden können, sein Geschäft aufzugeben, aus welchen Gründen auch immer. Dies ist in Deutschland, Großbritannien, Schweden und wohl auch in Frankreich bereits vorgesehen und sollte auch in einer gemeinsamen Regelung zum Ausdruck kommen.

Schließlich sollte die gerichtliche Kontrolle auf der Ebene des Rechtfertigungsgrundes allgemein auf eine Missbrauchskontrolle beschränkt werden.

Eine derartige Regelung wäre sehr weitreichend. Sie eröffnete dem Arbeitgeber die umfassende Möglichkeit, wirtschaftliche Kündigungen auszusprechen. Dies entspräche weitgehend der Lösung in den Rechtsordnungen von Deutschland, Großbritannien und Schweden und grundsätzlich auch von Frankreich. Zwar könnte man zugunsten der Arbeitnehmerinteressen die Unternehmerfreiheit bereits auf der Ebene des Rechtfertigungsgrundes dadurch einschränken, dass man fordert, dass die Kündigungen einen bestimmten Erfolg nach sich ziehen müssten. Man könnte wie in Spanien fordern, dass die Kündigungen dazu beitragen müssen, die wirtschaftlichen Schwierigkeiten zu beseitigen, oder dass z.B. Wettbewerbsschwierigkeiten tatsächlich überwunden werden bzw. die Wettbewerbsfähigkeit erhalten wird (so in Frankreich im Fall von Umstrukturierungsmaßnahmen). Dies ist jedoch für einen gerechten Ausgleich zwischen den Arbeitgeber- und den Arbeitnehmerinteressen nicht zwingend geboten, wie die Rechtsordnungen Deutschlands, Großbritanniens, Schwedens und grundsätzlich auch Frankreichs zeigen. Zwar ist zuzugestehen, dass eine derart großzügige Regelung wie die oben vorgeschlagene die Arbeitnehmerinteressen wohl nicht ausreichend berücksichtigt. Einem gerechten Ausgleich kann jedoch auch dadurch Rechnung getragen werden, dass die Unternehmerfreiheit in einem weiteren nachfolgenden Schritt beschränkt wird, etwa durch das Erfordernis, dass jede Kündigung grundsätzlich nur ultima ratio sein darf. Auch die Pflicht zur Durchführung einer ordnungsgemäßen Kündigungsauswahl kann die Unternehmerfreiheit zugunsten des Schutzes der Arbeitnehmer beschränken.

Allerdings ist zu fragen, ob auch etwa die Weiterbeschäftigungspflicht oder die Kündigungsauswahl zwingend Bestandteil einer gemeinsamen Regelung sein müssten. Wie gesehen sind etwa die Arbeitgeber in Spanien grundsätzlich weder verpflichtet, die von einer wirtschaftlichen Kündigung betroffenen Arbeitnehmer möglichst auf einem anderen Arbeitsplatz weiterzubeschäftigen, noch haben sie eine Auswahl nach bestimmten Kriterien durchzuführen. Die spanische Lösung stellt jedoch im Rechtsvergleich die Ausnahme dar. Sie ist in Spanien (und auch nur dort) gerechtfertigt, da so die sehr starken Restriktionen der Unternehmerfreiheit bei der Möglichkeit, überhaupt aus wirtschaftlichen Gründen zu kündigen, etwas ausgeglichen werden. Erkennt man aber in einer gemeinsamen Regelung wie auch in den übrigen untersuchten Mitgliedstaaten die unternehmerische Entscheidungsfreiheit beim Rechtfertigungsgrund grundsätzlich umfassend an, so erscheint es im Interesse der Arbeitnehmer angebracht, diese Freiheit des Arbeitgebers in einem zweiten und dritten Schritt durch die Grundsätze der Verhältnismäßigkeit und der Kündigungsauswahl in gewissem Maße einzuschränken.

Bis auf Spanien ist die Weiterbeschäftigungspflicht in allen Rechtsordnungen vorgesehen, so dass es angebracht scheint, sie auch in eine gemeinsame Regelung aufzunehmen. Anders ist es bei den Umschulungs- und Fortbildungsmaßnahmen, die die Arbeitgeber nur in Frankreich und Deutschland, nicht jedoch in Großbritannien und Schweden anzubieten haben. Einfacher und der Rechtssicherheit förderlicher wäre eine Reglung allein der Weiterbeschäftigungspflicht. Denn in Deutschland und Frankreich sind die Arbeitgeber nur dann zu Umschulungs- und Fortbildungsmaßnahmen verpflichtet, wenn diese zumutbar sind (Deutschland) bzw. wenn der Arbeitnehmer bereits entsprechende Fähigkeiten besitzt (Frankreich). Bei Verwendung solcher unbestimmter Rechtsbegriffe sind aber Rechtsunsicherheiten vorprogrammiert.

Eine gemeinsame Regelung müsste auch Bestimmungen über die Auswahl der von einer Kündigung betroffenen Arbeitnehmer enthalten. Hier kann man sich entscheiden zwischen einer strikten und klaren Senioritätsregelung, die allein die Dauer der Betriebszugehörigkeit zum Auswahlkriterium macht und nur ausnahmsweise gewisse Abweichungen zulässt und einem Katalog von zwingend zu berücksichtigenden (Sozial-)Kriterien, wie Dauer der Betriebszugehörigkeit, Lebensalter, Unterhaltspflichten, Behinderung. Eine weitere Möglichkeit wäre, ein Einigungsmodell einzuführen, nach dem der Arbeitgeber mit den Gewerkschaften in jedem Einzelfall die Auswahlkriterien neu bestimmen müsste. Jedenfalls sollte das Interesse des Arbeitgebers ausreichend berücksichtigt werden, bestimmte leistungsstarke Arbeitnehmer weiterzubeschäftigen. Um komplizierte Definitionen zu vermeiden, wann ein Arbeitnehmer beruflich so leistungsstark ist, das seine Herausnahme aus der Kündigungsauswahl gerechtfertigt erscheint, wäre eine Regelung wie etwa in Schweden sinnvoll, nach der der Arbeitgeber bei Kleinbetrieben ohne Angabe von Gründen bis zu zwei Arbeitnehmer von der Kündigungsauswahl ausschließen darf.

V. Fazit

Der Rechtsvergleich hat gezeigt, dass es verschiedene Möglichkeiten gibt, die Rechtfertigung einer Kündigung aus wirtschaftlichen Gründen zu regeln und dabei die unternehmerische Entscheidungsfreiheit auf der einen und das Interesse der Arbeitnehmer am Schutz ihres Arbeitsplatzes auf der anderen Seite ausreichend zu berücksichtigen. Dabei ist der Schutz der Arbeitnehmerinteressen bzw. die Intensität der unternehmerischen Entscheidungsfreiheit aber nicht überall in gleichem Maße gewährleistet. Zwar wird überall die unternehmerische Entscheidungsfreiheit betont. In Deutschland, Frankreich und Spanien wird sie aber zugunsten der Arbeitnehmer stärker beschränkt als etwa in Großbritannien und Schweden.

Auch für eine gemeinsame Reglung gibt es sicherlich zahlreiche verschiedene Möglichkeiten. Trotz aller Unterschiede gibt es aber viele Gemeinsamkeiten und Übereinstimmungen zwischen den einzelnen Rechtsordnungen. Eine gemeinsame Regelung für die Rechtfertigung von wirtschaftlichen Kündigungen müsste zwar in einigen Bereichen zu Abweichungen von den bestehenden nationalen Bestimmungen führen; sie wäre aber möglich und denkbar.

VI. Rechtsvergleichende Tabelle

KÜNDIGUNGS-GRUND	**Deutschland**	**Frankreich**	**Spanien**	**Großbritannien**	**Schweden**
Möglichkeit einer Kündigung aus wirtschaftlichen Gründen	Ja, *betriebsbedingte Kündigung.*	Ja, *licenciement pour motif économique.*	Ja, *extinción por causas objetivas.*	Ja, *economic dismissal.*	Ja, *uppsägning på grund av arbetsbrist.*
Gesetzestext	§ 1 Abs. 2 S. 1 KSchG: *Sozial ungerechtfertigt ist die Kündigung, wenn sie nicht durch Gründe, die in der Person oder in dem Verhalten des Arbeitnehmers liegen, oder durch dringende betriebliche Erfordernisse, die einer Weiterbeschäftigung des Arbeitnehmers in diesem Betrieb entgegenstehen, bedingt*	Art. L. 321-1 Abs. 1 Cdt: *Constitue un licenciement pour motif économique le licenciement effectué par un employeur pour un ou plusieurs motifs non inhérents à la personne du salarié résultant d'une suppression ou transformation d'emploi ou d'une modification, refusée par le salarié, d'un élément essentiel du contrat de travail, consécutives notamment à des diffi-*	Art. 52. c) ET: El contrato podrá extinguirse: *Cuando exista la necesidad objetivamente acreditada de amortizar puestos de trabajo por alguna de las causas previstas en el artículo 51.1 de esta Ley y en número inferior al establecido en el mismo. A tal efecto, el empresario acreditará la decisión extintiva en causas económicas, con el*	ERA 1996 section 98 : *In determining for the purposes of this Part whether the dismissal of an employee is fair or unfair, it is for the employer to show –* *the reason (or, if more than one, the principal reason) for the dismissal, and* *that it is either a reason falling within subsection (2) or some other substan-*	§ 7 I LAS: *uppsägning från arbetsgivarens sida skall vara sakligt grundad.* Im übrigen keine Spezialregelung der wirtschaftlichen Kündigung.

	ist.	*cultés économiques ou à des mutatuions technologiques.*	*fin de contribuir a la superación de situaciones económicas negativas, o en causas técnicas, organizativas o de producción, para superar las dificultades que impidan el buen funcionamiento de la empresa, ya sea por su posición competitiva en el mercado o por exigencias de la demanda, a través de una mejor organización de los recursos.*	*tial reason of a kind such as to justify the dismissal of an employee holding the position which the employee held.* *A reason falls within this subsection if it –* *is that the employee was redundant...*	
Wirtschaftlicher Kündigungsgrund	*Dringende betriebliche Erfordernisse* = innerbetriebliche Ursachen (z.B. Umstrukturierungen, Stilllegung, technologische Veränderungen) und außerbetriebliche Ursachen (z.B. wirt-	Insbesondere wirtschaftliche Schwierigkeiten (*difficultés économiques*) und technologische Veränderungen (*mutations technologiques*). Daneben auch Umstrukturierungs-	Objektive Gründe sind: Wirtschaftliche Gründe (*causas económicas*) sowie technische, organisatorische und produktionsbedingte Gründe (*causas técnicas, or-*	Arbeitskräfteüberschuss (*redundancy*), d.h. Geschäftsstilllegung, Abbau des Arbeitsplatzes, auf dem der Arbeitnehmer beschäftigt wurde oder Rückgang oder Wegfall eines bestimmten Beschäftigungsbe-	Arbeitsmangel (*arbetsbrist*). Entgegen seiner wörtlichen Bedeutung wird Arbeitsmangel für alle wirtschaftlichen Kündigungsgründe verwendet, auch wenn tatsächlich gar kein Mangel an Ar-

	schaftliche Schwierigkeiten).	und Umorganisierungs-maßnahmen (*réstructuration, réorganisation*) und wohl auch Geschäftsaufgabe (uneinheitliche Rechtsprechung).	*ganizativas o de producción*). Daneben auch mangelnde Anpassung an neue Arbeitsbedingungen nach technischen Veränderungen gem. art. 52. b) ET.	dürfnisses. Daneben auch ein anderer wesentlicher Grund (*some other substantial reason – SOSR*).	beit besteht. Die Gesamtarbeitsmenge kann also unverändert bleiben oder sogar erhöht werden.
Reduzierung der Belegschaft als grundsätzliche Auswirkung des wirtschaftlichen Grundes	Wegfall eines Beschäftigungsbedürfnisses (erfasst sowohl Abbau als auch Umwandlung eines Arbeitsplatzes).	Abbau eines Arbeitsplatzes (*suppression d'emploi*).	Notwendigkeit, Arbeitsplätze abzubauen (*necesidad...de amortizar puestos de trabajo*).	Arbeitskräfteüberschuss (*redundancy*).	Arbeitsmangel (*arbetsbrist*).
Möglichkeit einer unveränderten Belegschaftsgröße	Wegfall eines Beschäftigungsbedürfnisses, z.B. bei Umwandlung eines Arbeitsplatzes, Änderung der Arbeitsbedingungen.	Umwandlung eines Arbeitsplatzes (*transformation d'emploi*). Wesentliche Vertragsänderung (*modification,..., d'un élément essentiel du contrat de travail*).	Änderung der Arbeitsbedingungen wegen technischer Änderungen, art. 52.b) ET.	SOSR.	Arbeitsmangel.

Zusätzliche Anforderungen an den Rechtfertigungsgrund.	Nein.	Ja, im Fall von Umstrukturierungsmaßnahmen: Diese müssen für den Erhalt der Wettbewerbsfähigkeit erforderlich sein.	Ja, bei jeder Kündigung: Bei *causas económicas* muss die Kündigung dazu beitragen, die wirtschaftlich negative Situation des Unternehmens zu überwinden. Bei *causas técnicas, organizativas o de producción* müssen Schwierigkeiten tatsächlich überwunden werden.	Nein.	Nein.
Anknüpfungspunkt des Rechtfertigungsgrundes.	Betriebsbezogen.	Unternehmensbezogen.	Grds. Unternehmensbezogen. Lediglich im Fall von *causas técnicas, organizativas o de producción* reicht es, wenn nur ein Teil des Unternehmens sich in Schwierigkeiten be-	Arbeitgeberbezogen.	Arbeitgeberbezogen.

			findet.		
Beweislast	Arbeitgeber.	Arbeitgeber.	Arbeitgeber.	Arbeitgeber.	Arbeitgeber.
Behördliche Genehmigung	Nein.	Nein, nicht mehr.	Nein, nicht mehr. Ausnahme: Massenentlassungen.	Nein.	Nein.
Gerichtliche Kontrolle des Vorliegens der Kündigungsvoraussetzungen	Ja.	Ja.	Ja.	Ja.	Ja.
Gerichtliche Kontrolle der Unternehmerentscheidung	Nein, lediglich Missbrauchskontrolle.	Grundsätzlich nein. Ausnahmsweise ja, bei Umstrukturierungsmaßnahmen; hier zunehmend Zweckmäßigkeitskontrolle.	Ja, Kontrolle auf Ermessensfehler.	Nein.	Nein.

VERHÄLTNISMÄSSIGKEIT	**Deutschland**	**Frankreich**	**Spanien**	**Großbritannien**	**Schweden**
Gesetzestext	§ 1 Abs. 2 S. 2 und 3 KSchG: Die Kündigung ist	Art. L. 321-1 Abs. 3 S. 1 Cdt: *Le licenciement pour*	Keine gesetzliche Regelung.	ERA 1996 section 98 (4): *Where the employer*	§ 7 II LAS: *En uppsägning är inte sakligt grundad*

	auch sozial ungerechtfertigt, *...wenn der Arbeitnehmer an einem anderen Arbeitsplatz in demselben Betrieb oder in einem anderen Betrieb des Unternehmens weiterbeschäftigt werden kann...* *...wenn die Weiterbeschäftigung des Arbeitnehmers nach zumutbaren Umschulungs- oder Fortbildungsmaßnahmen oder* *eine Weiterbeschäftigung des Arbeitnehmers unter geänderten Arbeitsbedingungen möglich ist und der Arbeitnehmer sein Einverständnis hiermit er-*	*motif économique d'un salarié ne peut intervenir que lorsque tous les efforts de formation et d'adaptation ont été réalisés et que le reclassement de l'intéressé sur un emploi relevant de la même catégorie que celui qu'il occupe ou sur un emploi équivalent ou, à défaut, et sous réserve de l'accord exprès du salarié, sur un emploi d'une catégorie inférieure ne peut être réalisé dans le cadre de l'entreprise ou, le cas échéant, dans les entreprises du groupe auquel l'entreprise appartient.*		*has fulfilled the requirements of subsection (1), the determination of the question whether the dismissal is fair or unfair (having regard to the reason shown by the employer) –* *depends on whether in the circumstances (including the size and administrative resources of the employer's undertaking) the employer acted reasonably or unreasonably in treating it as a sufficient reason for dismissing the employee, and* *shall be determined in accordance with equity and the substantial merits of the case.*	*om det är skäligt att kräva att arbetsgivaren bereder arbetstagaren annat arbeite hos sig.*

	klärt hat.				
Ultima-ratio-Prinzip	Ja.	Ja.	Ja.	Nein, aber *reasonableness* des Arbeitgebers wird überprüft.	Ja.
Kündigungsvermeidende Maßnahmen	Weiterbeschäftigung auf einem anderen Arbeitsplatz.	Weiterbeschäftigung nach Umsetzung.	Keine Pflicht zur Weiterbeschäftigung auf einem anderen Arbeitsplatz.	Weiterbeschäftigung auf einem anderen Arbeitsplatz.	Weiterbeschäftigung auf einem anderen Arbeitsplatz.
	Weiterbeschäftigung nach Umschulungs- oder Fortbildungsmaßnahmen.	Weiterbeschäftigung nach Weiterbildung oder Schulung. [Weiterbildungs- und Schulungsmaßnahmen gehören zu den arbeitsvertraglichen Pflichten des Arbeitgebers für die gesamte Dauer des Arbeitsvertrages!]	Keine Pflicht zur Durchführung von Umschulungs- oder Fortbildungsmaßnahmen.	Keine Pflicht zur Durchführung von Umschulungs- oder Fortbildungsmaßnahmen.	Keine Pflicht zur Durchführung von Umschulungs- oder Fortbildungsmaßnahmen.
	Weiterbeschäftigung unter geänderten Arbeitsbedingungen (Änderungskündigung).	[Änderung der Arbeitsbedingungen aufgrund Änderung des Arbeitsvertrages wird nicht im Rahmen der Verhältnismäßigkeit	Keine Pflicht zur Weiterbeschäftigung unter geänderten Arbeitsbedingungen.	Keine Pflicht zur Weiterbeschäftigung unter geänderten Arbeitsbedingungen.	Keine Pflicht zur Weiterbeschäftigung unter geänderten Arbeitsbedingungen.

		sondern als Auswirkung des wirtschaftlichen Grundes auf den Arbeitsvertrag relevant, s. dort]			
	Andere mildere Mittel (z.B. Abbau von Leiharbeitsverhältnissen und Überstunden; Arbeitsstreckung).	Andere mildere Mittel bei Einzelkündigungen wohl eher nicht.	Andere mildere Mittel: z.B. Verkürzung der Arbeitszeit, evtl. Kurzarbeit und Vertragsaussetzung. Allerdings praktisch keine gerichtliche Kontrolle.	Andere mildere Mittel: Keine.	Andere mildere Mittel: Keine.
Umfang der Weiterbeschäftigungspflicht	Unternehmensbezogen bzw. arbeitgeberbezogen (BAG).	Grundsätzlich unternehmensbezogen; besteht im Unternehmen keine Weiterbeschäftigungsmöglichkeit, dann konzernbezogen; sogar Arbeitsplätze im Ausland sind zu berücksichtigen.	Entfällt.	Es kommt im Einzelfall darauf an, ob sich das Verhalten des Arbeitgebers als *reasonable* darstellt.	Arbeitgeberbezogen.
Gerichtliche Kontrolle	Ja: Kontrolle, ob Kündigung unvermeidbar war.	Ja: Kontrolle, ob Arbeitgeber Umsetzungs- sowie Weiterbildungs-	Kaum Kontrolle, ob andere mildere Mittel möglich gewesen wä-	Ja, Kontrolle, ob Arbeitgeber vernünftig oder unvernünftig	Ja, Kontrolle, ob Arbeitgeber Pflicht zur Weiterbeschäfti-

		/Schulungspflicht erfüllt hat. Aber wohl keine Kontrolle, ob andere mildere Mittel möglich gewesen wären.	ren.	gehandelt hat, als er den Kündigungsgrund als ausreichenden Rechtfertigungsgrund für die Kündigung angesehen hat. Z.B. Kontrolle, ob Arbeitgeber ausreichend die Weiterbeschäftigungsmöglichkeiten geprüft hat.	gung erfüllt hat. Darüber hinaus keine Kontrolle, ob andere mildere Mittel möglich gewesen wären.
Beweislast	Abgestufte Beweislast: Arbeitnehmer muss milderes Mittel und Weiterbeschäftigungsmöglichkeit darlegen.	Arbeitgeber trägt Beweislast dafür, dass Weiterbeschäftigung nicht möglich war.	Abgestufte Beweislast: Arbeitnehmer muss milderes Mittel darlegen.	Neutrale Beweislast.	Abgestufte Beweislast: Arbeitnehmer muss darlegen, dass und wie er hätte weiterbeschäftigt werden können.

KÜNDIGUNGS-AUSWAHL	**Deutschland**	**Frankreich**	**Spanien**	**Großbritannien**	**Schweden**
Gesetzestext	§ 1 Abs. 3 S. 1, 1. Hs., 2 und 3 KSchG: *Ist einem Arbeitneh-*	Art. L. 321-1-1 Abs. 1 Cdt: *...en cas de licencie-*	Keine gesetzliche Regelung.	Keine allgemeine gesetzliche Regelung.	§ 22 LAS: *Vid uppsägning på grund av arbetsbrist*

	mer aus dringenden betrieblichen Erfordernissen im Sinne des Absatzes 2 gekündigt worden, so ist die Kündigung trotzdem sozial ungerechtfertigt, wenn der Arbeitgeber bei der Auswahl des Arbeitnehmers die Dauer der Betriebszuge-hörigkeit, das Lebensalter, die Unterhaltspflichten und die Schwerbehinderung nicht oder nicht ausreichend berücksichtigt hat;... *In die soziale Auswahl nach Satz 1 sind Arbeitnehmer nicht einzubeziehen, deren Weiterbeschäftigung, insbesondere wegen ihrer Kenntnisse, Fähigkeiten*	*ment pour motif économique, à défaut de convention ou accord collectif de travail applicable, l'employeur définit, après consultation du comité d'entreprise ou, à défaut, des délégués du personnel, les critères retenus pour fixer l'ordre des licenciements. Ces critères prennent notamment en compte les charges de famille et en particulier celles de parents isolés, l'ancienneté de service dans l'établissement ou l'entreprise, la situation des salariés qui présentent des caractéristiques sociales rendant leur réinsertation professionnelle particulièrement difficile, notamment des per-*			*skall arbetsgivaren iaktta följande turordningsregler.* *I: Innan turordningen fastställs får en arbetsgivare med högst tio arbetstagare oavsett antalet turordningskretsar undanta högst två arbetstagare som enligt arbetsgivarens bedömning är av särskild betydelse för den fortsatta verksamheten...* *III: Turordningen för de arbetstagare som inte undantagits bestäms med utgångspunkt i varje arbetstagares sammanlagda anställningstid hos arbetsgivaren. Arbetstagare med längre*

	und Leistungen oder zur Sicherung einer ausgewogenen Personalstruktur des Betriebes, im berechtigten betrieblichen Interesse liegt. *Der Arbeitnehmer hat die Tatsachen zu beweisen, die die Kündigung als sozial ungerechtfertigt im Sinne des Satzes 1 erscheinen lassen.*	*sonnes handicapées et des salariés âgés, les qualités professionnelles appréciées par catégorie.*			*anställningstid har företräde framför arbetstagare med kortare anställningstid. Vid lika anställningstid ger högre ålder företräde...*
Pflicht zur Kündigungsauswahl	Ja, Sozialauswahl.	Ja, Aufstellung einer Kündigungsreihenfolge (*ordre de licenciement*).	Nein, Kündigungsauswahl ist nicht vorgesehen. Arbeitgeber genießt absolute Freiheit.	Ja, gehört zu vernünftigem Verhalten des Arbeitgebers.	Ja, Aufstellung einer Kündigungsreihenfolge (*turordning*).
Rechtsfolge bei fehlender oder fehlerhafter Kündigungsauswahl	Kündigung ist wegen Sozialwidrigkeit unwirksam.	Kündigung ist wirksam. Der zu Unrecht gekündigte Arbeitnehmer kann lediglich Schadenersatz verlangen.	Entfällt.	Kündigung ist *unfair*. Sie ist aber dennoch wirksam, so dass der betroffene Arbeitnehmer Anspruch auf Entschädigung hat.	Kündigung ist dennoch wirksam, der Arbeitgeber ist lediglich zu Schadenersatzzahlungen verpflichtet.

Einzubeziehende Arbeitnehmer	Alle vergleichbaren Arbeitnehmer eines Betriebs.	Alle vergleichbaren Arbeitnehmer eines Unternehmens.	Entfällt.	Arbeitgeber ist vollkommen frei selbst zu entscheiden, welche Arbeitnehmer er in die Kündigungsauswahl einbeziehen möchte, unter der Voraussetzung, dass sich sein Verhalten insgesamt als fair und angemessen darstellt.	Alle Arbeitnehmer einer Betriebseinheit, bzw. eines Kollektivvertragsbereichs.
Auswahlkriterien	Zwingende Sozialkriterien sind: Dauer der Betriebszugehörigkeit. Lebensalter. Unterhaltspflichten. Schwerbehinderung.	Zwingende Auswahlkriterien sind: Dauer der Betriebs- oder Unternehmenszugehörigkeit. Soziale Merkmale wie eine Behinderung oder das Lebensalter. Unterhaltspflichten, insbesondere alleinerziehender Elternteile.	Entfällt.	Je nach Vereinbarung mit der Gewerkschaft z.B.: Anwesenheitsnachweise, Dauer der Betriebszugehörigkeit (*LIFO – last in first out*), Berufserfahrung und Leistungsfähigkeit.	Grundsätzlich Anstellungsdauer, bei gleicher Beschäftigungsdauer: Lebensalter. Häufig abweichende Vereinbarung mit Gewerkschaft.
Berücksichtigung besonderer beruflicher	Nur bei Vorliegen eines berechtigten	Berufliche Eignung kann nach Berücksich-	Entfällt.	Arbeitgeber kann Leistungsfähigkeit	Kollektivvertragliche Abweichungen

Qualifikationen	betrieblichen Interesses kann Arbeitgeber sog. „Leistungsträger“ aus der Sozialauswahl herausnehmen.	tigung aller Auswahlkriterien bei der Kündigungsauswahl bevorzugt werden.		bevorzugen.	von der gesetzlichen Kündigungsreihenfolge sind möglich und üblich. Darüber hinaus kann Arbeitgeber bei Kleinbetrieben ohne Angabe von Gründen bis zu zwei Arbeitnehmer aus der Kündigungsreihenfolge herausnehmen.
Verhältnis zwischen Weiterbeschäftigungspflicht und Kündigungsauswahl	Grundsätze der Sozialauswahl gelten auch im Rahmen der Weiterbeschäftigungspflicht, allerdings nur unter denjenigen Arbeitnehmern, deren Arbeitsplatz weggefallen ist.	Im Rahmen der Weiterbeschäftigungspflicht ist der Arbeitgeber nicht an bestimmte Auswahlkriterien gebunden; er kann Arbeitnehmer beliebig umsetzen, ohne Berücksichtigung einer bestimmten Reihenfolge.	Entfällt.	Wird nicht problematisiert. Es kommt lediglich darauf an, dass sich das Verhalten des Arbeitgebers bei Prüfung einer Weiterbeschäftigungsmöglichkeit und bei der Kündigungsauswahl insgesamt als *fair* darstellt.	Arbeitgeber darf nur die nach der Kündigungsreihenfolge vorrangigen, also in der Regel die betriebsälteren Arbeitnehmer umsetzen, vorausgesetzt, diese besitzen die für den neuen Arbeitsplatz erforderliche Qualifikation.

FALLGRUPPEN	Deutschland	Frankreich	Spanien	Großbritannien	Schweden
Stilllegung **(vgl. Fall Nr. 2)**	Gesetzlich nicht geregelt.	Gesetzlich nicht geregelt.	Art. 51.1 c) ET: *Se entenderá igualmente como despido colectivo la extinción de los contratos de trabajo que afecten a la totalidad de la plantilla de la empresa, siempre que el número de trabajadores afectados sea superior a cinco, cuando aquél se produzca como consecuencia de la cesación total de su actividad empresarial fundada en las mismas causas anteriormente señaladas.*	ERA 1996 section 139 (1) (a) (i): *...employer has ceased or intends to cease to carry on the business for the purposes of which the employee was employed by him...*	Gesetzlich nicht geregelt.
	Rechtfertigungsgrund. Unüberprüfbare Unternehmerentscheidung; aus-	Rechtsprechung uneinheitlich, ob Stilllegung per se Rechtfertigungsgrund oder ob	Rechtfertigungsgrund, wenn wegen wirtschaftlicher, technischer, organisa-	Rechtfertigungsgrund. Die Motive, die den Arbeitgeber zur Stilllegung bewo-	Rechtfertigungsgrund. Die Motive, die den Arbeitgeber zur Stilllegung be-

	nahmsweise Missbrauchskontrolle (beschränkte Willkürkontrolle).	zusätzlich wirtschaftliche Schwierigkeiten erforderlich sind.	torischer oder produktionsbedingter Gründe stillgelegt werden soll. Art. 52. c) ET gilt im Umkehrschluss zu art. 51.1 c) ET, wenn weniger als fünf Arbeitnehmer betroffen sind.	gen haben sind unbeachtlich.	wogen haben sind unbeachtlich.
Umstrukturierung **(vgl. Fall Nr. 4)**	Rechtfertigungsgrund, allerdings wird im Rahmen der Verhältnismäßigkeit kontrolliert, ob die Kündigung tatsächlich unvermeidbar war.	Nur dann Rechtfertigungsgrund, wenn sie zum Erhalt der Wettbewerbsfähigkeit erforderlich war.	Rechtfertigungsgrund, wenn Schwierigkeiten z.B. aus Wettbewerbsgründen überwunden werden.	Rechtfertigungsgrund: Entweder *redundancy*, wenn aufgrund der Umstrukturierung ein Beschäftigungsbedürfnis entfallen ist, oder *SOSR*, wenn das Beschäftigungsbedürfnis gleich bleibt.	Rechtfertigungsgrund (*arbetsbrist*).
Leistungsverdichtung nach Umorganisation der Arbeit **(vgl. Fall Nr. 3)**	Rechtfertigungsgrund; aber Wegfall des Beschäftigungsbedürfnisses wird verstärkt geprüft.	Per se kein Rechtfertigungsgrund; erforderlich sind wirtschaftliche Schwierigkeiten bzw. dass die Umorganisation zum Erhalt der	Rechtfertigungsgrund, wenn damit Schwierigkeiten z.B. aus Wettbewerbsgründen überwunden	Rechtfertigungsgrund ist *redundancy*, wenn durch Leistungsverdichtung das Beschäftigungsbedürfnis	Rechtfertigungsgrund (*arbetsbrist*).

		Wettbewerbsfähigkeit erforderlich ist.	werden.	reduziert wurde.	

Literaturverzeichnis

Adlercreutz, Axel, Sweden, in: International Encyclopaedia for Labour Law and Industrial Relations, Blanpain (Hrsg.), The Hague u.a. 1998.

Ahrendt, Martina, Der Kündigungsschutz bei Arbeitsverhältnissen in Frankreich, 1. Aufl., Baden-Baden 1995; zugl. Diss., Univ. Halle, 1995.

Alonso Olea, Manuel/Casas Baamonde, Maria Emilia, Derecho del Trabajo, 17. Aufl., Madrid 1999.

Antonmattei, Paul-Henri, L'obligation de reclassement préalable au licenciement pour motif économique: nouvelles dispositions, in: DS 2002, 247ff.

Ascheid, Reiner, Betriebsbedingte Kündigung – Unternehmerentscheidung und außerbetriebliche Gründe, in: DB 1987, 1144ff.

Bader, Peter, Das Gesetz zu Reformen am Arbeitsmarkt: Neues im Kündigungsschutzgesetz und im Befristungsrecht, in: NZA 2004, 65ff.

Bien, Florian, Die betriebsbedingte Kündigung im französischen Recht, in: NZA 2000, 984ff.

Bitter, Walter, Zur Unternehmerentscheidung zwecks Personalabbau, in: DB 2000, 1760ff.

Bitter, Walter/Kiel, Heinrich, 40 Jahre Rechtsprechung des Bundesarbeitsgerichts zur Sozialwidrigkeit von Kündigungen, in: RdA 1994, 333ff.

Boissel, Claire, Anmerkung zu Cour de cassation, soc., 16.01.2001, in: Le Dalloz 2001, 2170.

Calle, Vincente, Arbeitsrecht in Spanien, in: Arbeitsrecht in Europa, Henssler/Braun (Hrsg.), Köln 2003, 1093ff.

Calleman, Catharina, Turordning vid uppsägning, 1. Aufl., Stockholm 2000.

Carby-Hall, Jo, Redundancy in the United Kingdom, in: I licenziamenti per riduzione di personale in Europa, aus der Reihe: Collana di diritto comparato e comunitario del lavoro e della sicurezza sociale, Band 2, Bari 2001, 387ff.

Chaumette, Patrick, Le licenciement pour motif économique en droit français, in: I licenziamenti per riduzione di personale in Europa, aus der Reihe:

Collana di diritto comparato e comunitario del lavoro e della sicurezza sociale, Band 2, Bari 2001, 51ff.

Deakin, Simon/ Morris, Gillian S, Labour Law, 3. Aufl., London u.a. 2001.

Dondoux, Philippe, La notion d'entreprise et le droit des licenciements pour cause économique, DS 1980, 322ff.

ErfK-Autor, Dieterich, Thomas/Hanau, Peter/Schaub, Günter (Hrsg.), Erfurter Kommentar zum Arbeitsrecht, 3. Aufl., München 2003.

ErfK-Autor 1998, Dieterich, Thomas/Hanau, Peter/Schaub, Günter (Hrsg.), Erfurter Kommentar zum Arbeitsrecht, 1. Aufl., München 1998.

Fahlbeck, Reinhold, Labour and Employment Law in Sweden, Lund 1997.

Flessner, Axel, Juristische Methode und europäisches Privatrecht, in: JZ 2002, 14ff.

Flichy, Hubert, Licenciement, Procédure, Indemnités, Contentieux, 9. Aufl., Paris 2003.

Franzen, Martin, Die unternehmerische Entscheidung in der Rechtsprechung des BAG zur betriebsbedingten Kündigung, in: NZA 2001, 805ff.

Feudner, Bernd W., Betriebsbedingte Kündigung quo vadis?, in: NZA 2000, 1136ff.

ders., Freie Unternehmerentscheidung beim Personalabbau?, in: DB 1999, 2566ff.

Fischer, Ulrich, Kündigungsschutz – Non plus ultra oder Auslaufmodell?, in: NJW Editorial, Heft 12/2002.

Flägel, Peter, Die Beendigung von Arbeitsverhältnissen im spanischen Recht, in: RIW 1998, 445ff.

Francis Lefebvre, Éditions Francis Lefebvre: Dossiers pratiques Francis Lefebvre, Licenciements économiques, nouvelles règles: procédures, reclassement, indemnités, Levallois 2002.

Gladstone, A., Settlement of Disputes over Rights, in: Comparative Labour Law and Industrial Relations in Industrialized Market Economies, Blanpain und Engels (Hrsg.), 6. Aufl., The Hague u.a. 1998.

Glossario, Martín Valverde, Antonio/García Murcia, Joaquín, Glosario de Empleo y Relaciones Laborales, Madrid 1998.

Glossary: Sweden, Fahlbeck, Reinhold/Sigeman, Tore: European Employment and Industrial Relations Glossary: Sweden, London 2001.

Gotthardt, Michael, Kündigungsschutz im Arbeitsverhältnis im Königreich Schweden und in der BRD, Baden-Baden 1999, zugl. Köln, Univ., Diss., 1998.

ders., Die Änderungen des Kündigungsschutzgesetzes durch das Gesetz zu Korrekturen in der Sozialversicherung und zur Sicherung der Arbeitnehmerrechte vor dem Hintergrund der Rechtslage in Schweden, in: ZIAS 1999, 354ff.

Harth, Angela/Taggart, Andrew, Arbeitsrecht in Großbritannien, in: Arbeitsrecht in Europa, Henssler/Braun (Hrsg.), Köln 2003, 397ff.

Heilmann, Joachim, Kündigungsschutzrecht in Schweden und in Deutschland bei betriebsbedingten Arbeitsplatzverlusten – Ansätze zu einem Vergleich, in: FS für Albert Gnade, Arbeit und Recht, Däubler u.a. (Hrsg.), Köln 1992.

Henssler, Martin/Braun, Axel (Hrsg.), Arbeitsrecht in Europa, Köln 2003.

Hergenröder, Curt Wolfgang, Kündigung und Kündigungsschutz im Lichte der Verfassung, in: ZfA 2002, 355ff.

Hillebrecht, Wilfried, Die „Prinzipien des Kündigungsrechts bei Arbeitsverhältnissen" und die Kündigungsrechtsprechung des Bundesarbeitsgerichts, in: ZfA 1991, 87ff.

v. Hoyningen-Huene, Gerrick, Betriebsbedingte Kündigungen in der Wirtschaftskrise, in: NZA 1994, 1009ff.

v. Hoyningen-Huene, Gerrick/Linck, Rüdiger, Kündigungsschutzgesetz, 13. Aufl., München 2002.

dies., Betriebsbedingte Kündigung und Weiterbeschäftigungspflicht, in: DB 1993, 1185ff.

Hromadka, Wolfgang, Unternehmerische Freiheit – ein Problem der betriebsbedingten Kündigung?, in: ZfA 2002, S. 383ff.

Hromadka, Wolfgang/Maschmann, Frank, Arbeitsrecht Band 1, Individualarbeitsrecht, 2. Aufl., Heidelberg 2002.

Kiel, Heinrich/Koch, Ulrich, Die betriebsbedingte Kündigung, München 2000.

KR-Autor, Gemeinschaftskommentar zum Kündigungsschutzgesetz und zu sonstigen kündigungsschutzrechtlichen Vorschriften, 6. Aufl., Neuwied, Kriftel 2002.

Krebber, Sebastian, Internationales Privatrecht des Kündigungsschutzes bei Arbeitsverhältnissen, Baden-Baden 1997.

KSchR-Autor, Kittner, Michael/Däubler, Wolfgang/Zwanziger, Bertram, Kündigungsschutzrecht – Kommentar für die Praxis zu Kündigungen und anderen Formen der Beendigung des Arbeitsverhältnisses, 5. Aufl., Frankfurt am Main 2001.

Laborde, Jean-Pierre, Einige Anmerkungen zur Definition und zum System der Kündigung aus wirtschaftlichen Gründen im französischen Recht, in: Betriebsbedingte Kündigungen im Widerstreit, Frankfurt am Main 1998, 75ff.

Löwisch, Manfred, Die kündigungsrechtlichen Vorschläge der „Agenda 2010“, in: NZA 2003, 689ff.

Lyall, Francis, An Introduction to British Law, 2. Aufl., Baden-Baden 2002.

Lyon-Caen, Antoine, Le droit du travail et la liberté d´entreprendre, in: Droit Social 2002, 258ff.

Martin, Philippe, Kündigungsschutz und Beschäftigungspolitik in Frankreich, in: Recht als Instrument der Beschäftigungspolitik, Weiss, Manfred/Laborde, Jean-Pierre (Hrsg.), Baden-Baden 1999.

Martín Valverde, Antonio, Die Massenentlassung im spanischen Recht und die europäischen Massenentlassungs-Richtlinien 75/129 und 92/56, in: RdA 1998, 216ff.

Martín Valverde, Antonio/Rodríguez-Sañudo Gutiérrez, Fermín/García Murcia, Joaquín, Derecho del Trabajo, 10. Aufl., Madrid 2001.

Memento Práctico, Redacción de Ediciones Francis Lefebvre: Memento Práctico Francis Lefebvre Social 2003, Madrid 2003.

Mendoza Navas, Natividad, Die betriebsbedingte Kündigung in Spanien, in: ArbuR 1997, 224ff.

Meyer, Thomas, Die betriebsbedingte Kündigung in der Bundesrepublik Deutschland und im Königreich Spanien, Diss., Freie Univ. Berlin, 1998.

Molero Manglano, Carlos (Hrsg.), Estructura del Contrato de Tabajo, Madrid 1997.

Moll, Wilhelm, Arbeitsrechtsvergleichung, in: RdA 1984, 223ff.

Norberg, Per/Numhauser-Henning, Ann, Collective Bargaining in Sweden, Universität Lund, nicht veröffentlichte Quelle.

Nordlöf, Fredrik, Arbeitsrecht in Schweden, in: Arbeitsrecht in Europa, Henssler/Braun (Hrsg.), Köln 2003, 985ff.

Numhauser-Henning, Ann, Labour Law, in: Swedish Law in the New Millenium, Bogdan (Hrsg.), Stockholm 2000.

Ojeda Avilés, Antonio/Gorelli Hernández, Juan/Rodriguez Ramos, Maria José, El despido por motivos económicos en la regulación española, in: I licenziamenti per riduzione di personale in Europa, aus der Reihe: Collana di diritto comparato e comunitario del lavoro e della sicurezza sociale, Band 2, Bari 2001, 261ff.

Palandt, Otto, Bürgerliches Gesetzbuch, Kurzkommentar, 63. Aufl., München 2004 (Bearbeiter: Heldrich).

Papier, Hans-Jürgen, Arbeitsmarkt und Verfassung, in: RdA 2000, 1ff.

van Peijpe, Taco, Employment Protection under Strain (Sweden, Denmark, The Netherlands), in: Bulletin of Comparative Labour Relations 33, Blanpain u.a. (Hrsg.), The Hague u.a. 1998.

Pélissier, Jean/Supiot Alain/Jeammaud, Antoine, Droit du travail, 20. Aufl., Paris 2000.

Pitt, Gwyneth, Cases and Materials in Employment Law, 2. Aufl., Großbritannien 1998.

B. Preis, Preis, Bernd: Betriebsbedingte Kündigung zwischen dringenden betrieblichen Erfordernissen und unternehmerischer Entscheidungsfreiheit, in: NZA 1997, 625ff.

ders., Stellenabbau als unternehmerische Entscheidung?, in: DB 2000, 1122ff.

U. Preis, Preis, Ulrich: Autonome Unternehmerentscheidung und „dringendes betriebliches Erfordernis“, in: NZA 1995, 241ff.

ders., Aktuelle Tendenzen im Kündigungsschutzrecht, in: NZA 1997, 1073ff.

Rebhahn, Robert, Abfindung statt Kündigungsschutz? – Rechtsvergleich und Regelungsmodelle, in: RdA 2002, 272ff.

ders., Ziele und Probleme der Arbeitsrechtsvergleichung in Europa, in: ZEuP 2002, 436ff.

ders., Der Kündigungsschutz des Arbeitnehmers in den Staaten der EU, in: ZfA 2003, 163ff.

Reinecke, Gerhard, Zur „unternehmerischen Entscheidungsfreiheit“ im Recht der betriebsbedingten Kündigung in Deutschland und Frankreich, in: ZIAS 2000, 17ff.

Rönnmar, Mia, Redundant because of Lack of Competence? Swedish Employees in the Knowledge Society, in: The International Journal of Comparative Labour Law and Industrial Relations 2001, 117ff.

Rommé, Oliver/Pauker, Werner, Die Unternehmerentscheidung bei der betriebsbedingten Beendigungskündigung, in: NZA-RR 2000, 281ff.

Rüthers, Bernd, Vom Sinn und Unsinn des geltenden Kündigungsschutzrechts, in: NJW 2002, 1601ff.

Schaub, Günther, Personalabbau im Betrieb und neueste Rechtsprechung zum Kündigungsschutzrecht, insbesondere zur betriebsbedingten Kündigung, in: BB 1993, 1089ff.

Schiefer, Bernd, Kündigungsschutz und Unternehmerfreiheit – Auswirkungen des Kündigungsschutzes auf die betriebliche Praxis, in: NZA 2002, 770ff.

Schlachter, Monika, Arbeitsrecht und Rechtsvergleichung, in: RdA 1999, 118ff.

dies., Grenzüberschreitende Arbeitsverhältnisse, in NZA 2000, 57ff.

Schrader, Peter, Die geänderte Rechtsprechung des BAG zur Unternehmerentscheidung, in: NZA 2000, 401ff.

Schwerdtner, Peter, Offene Probleme des Kündigungsschutzes bei betriebsbedingten Kündigungen, in: ZIP 1984, 10ff.

Selenkewitsch, Ilja I., Kündigungsschutz bei Arbeitnehmern in Spanien, in: ZIAS 2005, 23ff.

Senra Biedma, Rafael, Los despidos individuales y plurales: incidencias de la nueva regulación, in: La reforma laboral de 1994, Ramon Alarcon (Hrsg.), Madrid 1994, 247ff.

Sigeman, Tore, Employment Protection in Scandinavian Law, in: Stability and Change in Nordic Labour Law, Wahlgren (Hrsg.), Scandinavian Studies in Law, Volume 43, Stockholm 2002.

Singer, Reinhard/v. Finckenstein, Barbara, Anmerkung zu BAG, Urt. v. 17.06.1999, in: SAE 2000, 282ff.

Social Pratique, Nr. 370, Social Pratique Dossier, Beilage zu Social Pratique Nr. 370, vom 10.08.2002: Nouvelle réglementation du licenciement économique.

Stahlhacke/Preis/Vossen-Autor, Stahlhacke, Eugen/Preis, Ulrich/Vossen, Reinhard, Kündigung und Kündigungsschutzgesetz im Arbeitsverhältnis, 8. Aufl., München 2002.

Stahlhacke, Eugen, Grundfragen der betriebsbedingten Kündigung, in: DB 1994, 1361ff.

Termin-Soccol, Nathalie/Combes, Anne Elisabeth, Arbeitsrecht in Frankreich, in: Arbeitsrecht in Europa, Henssler/Braun (Hrsg.), Köln 2003, 239ff.

Verdier, Jean-Maurice/Cœuret, Alain/Souriac, Marie-Armelle, Droit du travail, 11. Auflage, Paris 1999.

Waquet, Philippe, Le licenciement économique dans la loi de modernisation sociale, in: DS 2002, 264ff.

Weth, Stephan, Besonderheiten der Arbeitsgerichtsbarkeit, in: NZA 1998, 680ff.

Willemsen, Heinz Josef/Annuß, Georg, Kündigungsschutz nach der Reform, in: NJW 2004, 177ff.

Zachert, Ulrich, Beendigungstatbestände im internationalen Vergleich, Baden-Baden 2004.

Zumfelde, Meinhard, Grundzüge des Rechts der Kündigung aus ökonomischen Beweggründen in Frankreich, in: NZA 1994, 59ff.

Zweigert, Konrad/Kötz, Hein, Einführung in die Rechtsvergleichung, 3. Aufl., Tübingen 1996.

Schriften zum Arbeitsrecht und Wirtschaftsrecht

Herausgegeben von Abbo Junker

Band 1 Christoph-N. Lerche: Der Europäische Betriebsrat und der deutsche Wirtschaftsausschuß. Eine vergleichende Analyse der betrieblichen Mitwirkung der Arbeitnehmer vor dem Hintergrund der Globalisierung der Märkte. 1997.

Band 2 Christian Walter Mecke: Zur rechtlichen Verbindlichkeit kollektiver Vereinbarungen in England. 1997.

Band 3 Katja Francke: Die betriebliche Mitwirkung der Arbeitnehmer in Belgien. Unter Berücksichtigung vergleichender Aspekte zum deutschen Betriebsverfassungsrecht. 1997.

Band 4 Christian Schulze: Die Zulässigkeit einstweiliger Verfügungen gegen Betriebsänderungen. 1998.

Band 5 Stefan Miersch: Die Rechtsfolgen mitbestimmungswidriger Maßnahmen für das Arbeitsverhältnis. Eine zivilrechtsdogmatische Untersuchung. 1998.

Band 6 Heike Wegner: Internationaler Verbraucherschutz beim Abschluß von Timesharingverträgen: § 8 Teilzeitwohnrechtegesetz. 1998.

Band 7 Julia Wichmann: Dienstleistungsfreiheit und grenzüberschreitende Entsendung von Arbeitnehmern. 1998.

Band 8 Johann-Volker Peter: Société par actions simplifiée (S.A.S.). Die Vereinfachte Aktiengesellschaft in Frankreich, eine Rechtsform für die Kooperation von Unternehmen. 1999.

Band 9 Sylvia Schnelle: Der Europäische Betriebsrat in Spanien. Zugleich eine Einführung in das spanische Recht der Arbeitnehmervertretung. 1999.

Band 10 Viktoria Bornhagen: Die Zumutbarkeit als Rechtsgedanke im Arbeitsrecht. 1999.

Band 11 Thorsten Schacht: Der Übereilungsschutz beim arbeitsrechtlichen Aufhebungsvertrag. Arbeitnehmerschutz bereits de lege lata? 2000.

Band 12 Marcus Hellmann: Immobilienkauf nach spanischem Recht. 1999.

Band 13 Nicolaus Johannes Ehinger: Die juristischen Personen des öffentlichen Rechts als herrschende Unternehmen. 2000.

Band 14 Alexander Lentz: Das kollektive Arbeitsrecht der Republik Südafrika. Eine Untersuchung mit Bezügen zum deutschen Recht. 2000.

Band 15 Michaela Brunssen: Der Arbeitgeberverbandswechsel. Tarifrechtliche und arbeitskampfrechtliche Konsequenzen. 2000.

Band 16 Morten Petersenn: Das Recht des Grundstückskaufs in Südafrika. 2000.

Band 17 Stefan Krüger: Die umwandlungsrechtliche Haftungsregelung bei der Betriebsaufspaltung und ihre Analogiefähigkeit. 2001.

Band 18 Jürgen Kitzinger: Der GmbH-Geschäftsführer zwischen Arbeits- und Gesellschaftsrecht. Im Blickpunkt: Zuständigkeit der Arbeitsgerichte. 2001.

Band 19 Anja Ruge: Die Lohnersatzansprüche ehemaliger Zwangsarbeiter gegen deutsche Industrieunternehmen. 2001.

Band 20 Michael Knoll: Die Sozialauswahl im Arbeitsrecht. 2001.

Band 21 Britta Albrecht: Mediation im Arbeitsrecht. Individualarbeitsrecht und Betriebsverfassungsrecht. 2001.

Band 22 Annusch Barten: Das System der Arbeitnehmervertretung in Frankreich. 2001.

Band 23 Diane Westera: Der Wiedereinstellungsanspruch nach wirksamer Kündigung. 2001.

Band 24 Kristin Doerlich: Die Tariffähigkeit der Gewerkschaft. Eine Analyse der Mächtigkeitsrechtsprechung des Bundesarbeitsgerichts im Lichte neuerer Erfahrungen. 2002.

Band 25 Tina Witten: Vertragsgestaltung und Gesetzesbindung im Recht der Zeitarbeit. 2002.

Band 26 Martin Hellfeier: Die Leistungszeit im Arbeitsverhältnis. Eine Untersuchung zum Fixschuldcharakter der Arbeitspflicht und zu den Folgen ihrer Nichterfüllung. 2003.

Band 27 Almut Maulshagen: Betriebliche Arbeitskampfregelungen. 2003.

Band 28 Maren Band: Tarifkonkurrenz, Tarifpluralität und der Grundsatz der Tarifeinheit. 2003.

Band 29 Manuela Schulz: Der Bereitschaftsdienst in öffentlich-rechtlich organisierten Krankenhäusern. Eine rechtliche Bewertung. 2003.

Band 30 Felix Benedikt: Die Kürzung von Tariflöhnen zur Sanierung. Eine verfassungskonforme Auslegung des § 3 III TVG entsprechend § 626 BGB. 2003.

Band 31 Tim Kaden: Individuelle Bündnisse für Arbeit und Günstigkeitsprinzip. 2003.

Band 32 Simone Kreiling: Die Erstreckung betrieblicher und betriebsverfassungsrechtlicher Tarifnormen auf Außenseiter. 2004.

Band 33 Carsten Beck: Betriebliche Mitbestimmung und Kündigungsschutz. Die Funktionen betrieblicher Mitbestimmung im und deren Einfluß auf den Kündigungsschutz nach dem KSchG. 2004.

Band 34 Jost Eder: Die Regelungsabrede als Alternative zur Betriebsvereinbarung bei der Gestaltung materieller Arbeitsbedingungen. 2004.

Band 35 Christian Pfab: Wirkungsweise und Reichweite tarifvertraglicher Öffnungsklauseln. 2004.

Band 36 Julia Amlang: Die unternehmerische Entscheidungsfreiheit bei „betriebsbedingten Kündigungen" im europäischen Rechtsvergleich. Kündigung aus wirtschaftlichen Gründen in Deutschland, Frankreich, Spanien, Großbritannien und Schweden. 2005.

Band 37 Alida Milthaler: Das Fragerecht des Arbeitgebers nach den Vorstrafen des Bewerbers. 2006.

www.peterlang.de

FSC
www.fsc.org
MIX
Papier | Fördert
gute Waldnutzung
FSC® C083411

Kolibri 360 GmbH
Ferdinand-Jühlke-Straße 7
99095 Erfurt, Deutschland
produktsicherheit@kolibri360.de

Druck:
CPI Druckdienstleistungen GmbH
im Auftrag der
Kolibri 360 GmbH
Ferdinand-Jühlke-Str. 7
99095 Erfurt